本书系国家社科基金一般项目"当代西方左翼审美共同体思想研究"(23BZW007)、
中国博士后科学基金特别资助项目"当代西方共同体美学研究"(2023T160127)、
大连理工大学"星海优青"人才项目(X20210314)的阶段性成果

中国当代文艺学话语建构丛书（第二辑）

吴子林 主编

当代西方书写思想之环视

以让-吕克·南希的研究为中心

•

王 琦 著

浙江工商大学出版社
ZHEJIANG GONGSHANG UNIVERSITY PRESS
·杭州·

图书在版编目(CIP)数据

当代西方书写思想之环视：以让-吕克·南希的研究为中心 / 王琦著. — 杭州：浙江工商大学出版社，2023.9

（中国当代文艺学话语建构丛书 / 吴子林主编. 第二辑）

ISBN 978-7-5178-5677-1

Ⅰ. ①当… Ⅱ. ①王… Ⅲ. ①西方哲学－研究 Ⅳ. ①B5

中国国家版本馆 CIP 数据核字(2023)第 163731 号

当代西方书写思想之环视——以让-吕克·南希的研究为中心

DANGDAI XIFANG SHUXIE SIXIANG ZHI HUANSHI——YI RANG-LYUKE · NANXI DE YANJIU WEI ZHONGXIN

王　琦　著

出 品 人	郑英龙
策划编辑	任晓燕
责任编辑	熊静文
责任校对	林莉燕
封面设计	朱嘉怡
责任印制	包建辉
出版发行	浙江工商大学出版社
	（杭州市教工路 198 号　邮政编码 310012）
	（E-mail：zjgsupress@163.com）
	（网址：http://www.zjgsupress.com）
	电话：0571-88904980,88831806(传真)
排　　版	杭州朝曦图文设计有限公司
印　　刷	杭州宏雅印刷有限公司
开　　本	710mm×1000mm　1/16
印　　张	19
字　　数	268 千
版 印 次	2023 年 9 月第 1 版　2023 年 9 月第 1 次印刷
书　　号	ISBN 978-7-5178-5677-1
定　　价	88.00 元

总　序

　　2023 年 6 月，习近平总书记到中国国家版本馆和中国历史研究院考察调研、出席"文化传承发展座谈会"并发表重要讲话，从党和国家事业发展全局的战略高度，对中华文化传承发展的一系列重大理论和现实问题做出全面系统深入阐述，发出振奋人心的号召："对历史最好的继承就是创造新的历史，对人类文明最大的礼敬就是创造人类文明新形态。希望大家担当使命、奋发有为，共同努力创造属于我们这个时代的新文化，建设中华民族现代文明！"①

　　历史表明，社会大变革的时代一定是哲学社会科学大发展的时代。当前，世界处于"百年未有之大变局"，我们正经历着历史上最为宏大而深刻的社会变革与实践创新。这种前无古人的伟大实践，给理论创造提供了强大动力和广阔空间。这是一个需要理论且一定能够产生理论的时代，这是一个需要思想且一定能够产生思想的时代。

　　改革开放之初，当代中国文化曾有一种"文学主义"，文学在整体文化中居于主导地位，深度参与到文化之中，激动人心，滋润人心，维系人心；文学

---

① 习近平：《在文化传承发展座谈会上的讲话》，《求是》2023 年第 17 期。

研究随之呈现出锐意进取、多元拓展的局面,取得了丰厚的学术积累与探索成果。进入 21 世纪,资本逻辑、技术理性、权力规则使人遁无可遁,一切被纳入一种千篇一律的"统一形式"之中,格式化、程序化的现实几乎冻结了应有的精神探索和想象力,既定的文化结构令人备感无奈甚或无为。当从"文学的时代"进入"文化的时代"后,文学在文化中的权重不断下降。在当代知识竞争格局中,文学研究囿于学科话语而一度处于被动状态,丧失了最基本的理论态度和批判意识。

当代著名作家铁凝说得好:"文学是灯,或许它的光亮并不耀眼,但即使灯光如豆,若能照亮人心,照亮思想的表情,它就永远具备着打不倒的价值。而人心的诸多幽暗之处,是需要文学去点亮的。"①奔走在劳碌流离的命途,一切纷至沓来,千回百折,纠缠一生;顿挫、婉转、拖延、弥漫,刻画出一条浓酽的、悲欣交集的人生曲线。屏息凝听时代的脉动,真正的作家有本领把现实溶解为话语和熠熠生辉的形象,传达出一个民族最有活力的一面,表现出一个时代最本质的情绪;他们讲述人性中最生动的东西,打开曾经沉默的生活,显现这个世界内在的根本秩序——一种不可触犯事物的存在。

在当代中国文学研究领域里,文艺学一直居于领军的地位,具备"预言"的功能与使命,直面现实并指向未来,深刻影响并引领着中国文学研究不断突破既有的格局。"追问乃思之虔诚。"(海德格尔语)与作家一样,当代文艺学研究者抓住文学的核心价值(追求"更高的心理现实",即"知人心"),并力图用蕴含着深刻的历史逻辑、理论逻辑和实践逻辑的话语释放这一核心价值,用美的规律修正人们全部的生活方式,引导人们"知善恶""明是非""辨美丑",帮助人们消除"鄙吝之心",向往一种高远之境。

21 世纪以降,文学创作、文学批评、文学传播乃至整个文学活动方式持续地发生广泛而深刻的嬗变;与之相应地,审美经验、媒介生态、理论思维、

---

① 铁凝:《代序:文学是灯——东西文学经典与我的文学经历》,《隐匿的大师》,译林出版社 2021 年版,第 5—6 页。

知识增量等交相迭变,人文学术思想形态发生裂变、重组,各学科既有的话语藩篱不断被拆除。"察势者明,趋势者智。"人们深刻体认到:中国作为一个拥有长期连续历史的巨大文化存在,其问题意识、思维方式、语言经验、话语模式需要重新发现与阐释,并且必须重新生成一种独立的、完整的、崭新的思想理论及其话语体系。这种话语体系是思想理论体系和知识体系的外在表现形式,与文化环境、传统习惯及社会制度等密切相关,具有深厚的历史积淀与现实根基。

进入新时代,文艺学研究者扎根中华大地,勇立时代潮头,与时代同行,发时代先声,积极回应当代知识生产的新要求,通过跨学科领域的研究致力于新文科观念与实践,重构当前各个知识领域的学科意识与现实眼光,有效参与对人类命运共同体的思考,孜孜于文艺学的学科体系、学术体系和话语体系的探索与创建,呈现中国特色、中国风格、中国气派的学术贡献与话语表达,为国家的现代化建设提供强大精神动力和智力支持。

理论的生命力在于创新。新领域的开辟,新学科的建立,新话语的生成,需要不同见解、彼此争议的砥砺。章太炎先生当年就慨叹孙诒让的学术之所以未能彰显于世,是因为没有人反对:"自孙诒让以后,经典大衰。像他这样大有成就的古文学家,因为没有卓异的今文学家和他对抗,竟因此经典一落千丈,这是可叹的。我们更可知学术的进步是靠着争辩,双方反对愈激烈,收效方愈增大。"①本着真理出于争辩及促进学科发展的愿望与责任,遵循问题共享、方法共享、思想共享的学术原则,浙江工商大学出版社邀请本人编选、推出"中国当代文艺学话语建构丛书"。本丛书拟分人分批结集出版相关的代表性研究成果,收录各人具有典范性的、在学界产生较大影响的佳作,以凸显"一家之言"的戛戛独造,为中国当代文艺学话语体系的建构尽绵薄之力。

"中国当代文艺学话语建构丛书"第一辑推出了当代文艺学研究界中坚

---

① 　章太炎:《国学概论》,中华书局 2003 年版,第 33 页。

代学者陈定家、赵勇、张永清、刘方喜、吴子林、周兴陆的 6 部著作,备受学界同人关注。第二辑推出的是当代文艺学研究界青年才俊的 6 部著作:王怀义《中国神话诗学——从〈山海经〉到〈红楼梦〉》、王嘉军《他异与间距——西方文论与中国视野》、李圣传《人物、史案与思潮——比较视野中的 20 世纪中国美学》、王琦《当代西方书写思想之环视——以让-吕克·南希的研究为中心》、汪尧翀《居间美学——当代美学转型的另一种可能》和冯庆《诗与哲学之间——思想史视域中的文学理论》。这些青年才俊生于 20 世纪 80 年代,师出名门,大都精通外语,受过良好的西学训练,又有强烈的中国问题意识,而努力在中西思想的碰撞、交流、对话中,通过跨学科领域的研究,致力于新文科观念与实践,自觉构建崭新的文学理论、文艺美学理论话语体系。他们的学术思想比较前卫、先锋,6 部著作都是穷数年之功潜心撰写而成的,它们融思想与学术于一体,具有健全的历史和时间意识,并由此返归当下,呈现了崭新的理论话语、价值体系、思维方式和文化逻辑,汇入了 21 世纪的理论创造之巨流。

行文至此,不知何故,我突然想起了柏格森及其生命哲学——

1884 年暮春的一个黄昏,25 岁的柏格森散步到克莱蒙费朗城郊。这是法兰西腹地的高原地带,漫山遍野生长着各种高大的树木。晚霞在万里长空向东边铺洒开来,远处卢瓦尔河的支流潺潺流动。柏格森站在高处,目睹河水奔流、树木摇曳、晚霞飘逝,突然对时光之逝产生了一种非常震惊的感觉。

在与尘世隔绝的静谧与冥思苦想中,意识之流携带着一切感觉、经验,连续不断地奔涌;在那些棱角分明的结晶体内部,也就是那些凝固的知觉表面的内部,也有一股连续不断的流:"只有当我通过了它们并且回顾其痕迹时,才能说它们构成了多样的状态。当我体验到它们时,它们的组织是如此坚实,它们具有的共同生命力是如此旺盛,以至我不能说它们之中某一种状态终于何处,另一种状态始于何处。其实,它们之中没有哪一种有开始或终结,它们全都彼此伸延。"①

　　时间无边无际、缄默不语、永不静止,它匆匆流逝、奔腾而去、迅疾宁静,宛若那包容一切的大海的潮汐,而我们和整个世界则如同飘忽其上的薄雾。时间之流的感觉驱动柏格森在克莱蒙费朗任教期间潜心思考时间问题,写出了他的第一部著作《时间与自由意志》。从这部著作开始,柏格森发展了一套以"绵延"为核心概念的庞大的直觉主义生命哲学体系。1927 年,为表彰其"丰富而生机勃勃的思想及其卓越的表现技巧",诺贝尔奖委员会将诺贝尔文学奖授予柏格森,并在"授奖辞"里写道:

　　　　柏格森已经为我们完成了一项重要的任务:他独自勇敢地穿过唯理主义的泥沼,开辟出了一条通道;由此通道,他打开了意识内在的大门,解放了功效无比的创造的推动力。从这一大门可以走向"活时间"的海洋,进入某种新的氛围。在这种氛围中,人类精神可以重新发现自己的自主性,并看到自己的再生。②

吴子林

2023 年 6 月 9 日于北京

---

① 柏格森:《形而上学导言》,刘放桐译,商务印书馆 1963 年版,第 5 页。
② 柏格森:《生命与记忆——柏格森书信选》,陈圣生译,经济日报出版社 2012 年版,第 204 页。

序　言

　　书写是美学和艺术学研究领域中非常重要的关键词。从发生学的角度来看，书写既是人的身体及其行为的结果，延伸了人的视觉、触觉及动觉等诸多感官，标识着人脱离原始蒙昧状态进入文明社会，又是意义得以发生的重要媒介，是人的知识、思想、观念、意识和心理等活动得以外化的重要手段，记录着人类文明发展的历史进程。从哲学发展的历程来看，从古希腊早期自然哲学开始，一直到后来的本体论、认识论和方法论，书写始终未能成为重要的哲学概念。这自然是因为不同时期哲学需要解释的问题不同，但与书写本身的工具性地位也脱不了干系。在很大程度上，书写只是表达意义和记载意义的工具性手段，一旦完成意义的表述，书写就隐退到后场不再被关注，重要的是意义本身。再加上语音中心主义和视觉中心主义的加持，书写被排斥在哲学的边缘也就顺理成章了。

　　在形而上学的传统理解中，书写要么被排除在哲学思考之外，要么作为无关紧要的外在性工具或派生性手段，总是难以获得本体性或存在论的地位。德国哲学家雅克·德里达(Jacques Derrida，1930—2004，下文简称德里达)使书写作为一个概念进入了哲学思想的殿堂。德里达意义上的书写永远都是一个无限敞开的过程，一个在不断延异和播撒的过程，它在留下或涂抹痕迹中不断重写、重构、生成新的意义。它不导向意义的封闭和绝对,而是导向意义的无限敞开;它不导向意义的单一和中心,而是导向意义的复数与多元。由此,书写就被视为一种消解逻各斯中心主义的活动,意义的延异和播撒决定了语音中心主义神话的终结,也质疑了书写的次生地位。德里达认为:踪迹才是书写的本源,它并不是绝对的;书写也绝不会确定为封闭的在场,更不会取代语音,从边缘走向中心成为本源。这也正是德里达会选择书写作为抵抗语音中心主义之武器的原因。

　　然而,如果仔细去思考书写的发生、过程及意义,就会发现今天的一切文明成果似乎都离不开书写。如果没有书写,文明的发展是很难想象的。书写也并不仅仅与意义的表达密切相关,它还与人自身的存在、人的自我意识、人的身体行为等紧密相连,尤其是与人类文明中异常重要的文明形式如艺术、文学等直接相关。这意味着,对书写的思考可以从多维度展开。自 20 世纪60 年代以来,当代法国哲学家让-吕克·南希(Jean-Luc Nancy,1940—2021,下文简称南希)以其独具特色的存在论思想,在众多的著述中对书写概念进行了别具一格的讨论,意味深长地将书写与阐释学、存在论和现象学结合起来思考,使书写概念成为哲学思想的重要关键词,为我们重新理解书写的发生、过程、意味、蕴涵、功能等提供了极富启发的参考。

　　中国古典哲学对书写的思考也相对较少。但是,由中国汉字独特造型的特点催生的书法艺术,则把书写的艺术功能提到了一个相当的高度。中国书法美学虽然不直接讨论书写概念,但通过对中国书法作品体现出的书写姿态、汉字形态、美学风味、书法家志趣等的阐释,也发展出了有中国特色的书法美学,其中也有非常深刻的书写思想。将中国书法美学中的书写思想与西方哲学传统中的书写思想,尤其是与当代西方解构思潮中的书写思想结合起来讨论,或许可以更深刻地发现书写这个概念的深厚内涵,纠正西方传统形而上学和中国古典哲学对书写概念的偏见。以南希的书写思想为中心,结合西方书写思想传统和中国书法美学中的书写思想,对书写与意义、书写与身体、书写与艺术、书写与文学——总括起来即书写与美学的关系进行多维度敞开和多视角透视,也是当代西方书写思想的创造性转化,实质上是在古今中西的宏阔视野中重新激起发展书写思想的动力,建构书写概念的思想体系和理论架构。这也正是本书得以形成的一个内在动因。

从柏拉图开始的形而上学将书写作为语言(尤其是语音)的派生物,其作用仅在于避免遗忘,因而书写总是处于次要和从属地位。在犹太—基督教神学传统中,"因言称信"和"道成肉身"也显示出语音优先于书写的认识倾向。在卢梭和索绪尔的思想中,书写被理解为僭越了语音王位的替补之物。直到德里达等人开启"书写革命",书写才被认为是真理和意义得以生发的本原。南希的书写思想就奠基在这个思想传统之上。在这条漫长而又充满嘈杂的意义寻找的哲思长河中,当代西方书写思想如何展开书写之思? 如何超越传统形而上学? 如何继承或发展德里达的解构之思? 在德里达之后,应该如何思考书写? 这种思考贡献了怎样的思想? 对我们今天的书写、艺术或者美学有什么启迪? 这是本书展开研究的问题意识。

在这些问题的基础上,南希将书写发展成"外铭写"(excription/exscription),深入探讨了书写与意义、触感、身体、共在以及共同体等的关系。这些关系不仅关涉外展、共在、内在性、亲密性、共同体等攸关意义的话题,而且牵连着身体、触感、激情、爱、倾听、死亡等攸关存在的话题。书写成了建构存在意义的根本性途径。书写之于意义的作用,就在于它始终表达意义而又使意义处于未完成状态。在每一次唯一的、不可替代的书写中,身体和触感都以一种离散和打断的方式,在一切语言的破碎之中触及意义。这样,相较于德里达忽略身体维度的书写之思,南希的"外铭写"提供了触感、他者、共在等更丰富的多维向度。南希的书写之思既是在德里达的书写之上进行的,把解构之思推广到更大的范围,同时又是对德里达书写的某种超越,建立起颇具伦理意义的、以"外展"(exposition)为内容的身体存在论。总体来说,与德里达相比,南希更加注重书写的本质——意义的外展,更加强调书写意义存在的方式——共在,也更加强调书写意义生成的载体和机制——身体及触感。

南希将意义发展为包括意义、方向和感受在内的多重概念,把书写作为重建意义世界、避免堕入虚无主义深渊的重要途径。南希的书写范畴并不仅仅指涉作为某种活动的行为,也不仅仅涉及某种文字或书面的艺术或风格,还直接与意义相关,与对意义的生存论思考相关。书写因而与我们、世界、意义三者构成了共生同构的关系。同时,南希发展了海德格尔的"共在"和"共同此在"概念,把存在理解为始终是"存在—于—共通"之中的独一多样存在。书写就是对独一多样存在的意义的敞开,是不断朝向边界、突破域外的意义的外展、间隔和延异。共在赋予了书写浓厚的存在论色彩。在这个意义上,南希的书写之思,也可以说是一种存在论。

以意义为逻辑起点,南希把书写的本质理解为意义的共同显现。从共在概念出发,南希在我们、世界和意义之间建立起共生同构的关系,"共"成了意义乃至一切存在的根本方式。意义的生成不源自任何提前给予的预设,也排除了一切表象或意指行为中对意义优先性的强调。南希将意义的发生理解为独一多样存在如其本然地自我显现,书写就是这种共同显现的主要方式。南希用发展出的"外铭写"这个新概念来解释书写的本质。"外铭写"即意义的溢出自身,即是说,书写始终是意义起源的可能性条件,而且始终具有"向着那里到来"的未完成性。书写因此摆脱了意指或表象的限制,它始终使意义不断朝向自身之外展露,不断向着在场发生,这表明书写或意义永远不会走向终结。这种书写思想体现了南希浓郁的现实伦理关怀。

书写不只是表达或溢出意义,也能创造意义,但这是一种独特的"从无创造"。南希用无一物、无意义和创造来解释这个"无",认为"无"标识了独一多样存在本身的能动性和创造性,并使意义永远面向未来敞开。在这个意义上,福楼拜的小说《圣安东的诱惑》提供了非常典型的文本证据。"从无创造"既是《圣安东的诱惑》的重要主题之一,又是南希理解书写缘起的重要论点。书写是从"无"中被"创造"的。这个高度概括的观点,说明了书写并非某种提前存在的意义的表征物,而是"凭空产生"的;书写也并非提前存在的某种工具式的存在物,而是被"创造"的,同时也是行使"创造"职能的。通过对福楼拜小说《圣安东的诱惑》的分析,南希认为,除了对空无的敞开之外,书写根本上一无所示。因此,南希所理解的书写在本质上是意义的共同显现、"外铭写"和意义的空无敞开,是对意义的生存论解释。

在身体现象学的基础上,南希将身体作为哲学思考的中心议题之一,进而发现了书写的非实在性和触感化特征。他认为书写本质上是对非实在性场域的打开,是对身体的触及,而且与阅读的触感化密切相关。因为书写始终发生于界限之上,在身体的触感中建构了一个意义的非实在性场域,突破和超越了内在性的绝对限制,因而它对意义的共同显现具有某种非实在性特征。同时,作为包括"感受"和"方向"含义在内的意义的共同显现,书写又始终与感受密切相关。而对南希来说,触感是更为根本的感官机制,因为它是身体得以外展的可能性条件,触感或者身体的触及构成了世界意义的起点。正是在触感的维度上,书写与阅读既处于共同存在的状态之中,又具有彼此分享和相互外展的特性。书写因而总是触感化的意义的共同显现,总具有触感化的特征。通过对书写非实在性和触感化特征的思考,南希实际上凸显了书写概念中的身体维度,更深层次地深化了书写的存在论意义。

除了常见的作为艺术样式的文学书写之外,当代西方书写思想将书写宽泛地理解为一切生成意义或外展自身的行为,绘画因而也被南希理解为特殊形式的书写。就文学而言,南希将共在思想和共同体理论整合进对文学书写的理解之中。在他看来,"文学共通体"①首先是以神话的方式存在的,但是现代社会的意义危机已经彰显出神话被打断的基本事实。这不是说文学书写

---

① 法语中的 communauté 一词,英语对译为 community,译成中文,有"共同体"和"共通体"两种译法。南希的中文译者夏可君曾详细说明翻译这个术语的困难(见让-吕克·南希:《非功效的共通体》,《解构的共通体》,夏可君编校,郭建玲等译,上海人民出版社 2007 年版,第 1 页)。译为"共同体"强调其作为建立在同一性或本质化基础上的"同",而译为"共通体"则强调其并非封闭而与他者相通的"通"。汉语中做出这种区分是必要的。南希更多是在后一种"通"的意义上使用这个术语的,但他对这个词的使用是建立在对传统那种以"同"为本质的建构的批判基础上的。因此,本文同时使用"共同体"和"共通体"两个汉语词来对译 communauté:在需要强调它对本质化、实体化、同一性等的要求时,采用"共同体"的译名;而在需要突出它去同一化、"解辖域化"、非本质化等特性时,则采用"共通体"的译名。

已经不存在了,而是说"文学共通体"只能以一种"非功效"的方式进行运作,文学书写只能在共通或共在的意义上得到理解。南希用"文学的共同体主义"这个概念分析了文学与政治之间既共在又分联的关系。

南希还将书写作为意义的共同显现的思想,用在对基督教绘画的分析之中。在他的理解中,绘画作为留下痕迹的行为和表达意义的载体,是一种凝结着身体触感的"外铭写",即意义向自身之外的溢出。在绘画这种触感化书写中,可见与不可见之间的辩证关系,从自身的内在性之中向一个"在外的彼在"无限地外展,也就是南希所理解的基督教绘画的真理。在对"这里是我的身体"和"不要触摸我"等基督教关于身体的理念的分析中,南希在文学书写和绘画书写之间建立起比对关系,认为绘画书写的意义在于意义空间的自行敞开。南希还发现,书写范畴可以实现对艺术的多样性、碎片化乃至崇高概念等基本命题的重构,为我们重识艺术自主性和艺术终结论提供了新的启示。

作为当代西方书写思想的重要一环,南希的书写思想首先是建立在他者和关系维度上的,与它相关的共在、身体、外铭写、触感或共通体等概念,都强调朝向外部的无限敞开,以外展、沟通和分享为基本特征。这决定了南希的书写思想实质上是一种生存论思想。南希的书写思想对人类中心主义、同一化、本质主义的批判,对共在、独一性、外展、分享等概念的强调,以及对他者维度的重视,等等,都蕴含着丰富的生态思想,可以推动生态美学、生态文论、生态批评的建设和发展。南希对书写的非实在性和触感化特征的揭示,敞开了书写作为意义的共同显现的无尽可能性,使我们可以从意义和身体的角度,重新理解并建构中国特色的书写话语体系。但是,将共在、分享、触感、身体乃至西方话语的普遍主义倾向等维度融入书写范畴之中,在扩大书写话语的致思范围、将书写提升至生存论高度的同时,也有将书写范畴泛化或乌托邦化,使书写范畴脱离日常经验的理论缺陷。

作为哲学之重要一翼的美学理论,也必须回应哲学提出的意义、书写、身体、触感等问题,这是当代书写理论不可回避的论题。从美学史的角度看,意义与触感、身体与表现诸问题,乃是美学的基本问题。环视当代西方书写思想,可以发现,不论是在西方思想语境中,还是在中国艺术语境中,书写都日益成为一个非常重要的哲学和艺术的话题。南希的书写思想具有相当重要的示范性意义。也就是说,南希的书写思想可以成为中西书写理论建设走向交往和对话乃至相互补充和修正的重要平台,可以成为建构中国特色文学理论话语体系,尤其是中国特色书写话语体系的重要参考。简言之,对博大精深的中国书写文化传统和不断丰富变化的西方理论资源来说,展开理论间的交往和对话就意味着发现更多理论背后的张力,开启更多未知领域和可能性,在思维方式与书写理论的领域开拓出更加深广的世界。在这个意义上,南希的书写思想又是我们展开理论交往和对话无法绕开的对象,是我们建构自身文论话语的重要借鉴。

在后理论语境中,只有将书写与意义、书写与身体、书写与艺术、书写与文学等关系全方位地展开,在书写与美学的关系中重新敞开书写概念的理论内涵,才能将书写思想延展开去。对于当代西方书写思想,重要的也许不是去反思和辩驳,而是在思想在地化的过程中,重新唤醒思考自身传统的可能,重新敞开思想的未来。正如《导读德里达〈论文字学〉》的作者亚瑟·布雷德利所言,《论文字学》的"最重要意义恰恰在于它是不可穷尽的","总是存在着更多需要去讨论的东西,存在着更多需要思考的东西,存在着更多需要去阅读的东西";因此,对德里达来说,"阅读、阐释和洞察的过程是无限地朝着他者、差异、未来的可能性开放的"。[①] 对书写的阅读、阐释和洞察,也是如此。它不提供一个一劳永逸或持久有效的结论,而是召唤一种新的、更具挑战意味的讨论方式、思考方式和阅读方式。在这个意义上,本书关于书写概念的多维度讨论又并非以当代西方书写思想本身为结论,它不是封闭的,而是无限敞开的。思想所要求的首先并不是问题的解决,而是问题的敞开;所要求的也不是断章取义,而是倾听。

[①] 亚瑟·布雷德利:《导读德里达〈论文字学〉》,孔锐才译,重庆大学出版社 2019 年版,第 163 页。

说　明

1. 凡文中出现的特殊专有名词,在第一次出现时,均给出相应的原文,并以"(　)"标记,当同时给出多种外文时,不同外文间用"/"区隔。

2. 凡文中所引外文著作,已有中译本的以中译本为主要参考,同时尽量参照原文进行核对;还未有中译本而有英译本的著述,参照法文原著和英文译本进行对读,再译为中文。个别外文翻译,由于理解不同,往往有不同译法。在诸种不同译法中,笔者只能采用一种。为照顾译名统一和行文顺畅,笔者在引用相关著作中译本时,会对一些译名做出微调,改动之处皆由笔者负责。引用未有中译本的著述时,在注释中列出法文原文或英文译文出处,供读者参考。

目　录

第一辑　书写与意义

第四辑 书写与文学

余　论　贡献与局限

第一辑 ｜ 书写与意义

继承德里达的解构思想,南希在我们、世界、意义之间建立起交叉指涉和共生同构的关系,并将这种关系与书写对接起来,意义因此成了准确理解南希书写思想的重要维度。意义的悬置或失落,是南希展开书写之思的逻辑前提。如何面对无意义或者空无,是书写必须解决的基本命题,因为没有意义,就不会有书写。南希将书写发展为"外铭写",将外展、绽出、间隔、敞开、拆封等含义赋予这个新创的概念,认为书写本质上是意义的共同显现,"外铭写"本质上也是意义的溢出和未完成。共同显现、溢出和未完成,规定了书写本质上就是对"独一多样存在"之意义的敞开。但这种敞开并不是单一直接的呈现或表象,而是不断朝向边界突破域外的意义之外展、间隔和延异。其间充满着不断往复的差异和重复,使意义指向一种共在的状态,这构成了书写的精神实质。这种敞开,其实也是从失落了意义之后的某种空无状态开始的创造,即"从无创造",创造构成并确保了书写的未完成性和不可终结性。本部分主要结合意义理论和共在理论,阐发南希关于书写本质的思想。要理解南希对书写本质的探讨,就必须理解南希关于意义空无敞开的思想。

| 第一章 |

从替补到延异：书写思想的传统

在一般意义上，书写（écriture/writing）既可以是刻在石碑上的铭文或是撰写于纸页上的文符，又可以是进行创作、记载、铭刻的动作本身，还可以是在完成这些动作时形成的艺术或是风格，所指层面并不完全统一。但是，在西方的思想传统中，书写却长期被一律看作语言（尤其是语音）的替代性工具——"书写是在人类无法用语言直接传递信息、记录消息时方始诞生的"[①]。语言尤其是语音在哲学开端之时就被赋予了超越书写的优先性。在人类无法用语言直接传递信息时，书写被用来记录并传播信息，因此它总是与意义问题联系在一起。直至 20 世纪 60 年代，由德里达和罗兰·巴特等人引领的"书写革命"之后，书写（grammatologie）[②]开始作为严肃的哲学主题得到认真思考，这一西方语音中心主义的传统才得到严正审视。南希对书写问题的思考，也是与意义问题联系在一起的，并以其共在思想为哲学基础。南希的意义理论，是在意义普遍失落或悬置之后展开的思考，因而具有极大的伦理价值；他的共在思想，发展了海德格尔关于共在的思想，把存在作为独一多样的

---

① 斯蒂文·费希尔：《书写的历史》，李华田等译，中央编译出版社 2012 年版，第 7 页。
② "grammatologie"这个词的词根"gramme"在古希腊词源中即是"书写（writing）"的意思。参见 Arthur Bradley, *Derrida's "Of Grammatology"*, Edinburgh University Press, 2008, pp. 5-6.

存在,把共在作为存在的共同本质,把存在的意义规定为共同生存和共同显现。南希的哲学根本上是一种关系哲学,他对书写的思考因而也独具伦理内涵,也更具关系维度。

第一节　传统形而上学中语音对书写的贬抑

在《斐德罗篇》中,柏拉图曾借苏格拉底之口发表了对作为"技艺"和"药"的书写的评价:

> 如果有人学会了这种技艺(按:书写),就会在他们的灵魂中播下遗忘,因为他们这样一来就会依赖写下来的东西,不再去努力记忆。他们不再用心回忆,而是借助外在的符号来回想。所以你所发明的这贴药,只能起提醒的作用,不能用来医治健忘。你给学生们提供的东西不是真正的智慧,因为这样一来,他们借助文字的帮助,可以无师自通地知道许多事情,但在大部分情况下,他们实际上一无所知。他们的心是装满了,但装的不是智慧,而是智慧的赝品。这些人会给他们的同胞带来麻烦。①

柏拉图指责书写的文字只不过是语音的影像,是再次一级的派生物,其作用在于避免遗忘,它只会机械地重复其物质性符号,只是某种可以替补真实在场的工具,看似有所知觉,可以促进记忆,但其实只会强行推行自己的系

---

① 柏拉图:《斐德罗篇》,王晓朝译,人民文学出版社 2003 年版,第 197—198 页。朱光潜将这段话译为:"你这个发明结果会使学会文字的人们善忘,因为他们就不再努力记忆了。他们就信任书文,只凭外在的符号再认,并非凭内在的脑力回忆。所以你所发明的这剂药,只能医再认,不能医记忆。至于教育,你所拿给你的学生们的东西只是真实界的形似,而不是真实界本身……"(见柏拉图:《斐德罗篇——论修辞术》,《文艺对话集》,朱光潜译,人民文学出版社 1963 年版,第 169 页。)英译见 Plato, *The Dialogues of Plato*, Vol. 4, trans. Jowett Benjamin, Guangxi Normal University Press, 2008, pp. 89-90.

统,用智慧的假象破坏记忆,任何人都可以在没有真正理解的情况下想起并复述书写的文字。这里,对书写罪状的历数,为日后形而上学的书写观奠定了最基本的态度。也恰恰是这段讨伐书写的文字,以及柏拉图把书写仅仅当作语言的某种替补的思想倾向,成为后世冲击形而上学的颠覆性思考的切入口。

从现实的层面来讲,语音毕竟是无法持久、转瞬即逝的,人对真实在场的鲜活的心灵经验也难以长期保持,即便作为替补,书写及其文字都是不可或缺的。如何在承认书写文字的不可或缺性的前提下,保持真实在场与逻各斯之间的透明同一关系呢? 于是,为保护内在真理的内核,也为给自己借助文字的行为寻找一种合理性,柏拉图将书写割裂成忠于语音的"善的书写"和腐蚀、曲解真理的"恶的书写"。只有那些尽量忠实于语音及其背后逻各斯的书写,那些不用歧义来干扰真理之透明性的书写,才能够被当作"善的书写"保留下来。由此,对柏拉图而言,值得保留的书写文字,不过是一种弱化了的语音,一种或多或少仍然活着,又或多或少远离自身的逻各斯而已。柏拉图对书写的排斥,是因为不论效用为何,它总是人工性的、外在的物质性之物,终归不像内在心灵(语音)一样能够直接贴近真理。出于对理念的核心地位与完美价值的维护,柏拉图指责书写及其文字不过是对语音的模仿。书写的作用只在于用符号记录生活中新鲜的心灵经验和真实的在场,避免遗忘。它只是对记忆的记忆,是理念的衰退形式。语音是理念的"影子",而文字又不过是语音的"影子",书写及其文字便作为再次一级的派生物而成了"影子的影子",被贬斥到极低的位置上。

亚里士多德在柏拉图的基础上认为语音是心境的符号,而文字则是语音的符号。这被视为传统语言文字观的理论源头。在亚里士多德看来,相比于书写文字,语音更接近内在的心灵和逻各斯,它和在场之间具有一种同一、透明、直接的关系,从而处于中心位置;而文字则是由语音派生的,是外在于语音的"摹本的摹本",是必须注入生气的物质标识,因而处于次要和从属地位。这也是后来为何德里达将传统形而上学称为逻各斯中心主义或语音中心主义的原因。

哲学领域内的这种书写观，从希腊化时代开始便逐渐影响宗教。特别是吸收了斯多葛学派逻各斯学说的犹太教，尤其推崇和强调"因言称信""不立文字"，释经是一种在上帝隐退的情况下不断重新书写的过程——不再是对意义的再现，而是对意义的生产，使书写在犹太教神学理论中也被长期压抑在"言"的权威之下。后来在西方长期占据宗教信仰统治地位的基督教，经由使徒到早期教父再到奥古斯丁的努力，形而上学的"逻各斯在场"被成功转化成"圣言在场"的"神圣"的自我呈现，"道成肉身"的基督耶稣成为纯粹在场的完满中介，耶稣及其使徒的传教也主要以语音为主，书写文字在这里相对失去了效用。于是，作为犹太教异端的基督教在经历了希腊化转向后，对书写报以了与逻各斯哲学相似的贬抑态度，这种态度到奥古斯丁那里达到顶峰。不同于基督教上帝的存在和神性需要通过"道成肉身"的耶稣来呈现，犹太教上帝的存在和神性是被铭写于文本之中的。书写被赋予了发掘文本多义性的价值和功能。

相承接地，无论是卢梭还是索绪尔，不论他们开启了怎样崭新的哲思时代，在对待语言和书写的问题上，他们几乎都毫无例外地以各自的方式，重复着这种崇尚语音中心、贬抑书写的理论姿态。在卢梭看来，书写只能是一种相对于语音起次要和补充作用的"危险的替补"。因为书写文字往往被人误认为是忠实的、完整呈现意义的语音，这实际上却破坏了语音在人类认识事物时的自然优先性，进而威胁到人类认识的真实性和真正源头。人的身体本身就是天然的工具，根本不需要任何外在的替补，正是包括书写技能在内的各种替补工具的发明，催生出人与人之间的差异，造成了人类的不平等，由此发展起来的人类文明背后恰恰是人类的堕落和败坏。在卢梭这里，书写被当作造成人类不平等的起源而被理所当然地排斥。相似地，索绪尔也在阐述其语言学时提出，这种作为替补的书写是一种僭越了语音王位的替补之物，所以他在肯定其效用的同时，也提醒人们要认识到它的缺点和危险，并把书写文字逐出语言学，认为语言是独立于书写的。

从这一系列颇具连续性的态度中不难看出，传统观念中的书写是僭越的、带有弒父性的，会对语音中心、本源以及作者试图表达的原义造成偏离。这一思路在 20 世纪得到了列维-斯特劳斯的呼应。在列维-斯特劳斯看来，书写技能的引入只会打破原始部落原本无忧无虑的和谐，威胁并损害自然人的纯朴性，故而它在人类进步发展中实则是"被用作剥削人类而非启蒙人类的工具"。① 从柏拉图到卢梭，再到列维-斯特劳斯，书写都被当作"危险的替补"而被语音中心主义排挤到边缘和派生的位置上，直到德里达、罗兰·巴特等人开启"书写革命"之后，书写概念才得以在哲学领域登堂入室。书写概念在哲学领域的登堂入室，与德里达的出现密不可分。就目前所见，国内对书写相关的核心命题、基本逻辑和主要问题进行梳理和论述的专门著作，有王涛的《书写——碎片化语境下他者的痕迹》②一书。作者将书写放在当代西方神学和人文学相互借鉴和对话的交叉点上，从痕迹和弒父、物质和技术、自我和他者这三个角度，梳理了书写的观念发展史，对了解西方哲学和神学思想传统中的书写观念有很重要的价值。王涛的论文《书写的痕迹：对"书写"观念的一种梳理》③将书写作为人文学科的一个重要交叉概念，主要梳理了德里达、罗兰·巴特和苏珊·汉德尔曼(Susan Handelman)等人的书写观念，尝试在西方文学、哲学、神学等人文学科的交叠中，还原书写由被压抑的历史到获得解放与重新认识的过程，引入犹太教书写观，对各种被边缘化的书写形式，如欲望(身体)书写、女性书写、种族书写等展开思考。王涛的另一篇论文《"弒摩西者"：异端重释的传承——论苏珊·汉德尔曼的犹太教书写观》④则聚焦于苏珊·汉德尔曼的犹太教书写观，认为书写在犹太教中具有神圣的地位，与犹太教信仰中一种不在场的、隐退的、只体现为痕迹的上帝有关，将踪迹纳入对书写的思考之中。

---

① 列维-斯特劳斯：《忧郁的热带》，王志明译，生活·读书·新知三联书店 2005 年版，第 380—391 页。
② 王涛：《书写——碎片化语境下他者的痕迹》，北京大学出版社 2013 年版。
③ 王涛：《书写的痕迹：对"书写"观念的一种梳理》，中国人民大学博士学位论文，2009 年。
④ 王涛：《"弒摩西者"：异端重释的传承——论苏珊·汉德尔曼的犹太教书写观》，《外国文学研究》2010 年第 5 期。

第二节　德里达对语音中心主义的解构

到了 20 世纪下半叶,随着德里达《论文字学》《书写与差异》,罗兰·巴特《写作的零度》,莫里斯·布朗肖《文学空间》,等等著作的先后发表,这种用语音中心主义和逻各斯中心主义压抑和贬斥书写的态度受到了严厉批判。1967 年,德里达以其《声音与现象》《论文字学》《书写与差异》为"书写革命"拉开了序幕,提出了"书的终结和书写的开端"这一颠覆逻各斯中心主义的批判性命题。德里达借助对索绪尔、卢梭、列维-斯特劳斯等思想家的解构正面提出了他自己的书写理论。其理论之意义绝非仅限于言语与文字之间等级关系的颠倒,绝非仅限于对语音中心主义和逻各斯中心主义的解构。它的真正意义在于追问言语与文字分裂之间的共同的本原,追问使它们得以可能的共同的条件,进而追问一般意义之可能的条件。对语音中心主义的解构只是德里达的起点,其根本目的是对西方整个形而上学的解构。

德里达提出,从柏拉图时代一直到海德格尔时代,这段由形而上学和基督教神学思想占据主导地位的漫长的西方学术思想史,完全可以被视为一段推崇语音中心,压抑、遏制、边缘化书写的历史。[①] 这种鲜明对立的态度,正如美国学者乔纳森·卡勒所言,"对于海德格尔及那些康德主义来说,哲学的书写,真正的目的恰恰在于终结书写:而对于德里达而言,书写却总是意味着更多的书写"[②]。德里达之所以会选择书写作为抵抗语音中心主义的武器,其原因在于:书写永远只是一个在不断留下或涂抹痕迹中延异的过程,总是在不断重写和重构痕迹中生成新的意义的敞开性活动;书写是延异,也是激情,它绝不会成为封闭的在场,更不会取代语音从边缘走向中心,成为另一个中心

---

①　雅克·德里达:《论文字学》,汪堂家译,上海译文出版社 1999 年版,第 394 页。法文见 Jacques Derrida, *De la Grammatologie*, Minuit, 1967, p. 381.

② 　Jonathan Culler, *On Deconstruction: Theory and Criticism after Structuralism*, Cornell University Press, 1982, p. 90.

或本原,它也不会导向"书写中心主义"。实际上,书写的那种包含延迟、差异、反复的特性,以及书写符号的任意性和随机性,决定了书写永远不会保持和维护着所谓的稳固性和同一性,也不具有保护逻各斯中心的构建功能。因为每一次书写都是不同的,都是敞开的,所谓"善的书写"或"大写之书"实际上并不存在。

自古希腊以来作为形而上学基本问题的意义之本原问题,即追问本原的逻各斯学,关键在于寻找到的意义究竟是什么,在于这种寻找的先验冲动本身。这是一个封闭的整体,没有他者,任何他者或外部最终都要被同化、吸收进这个本原的整体。针对这样的一种本原,德里达的解构策略就是"延异"(différance)。延异不应该被当作一个现成的概念来理解,因为它"既不是词语,也不是概念"。在德里达看来,本原总是处于延异之中,它总是延迟着到场,在它内部总蕴含着区别、差异。此外,也不能把延异转化成一种已经存在于某个地方的意义之关键要害、崇拜对象和秘密印记。如果它还"是"某种东西的话,它就是意义的指标,而这种意义是没有任何匮乏的缺席的意义。

另外,德里达还通过替补来对本原的同一性进行解构。[①] 在传统形而上学中,替补是对本原的派生、附加,因为它总是可以被还原掉。但德里达告诉我们:"替补恰恰是不可还原的,它本身就是本原:替补不仅是对本原的替补,而且是本原性的替补。"[②]最后,德里达还通过本原踪迹化来解构本原。本原总是被抹消掉,只留下踪迹。所以说,传统形而上学所把握到的本原只是踪迹。德里达通常用"延异"一词来统称延异、替补、踪迹这三个词所表示的策略,这三个词都是对自身同一、永恒在场、自我封闭的形而上学的总体预设的解构。

德里达的延异的解构意义之所在,就是思考和提出传统形而上学未思考

---

① 雅克·德里达:《论文字学》,第 9 页。法文见 Jacques Derrida, *De la Grammatologie*, p. 17.

② 转引自朱刚:《本原与延异——德里达对本原形而上学的解构》,上海人民出版社 2006年版,第 36 页。

过的问题——意义之本原如何可能？如何发生？德里达的解构思想源于现象学和结构主义对意义发生机制的探索。以索绪尔、卢梭、胡塞尔为代表，他们认为文字始终僭越于言语之上。如索绪尔明确提出："书写的词常跟它所表现的口说的词紧密地混在一起，结果篡夺了主要的作用；人们终于把声音符号的代表看得和这符号本身一样重要或比它更加重要。"①即使是胡塞尔，也认为观念对象的客观性的最终完成及其可传递性最终要托付于文字，而且只有借助于文字，人们才能重复本原的意义。② 在卢梭、胡塞尔等人看来，意义在文字中的肉身化只是为了意义之传递的外在目的。

但是，在德里达看来，这是一种内在必然性，他说："书写的可能性应该寓于言语的内部，这种言语本身是在思维的内在性中工作的。"③也就是说，言语和书写本身都已经根植于思维或者说意义的内在性之中了，言语和书写都不是外在的可替补的因素，而是内在的不可还原、不可更替的组成部分，书写本身的内在性也就是意义的内在性。这实际上取消了传统形而上学赋予言语的那种优先的特权。言语本身尤其是"自说自话"独白形式的内在言语，具有一种"自身—感发"(auto-affection)的结构。这种结构驱逐了文字、书写等其他可替补因素的中介作用，它可以保障"自说—自听"的完全实现，它可以使意义不经过他者的替补作用而得以自动流转，从而保障意义自身的在场同一性。

然而，真的是这样吗？德里达在这种被形而上学赋予优先特权的"自身—感发"那里，在意义与在场的本原处，恰恰发现了不可还原的纯粹差异。正是这种纯粹差异，提供了可以保证意义与在场之"自身—感发"结构的可能性。而且，空间、外在、世界、形体等都"扎根于这种纯粹差异之中"，因为"作

---

① 费尔迪南·德·索绪尔：《普通语言学教程》，高名凯译，商务印书馆1980年版，第48页。

② 埃德蒙德·胡塞尔：《欧洲科学的危机与超越论的现象学》，王炳文译，商务印书馆2001年版，第436—437页。

③ 雅克·德里达：《声音与现象》，杜小真译，商务印书馆1999年版，第104页。法文见 Jacques Derrida, *La Voix et le Phénomène*, Presses universitaires de France, 1967, p. 92.

为声音活动的自身感发要以一种分裂自身在场的纯粹差异为前提"①。那么，什么是纯粹差异呢？在德里达看来，纯粹差异并不是某两种或多种东西之间现成的、在场的、对象化了的差异，而是一个还未到来的延迟的差异，准确地说就是延异。正是这种比差异还古老的延异，才使得言语的"自说—自听"和"自身—感发"的结构得以可能，才使得空间、外在、世界等的可能性无法被从"自身—感发"结构中排除出去。这样，在意义的内在性中，实际上已经包含书写和文字的可能性了，形而上学的封闭的内在性在延异的运动中，被打开了一个朝向外在的开口，它是内部中不可还原的开口，是"言语的眼睛和世界"②。这样一来，传统形而上学的语音中心主义自然就被从根基上解构了。德里达把书写概念广义化，得出"原初书写"（archi-écriture/arche-writing）这一解构主义的基本概念，实际上极大地拓展了书写的哲学内涵。德里达还把原初踪迹、延异等重要概念纳入对书写的考察中。这实际上标示了书写在德里达那里已经有"走向外部"的倾向了③。

在意义的本原或发生问题上，德里达很早就意识到最初的本原，已经包含了"不可还原的差异"，也就是后来的延异。关于"原初书写"，他认为书写不仅是记录已准备好的本原意义的符号，而且是真理和意义于其中生发的本原。④ 德里达的《文字学》就是要向我们表明：意义之本原已无法再被我们居有，本原已是踪迹，已是无尽的延异。德里达对已经独立出来的差异本身再进行改造，使之成为延异，这是德里达解构索绪尔和胡塞尔的关键步骤。德

---

① 原译为："作为声音过程的自我影响认为一种纯粹的差异要分裂自我的在场。"（见德里达：《声音与现象》，第104—105页。）此处略作改动，以杜译作为参考。法文见 Jacques Derrida, *La Voix et le Phénomène*, p. 92.

② 雅克·德里达：《声音与现象》，第110页。法文见 Jacques Derrida, *La Voix et le Phénomène*, pp. 96-97.

③ 陈本益：《释德里达的"原初书写"概念》，《外国文学》2006年第5期。

④ 雅克·德里达：《胡塞尔〈几何学的起源〉引论》，方向红译，南京大学出版社2004年版，第87—90页。法文见 Jacques Derrida, *Edmund Husserl's Origin of Geometry: An Introduction*, trans. John P. Leavey Jr., University of Nebraska Press, 1989, pp. 95-97.

里达在索绪尔的差异中加入了时间性维度,将空间性的差异变成了一种既有空间性又有时间性的延异运作。感性的差异必须以本原的踪迹,即延异的运作为前提才能发挥作用。延异既是时间化的差异或差异的时间化,也是空间与时间的共同本原,最能代表延异的不是别的而是文字。德里达说:"文字凭其地位注定要代表最难以消除的差异。"①这最难以消除的差异就是延异。

在解构了语音中心主义的根基之后,德里达为什么又回到了被形而上学作为言语之替补而青睐的文字概念呢?实际上,德里达意义上的文字,已经远远超越了后者的意义和内涵。它实际上是一种"原文字"(原初书写),是在言语与狭义上的文字分离之前就已经存在的东西。它既不是言语的替补,也不是局限于一般语言符号意义上的意义工具,而是作为言语与文字的共同本原(coorigine/coorigin),是人类活动本身的本质与内容。他说:

> 它(原文字)既外在于言语又内在于言语,而这种言语本质上已经成了文字。②
>
> 文字不仅不再从普通语言学中被排除出去,而且支配它并把它纳入自身之内。……那个没有道出的东西被铭记在索绪尔的话语中,它不过是作为语言本原的文字本身。③
>
> 我们用"文字"来表示所有引起一般铭文的东西,……它不仅包括电影、舞蹈,而且包括绘画、音乐、雕塑等"文字",它也可以指竞技文字,它肯定还可以指军事和政治文字。④

---

① 雅克·德里达:《论文字学》,第 80 页。法文见 Jacques Derrida, *De la Grammatologie*, p. 83.

② 雅克·德里达:《论文字学》,第 63 页。法文见 Jacques Derrida, *De la Grammatologie*, p. 68.

③ 雅克·德里达:《论文字学》,第 60 页。法文见 Jacques Derrida, *De la Grammatologie*, p. 64.

④ 雅克·德里达:《论文字学》,第 60 页。法文见 Jacques Derrida, *De la Grammatologie*, p. 64.

所有这些不仅旨在描述与这些活动发生次要联系的符号系统，而且旨在描述这些活动本身的本质与内容。①

这样一来，所谓原文字实际上成了原初意义上的意义本身。它既是人类生活的本质与内容，又是这些本质与内容的意义本原。原文字本身就是意义，原文字（包括踪迹、延异、播撒等）的问题，最终仍然是追问意义之本原的问题。只不过，这种追问，不是追问作为在场的意义，而是追问在延异运动中的意义本原。这种对文字的理解，实际上完成了对传统语言学和符号学的彻底解构，同时也完成了对形而上学意义本原观念的解构式革命。我们知道，除了绝对相信总有一个意义存在之外，传统形而上学还有一个坚定不移的信念：这个意义总是存在于一切言语、文字、踪迹、延异之先。这种优先性既是逻各斯时代意义观的典型特征，也是中世纪基督教神学赖以存在的坚实根基。但是这种优先性真的是不证自明的吗？在意义降临到可感知的能指之前，意义就真的已经发生了吗？

这显然是德里达所不能同意的，他在《胡塞尔〈几何学的起源〉引论》《声音与现象》《形式与意谓》《论文字学》等著述中，全力解构了这种意义优先的自明性。在德里达看来，意义本身的时间性使它在其原初（本原）处就已经介入踪迹的运动之中，意义本身就是踪迹，而踪迹只是在空间上的一种由内向外的指向，无法做出所指与能指的二元区分。所以，意义在本原处就已经是一种"指向"了，已经与言语、文字等融为一体了。换句话说，意义本身就以文字为其本原，无所谓时间先后的区分。在传统形而上学所想象的意义本原那里，其实根本没有意义，只有一道延异的踪迹而已。显然，德里达对传统意义观的解构，加重了意义的危机感。

就书写概念的阐明而言，弗洛伊德给予德里达的启示是不可回避的。弗洛伊德的《科学心理学草案》标志着他对书写概念思考的到达点。在该书中

---

① 雅克·德里达:《论文字学》，第 11 页。法文见 Jacques Derrida, *De la Grammatologie*, p. 19.

他与严格意义上的神经学描述或心理过程的解剖学表述决裂,而代之以"沟通屏障"和"疏导"之类的隐喻性模式。从该书到 1925 年的论文《神奇记事本笔记》,弗洛伊德的"疏导"概念渐变成只符合"书写""踪迹"这一类隐喻表述的概念。德里达指出,弗洛伊德直接使用书写的表述,是在 1896 年 12 月 6 日写给医生弗里斯(Wilhelm Flies)的信中,在该信中他的"踪迹"变成了"书写"。弗洛伊德在《科学心理学草案》中提到了"差异"这一概念,德里达将其解读为:弗洛伊德跳出自然科学的实体主义思维,代之以关系主义模式,结果他将差异视为一种与环境密不可分的关系性。德里达将弗洛伊德的"质"解释为"纯粹的差异"。而书写的登场正是"将意识或质放在空间中进行思考",而其具体表现便是"踪迹"变成了"书写""疏导""被暗语性地空间化"。由此,书写是弗洛伊德将以往线性考察的意识置于场和力中进行考察的必然结果。德里达在 1966 年的论文《弗洛伊德与书写舞台》中清晰地提出了其书写概念与弗洛伊德的关联,并认为弗洛伊德引导人们以神经元的概念将书写看成"疏导"。相较于弗洛伊德的实证主义色彩,德里达更多地从形而上学传统批判的角度来运用书写概念。

德里达在《书写与差异》一书中有一章"弗洛伊德与书写舞台"专论弗洛伊德的元心理学,其中以其《神奇的书写板》文本出发,来探讨无意识与书写之关系。即如果无意识之象征符号得以产生,而这个象征是透过语言的,而语言的物质性乃是文字,那么,对于无意识的基底是否存在这样的文字问题?弗洛伊德以《神奇打印装置》(*Note sur le bloc magique*, 1925)一文进行了描述。① 德里达从此出发加以论证:如果主体的记忆核心乃是一些铭记——而

---

① 弗洛伊德写道:"把胶片和蜡纸比作感觉——意识系统及其保护物,把蜡板比作这一系统背后藏着的无意识,把书写的出现和消失比作感觉过程中意识的震颤和消逝,我认为并不是太牵强。"这段话的意思是,感觉意识作为无意识痕迹的一种结构性产物,不仅是延迟的结果,同时也是"差异"和"增补"的结果,作为建构而成的"新事物",它具有不可还原、不可化解,也就是不可寻找其起源的特征。这一交织着差异和延迟的踪迹结构,就是德里达命名的"书写"。参阅李应志:《解构的文化政治实践——斯皮瓦克后殖民文化批评研究》,上海三联书店 2008 年版,第 22—23 页。

这些铭记不断被抹除(如书写板),而得以再度书写,并产生思想,透过话语,我们最终再记录下来,那么,弗洛伊德的比喻就是不当的,因为这最初书写之物,就应该是文字本身,即精神的基底乃出自文字,正是这些文字被组织成思想,进而表述,然后我们才再对话语进行书写。这样德里达颠倒了文字,并提出原初书写来表达其思想。

弗洛伊德强调用书写板来描绘其无意识的机制的核心在于印版可以不断被抹去,然后继续书写,而这如同精神系统无意识的工作机制。然而,这个不断被抹去的东西乃弗洛伊德之原初压抑,而这个地方,弗洛伊德在释梦和给弗里斯的信件中已经明确表示,主体之抹除来自知觉段接收的知觉信号——拉康称,此乃索绪尔未发明能指前之对应术语。与弗洛伊德对无意识以及记忆铭写的思考相关,在德里达看来,无意识的原初创伤或者无意识的记录,只能是事后"重复"之中的"发生",在此重复发生中留下不断被涂改的踪迹。因此,无意识是没有当下在场的,也不可能是原初经验的,而是被延异的,有着重复与踪迹的涂改,有着差异间隙与间断性,无本原才是本原,或者原初总是被涂抹的,生命在原初的发生上已经是延异着的,是延异构成了生命的本质。

这个独特的神经记忆铭写方式,以及弗洛伊德揭示出或者被德里达明确化的这个记忆铭写方式,有着西方文化以及哲学神学的最深智慧,表现为:一方面是无限的储存力,另一方面是无限的接纳力。关键是我们能否从象征图像与再度校正所呈现的图像以及痕迹出发,这是第一道踪迹而已;第二道踪迹则是那些难于浓缩与置换的踪迹,更加与幻象相关,而幻象并非总有逻辑规则,幻象总是不断滋生幻象,如何穿越幻象? 这是踪迹的踪迹,表层的踪迹其实已经是这道踪迹涂写的产物,即第一道踪迹其实是被第二道踪迹处理后的产物,第二道踪迹已经被幻象化,涂写过了的。这是第二记忆,或者是所谓的想象记忆、图像记忆。

第三道踪迹,即所谓的元踪迹,其实是不可能被接近的,已经彻底改写过了,涂写过了,不可能原发在场,是无意记忆的。如何进入这个无意记忆? 在当时并没有自身经验,但是现在似乎又再次在事后,在某个不可求的时刻,竟然被重新经验了,当然不是原发的那个时刻,但是又似乎进入了那个原发时刻,而且确实经验到了那个被回避的、让人震惊与惊呆的时刻。本雅明与普鲁斯特的写作都是要唤醒这个原发时刻的,使之再次得到闪耀,并且被拯救出来。不是简单回到浓缩与置换的解释,弗洛伊德的梦的解释给人的印象主要是第二记忆的,其实他后来讨论本我以及生死本能时,就进入了这个原发记忆。这个所谓的原发记忆其实只能通过事后的第三记忆的书写、铭写,已经在原发时刻被铭写了,但是这个铭写又是被涂写的、抹去的,因此只能在间隔之后,在事后,以一个奇怪的、意想不到的方式被经验到。

经由德里达的工作,书写开始被理解为一个无限敞开的过程,一个不断延异和播撒的过程,它在留下或涂抹痕迹中不断重写,重构,生成新的意义。书写并不导向意义的封闭和绝对,而是导向意义的无限敞开;它也不导向意义的单一和中心,而是导向意义的复数与多元。在德里达这里,踪迹才是书写的本原。书写绝不会确定为封闭的在场,更不会取代语音,从边缘走向中心成为另一个本原。这种鲜明的态度,正如美国哲学家理查德·罗蒂的精辟归纳所言:"对于海德格尔及那些康德主义者来说,哲学的书写,真正的目的恰恰在于终结书写;而对于德里达而言,书写却总是意味着更多的书写。"①

对巴特来说,无论是"零度写作"还是"作者之死",都致力于打破传统书写观念所构建的深度神话。书写,既不是对某种中心意义或神话的表现和再现,也不是表达某种深度的可替代性工具。因为文本内部或与其他文本之间的文本间性,使文本的读者在能动的阅读中对文本实施不间断的重写,不断创造和生成新的意义。布朗肖也有与此相似的"中性写作"之说。只不过他强调的不是读者参与文本意义生产的作用,而是文学写作所开创的不同于日常生活的文学空间。这个空间也就是所谓文本的召唤结构,它召唤读者去进行不断的解读,不断进行意义的重组和再生产,以此来对所谓的逻各斯中心

---

① Jonathan Culler, *On Deconstruction : Theory and Criticism after Structuralism*, p. 90.

不断提出质疑。而在贝尔纳·斯蒂格勒那里,书写的技能并不是一种单纯的补偿工具,并非一种可替代性的工具,而恰恰是人之为人所必需的一种属性,它是人的本质的一部分,参与着自为和自在的自我创造。

经由德里达、巴特、布朗肖、斯蒂格勒等人的工作,书写在哲学传统思想中被贬抑的地位,得到了一定程度的纠正。德里达等人所强调的是,书写本身就是一个意义不断生成的过程,它不是模仿再现,而是意义本身的延异和踪迹,是新的意义的不断生成。这场"书写革命"以边缘书写等策略揭示了被压抑部分的思想,除了影响了文化及艺术创作领域之外,还启发了以往被压抑的他者。

那么,在这条漫长而又充满着嘈杂的意义寻找的哲思长河中,在德里达已经从根本上解构了形而上学传统中对书写的语音中心主义或逻各斯中心主义的贬抑之后,南希如何展开属于他自己的意义之思?他如何处理书写与意义的关系?是继续解构,还是继承形而上学传统,将被德里达打散的思想传统重新组构起来?他要如何超越传统形而上学?如何继承或发展德里达的解构之思?

| 第二章 |

后结构主义的意义论:书写思想的逻辑起点

"意义"(sens[sense])是哲学的重要范畴。经过尼采、德里达、福柯、德勒兹等思想家们的清洗,附着在"意义"范畴上的形而上学色彩逐渐淡化,"意义"越来越紧密地与存在、生存、生成等新的哲学概念结合起来,形成了具有后结构主义色彩的意义理论。法国当代哲学家南希的意义生成理论也是直面传统形而上学的"意义的危机"而形成的。在他看来,后形而上学时代对"意义"的思考必须转换为对"无意义"和"意义的生成"的思考,目的是激励人们去重建一个意义世界。南希将"意义"理解为含义(meaning)、感觉(sensation)、方向(orientation)三层意蕴的有机组合,特别突出了意义作为感觉的生存论内涵,强调对意义的把握就是重新思考意义的实在性、有限性和独一性等问题,通过"领会"和"敞开"的方式实现意义的"出生"和"生成"。南希的意义生成理论实质是在生存论的意义上重建一个意义世界,对于重新设定中国文学与世界文学、中国文论与世界文论的关系,重新建构中国文学史的叙述模式,展开中国文论话语建设、文学批评实践和文学史构建等,都有重要的方法论意义。

第一节　意义作为思想的基本问题

意义问题既是哲学思考的对象问题,也是哲学本身的价值问题。就前者而言,哲学需要回答的是什么是意义、意义如何可能、意义与人和世界的关系究竟是什么等问题;就后者而言,这些问题被转换成哲学以什么为研究对象才是有价值的、哲学如何敞开对象本身的意义、哲学为什么是有意义的等问题。这两大类别的基本问题,决定了意义与哲学有着千丝万缕的关系。在某种意义上,甚至可以说意义是哲学必须回应的基本问题和核心范畴。在西方哲学史上,尽管出现了历代哲人各自不同面向的哲学之思,哲学的发展形态也复杂多元,但几乎无一例外的是,他们都以对意义的究问来构成哲学的使命,构成他们思想的重心。这也就是南希所谓"不可专有的真理的现实性"问题:

> 不论是"存在"还是"语言",或"他者""独一性""书写""模仿""多样性""事件""身体"等等,"意义"是当今所有思想的主要"论题"。如此之多的形式,尽管不一定兼容,一直以来,我们依据传统的词汇学,将这个问题称为不可专有的真理的现实性。这尤其并非意味着"真理的缺席"。①

意义的"不可专有",意味着我们不能占有意义,意义不在我们内部,它甚至就是真理本身。哲学对真理的探寻,恰恰也是对意义渊源的究问。对意义问题的思考和回答,在哲学开端的意义上,被哲学家转换成起源(origine/origin)的问题,即对世界之"本原"(arche)的思考和寻找。正是本原赋予世界以意义,使世界是其所是并按其自身法则开始运作。对何谓本原、本原如何运作的回答,其实也就是对意义问题的回答。从泰勒斯提出"水是万物的本原"开始,哲学就开始致力于以不同方式回答本原是什么这个基本问题。在柏拉图那里,无论是在时间性上还是在逻辑性上,都以先行存在的"理念"

---

① 让-吕克·南希:《存在—于—共通》,《无用的共通体》,郭建玲、张建华、夏可君译,河南大学出版社 2016 年版,第 207 页。法文见 Jean Luc-Nancy, *La Communauté désœuvrée*, Christian Bourgois, 1986, p. 219.

(idée)是规定一切现象的存在或存在者之意义的最终根据,一切存在者都因分有理念而存在,而获得意义。人能够以其独具的理性能力,通过"回忆"先验的理性结构,来获得关于理念的确定性和客观性知识。这实际上回答了理念作为本原的基本意义,以及意义可以通过人的理性予以把握的客观事实。到了亚里士多德,意义问题与哲学研究的基本对象取得了同一。

在亚里士多德看来,哲学就是形而上学(metaphysics),就是研究"作为存在而存在的最初原因"的科学,它要研究的不是一般的作为现象的存在或存在者,而是使这些存在或存在者是其所是的最根本的原因、根据、原则,也即最终的本原。他说:"我们寻求的是本原和最高的原因……","有一门学科,它研究作为存在的存在和由于本性而属于它的那些属性"。① 可见,亚里士多德实际上是将探寻"万物最确定的本原"作为哲学区别于且高于其他自然哲学(物理学)的基本特征,赋予哲学家以"寻求本原和最高原因"的基本任务。言下之意就是,将本原的探究作为哲学之思的基本意义,将何谓本原与何谓意义联系并统一了起来。虽然出于对"因"的形式化理解,亚里士多德将"形式因"作为这个"本原和最高原因",但自此以后,对本原是什么这个问题的不同形态的回答,事实上构成了哲学发展的基本线索。

到了中世纪,由于基督教神学的绝对统治,哲学从某种意义上成了"上帝—神学"。世界之所以有意义,是因为它体现了上帝的意志;人之所以有意义,是因为他必须寻求朝向上帝方向的自我升华,以期获得最终的灵魂救赎。在基督教神学体系里,上帝成了一种实体性的存在,人只有通过上帝的"启示"才能获得意义。

在笛卡尔那里,"我思故我在"确立了一个意义原则,即哲学的意义在于

---

① 亚里士多德:《形而上学》,转引自杨适:《古希腊哲学探本》,商务印书馆 2003 年版,第 473 页。此句吴寿彭译为:"有一门学术,它研究'实是之所以为实是',以及'实是由于本性所应有的禀赋'。"(见吴寿彭译:《形而上学》,商务印书馆 2011 年版,第 56 页。)苗力田译为:"存在着一种思辨作为存在而存在的科学,也包括着那些就它自身而言的依存者。"(见苗力田编:《亚里士多德选集·形而上学卷》,中国人民大学出版社 2000 年版,第 73 页。)

探究"我思"这个先验自明的主体,"我思"成为一切存在的意义的基本原则:"原则就是一个论证的起点、本原。"①人的理性从此有了毋庸置疑、坚不可摧的位置,人凭借自己的理性就可以获得意义和真理。这一主体性原则,预设了"我思"作为存在的先验自明性,将已经指派给上帝的人的力量重新归还给人,重新确立起理性的主体力量。这一基本转向贯穿了整个西方近代哲学,使寻求"思想的客观性"成了哲学的基本意义和存在本身的意义。然而,笛卡尔却止步于"我思"存在的自明性,而再无对自我为何可以"思"的追问,对自我(理性)如何获得知识因而成了经验论和唯理论争论的焦点。以休谟为代表的经验主义把自己局限于主体所及的经验范围,因而陷入怀疑论;以笛卡尔为代表的理性主义所提出的天赋论,由于没有对理性本身进行批判,因而陷入了独断论。

康德通过对人类理性的认识能力的考察和规定,追问了自我,厘清了经验论和唯理论混战中的意义问题。康德严格划分科学知识的界限,把上帝、自由意志、第一因这类形而上学问题,干净、彻底地排除在经验科学知识之外,这可以说是揭了形而上学的老底。但是,不论是纯粹理性的批判,还是判断力和实践理性的批判,康德都仍然是以二元论的方法作为他批判哲学的理论基础的。而主体与客体之分裂和对立,正是形而上学最为根本的态度,把自己作为主体,把世界作为客体,以静观的、抽象的方式把握世界,正是"形而上学"产生的根基和基本运作模式。这样的二元论看不到心物之间的统一,不能正确解决这一分裂,理性主义陷入了危机。康德试图统一经验与理性,他为科学奠定了基础,但这只解决了现象世界的问题,而本体世界——物自体世界,康德则认为是不可知的。这就进一步突出了现象与本体、世界与意义、纯粹理性与实践理性的分裂。在这个意义上,康德同柏拉图、基督教的形而上学仍然是一脉相承的,仍然没有跳出形而上学的窠臼。

到了黑格尔那里,人的理性能力和自我意识终于获得了终极的意义,理

---

① Reiner Schürmann, *Heidegger on Being and Acting: From Principles to Anarchy*, Indiana University Press, 1987, p. 113.

性彻底取代了上帝。黑格尔集德国古典哲学之大成,创立了一个以"绝对理念"为核心的客观唯心主义的完整体系。在他看来,哲学的意义在于探讨思维与存在的辩证运动关系,世界的本原不在于人的自明我思或者人的先验自我,而在于绝对理念。它并非超越于世界之上的超验存在,而是存在于自然、人类社会和人的精神现象之中,它就在世界之中。世界本身的变化、发展、更替、运动的生命过程,就是绝对精神本身的自我发展和自我运作的过程。绝对理念是宇宙之源、万物之本。一切哲学之思的对象和意义,也就在于对绝对理念的探究和表现,在于揭示绝对理念的发展过程及其规律性。正如恩格斯的高度评价所揭示的,黑格尔并不以一种静观凝思的态度来解决世界的意义问题,而是"把整个自然的、历史的和精神的世界描写为处于不断运动、变化、转化和发展中,并企图揭示这种运动和发展的内在联系"。这在哲学史上是"第一次",也是黑格尔的"巨大功绩"。

由此可见,近代哲学的发展进程就是不断确证人类理性能力的过程,就是不断探究人获得知识(真理)的力量和意义的过程。人凭借本身固有的理性能力和自我意识,去认识世界、把握世界、追寻意义,哲学从神学奴仆的地位中解放出来,上帝万能被代之以理性万能,理性、意识、精神明确成为哲学的主要命题,认识论成为哲学的基本发展走向。可以说,自亚里士多德以来,西方哲学无论经历过多少发展阶段,或者建立了多少完成的或未竟的理论体系,致思理路有着多少不同的运作面向,一个基本一致的问题是,他们都致力于对何谓世界的意义、意义何为、哲学的意义何在等基本问题的回答。所不同者,也只是他们所提供的答案:或者是水,或者是数,或者是理念,或者是形式,或者是对象化的神,或者是自明我思,或者是先验自我,或者是绝对理念,等等。这个答案清单甚至还可以包括后来的强力意志、权力意志、生命意志、存在、此在等。可以说,一个新的意义(本原)的提出,一种新的意义生成与可能的解释模式的提出,就是一个新的哲学的开始。但它们之所以为哲学或形而上学者,是因为有一个共同的前提,即相信世界是有意义的,万物总有一个本原,世界的意义和万物的本原是人可以认识与把握的。人们所争论的只是这个意义和本原"是什么"的问题,却从不怀疑意义本身。

人们到处在寻找着所谓的"金科玉律"和"普遍原理",争相宣称自己发现了终极意义,并因此以自己的发现为意义和真理的化身,但并没有人怀疑这个意义本身究竟是否真的现成存在。无论是柏拉图的理念、亚里士多德的作为"纯形式、纯粹在场的神"、中世纪神学所支持的神圣实体,还是近代哲学所寻求的作为先验自我的主体,所有这些曾经的意义,都是将世界贬斥为与人的主体相对的现象,最终都只是一些现成化的"什么"。用海德格尔的话说,都只是一些存在者。但正是这样一些现成化的"存在者",成了最终的、最高的意义。如果说被称为"自然形而上学"的古代哲学是尚未意识到人的主体性而遗忘了人,那么被称为"主体形而上学"的近代哲学则是自觉到了人的主体性,却将作为主体的自我逐步变成了一个高高在上的、彼岸世界的绝对理性。

可以说,知识论的传统哲学在寻求存在的意义的同时,却又恰恰忽略或者说失落了存在的世界的意义问题。从意义与哲学的关系角度,探索意义之于存在、意义之于哲学的意义,使现代人在意义的危机之后能够在哲学的指引下重建意义世界,是现代哲学获得了存在的合法性根据与发展的新契机,也是现代哲学走向成熟的根本标志。只有在哲学对意义的自觉把握、自我意识和理性解释中,哲学才是有意义的。所以,随着被海德格尔称为"最后一个形而上学者"的尼采喊出"上帝死了""重估一切价值"的宣告,海德格尔对"存在"和"存在者"所进行的存在论区分以及对传统形而上学只是存在者的"意义学"的判断,以及以德里达为代表的解构哲学对本原问题的根本质疑,传统形而上学的意义根基逐渐动摇,使现代以前哲学所关切的意义问题不断走向虚无,意义问题开始成为真正的问题,"哲学的终结""意义的危机"等说法普遍。

"意义的危机"标识着传统形而上学找寻意义的方式的失效,也就是传统"形而上学—哲学"思想方式的失效。意义的危机问题如果不解决,人类终究只会完成一种僵化死滞的文明。早在1918—1922年创作的轰动世界的《西方的没落》一书中,斯宾格勒就用了比危机更加严重的"没落"(untergang)一词来指称这种思想状况,警示人们为摆脱意义的危机而要有所作为。那么,在尼采和德里达批判、解构或者说"终结"了传统形而上学的思想方式之后,在海德格尔批判了尼采并未揭示本真的存在之后,我们应该如何重新思考意义? 是否有可能重建一个值得生存的意义世界?

第二节 从"哲学的终结"到意义的"悬置"

正像海德格尔在分析尼采虚无主义时所指出的那样:"虚无主义是那种会长期持续下去的事件,在其中,关于存在者整体的真理会发生根本性转变,并且走向一个由这种真理所规定的终结。"① 对于虚无主义,我们所能采取的正确态度或许不是逃避或迷惘,而是勇敢地"置身于那个东西之中",去"拥有它们的'真理'"。② 这种积极的态度,也正是南希面对哲学的危机或意义的失落时秉持的思想立场。对于南希,对意义问题的思考不是为了去完成形而上学,也不是为了将解构进行到底,而是为了激励人们去重建一个意义世界。因此,传统哲学的危机或意义的失落问题,被转换成了直面意义的失落问题,哲学思考的任务被置换为重思"无意义",重新打开意义思考的维度,重新寻获世界及其存在的意义。

对南希来说,如何面对意义的危机,超越意义的悬置状态,使世界、意义、我们、书写之间建立有意义的意义逻辑,是必须首先解决的问题。在《一种有限之思》(*Une pensée finie /A Finite Thinking*)、《世界的意义》(*Le Sens du monde/The Sense of the World*)、《身体》(*Corpus/Corpus*)、《缪斯》(*Les Muses/The Muses*)等著作中,南希提出并回答了什么是我们的"意义—世界"(sens-monde)的问题。他对意义问题进行思考,回应着尼采"上帝之死"和"重估一切价值"所隐含的意义危机。对永恒回归和空无、主权等的思考,对意义

---

① 马丁·海德格尔:《尼采》,孙周兴译,商务印书馆 2002 年版,第 672 页。

② 张兴成:《虚无主义与现代性批判》,人民出版社 2017 年版,第 64 页。

哲学或者哲学的意义问题的恢复,可以说代表了南希意义理论甚至整个南希哲学思想的首要特点。

南希首先发现了成为一种历史事件的"意义"的悬置状态:"不太久之前,人们还可以谈论'意义的危机',⋯⋯如今,我们已经越过了它:所有的意义都已被抛弃。"①历史、共同体、民众、民族、生存、人、世界以及任何"超验者与内在者"的意义,都已"普遍地垮台",都已处于一种"被遗弃的处境"和"走向最后终结"的命运②。我们因此抛弃了作为意指(signification)元素和知觉(perception)手段的意义,也抛弃了作为"方向或道路"之混合体的意义,以至于"如今的意指⋯⋯被悬于一种本质悬置的状态","意义的意指意义处在了意义之悬置的状态"③。所以他对回避意义之思的行为充满批判,而将之斥为普遍的懦弱和懒惰。

意义的终结问题直接关涉世界本身是否有意义的问题,意义悬置的事件隐藏着世界向虚无沦灭的危险。需要指出的是,这里的"终结",并不是说意义或哲学已经消失了,而是说意义或哲学的某种目的或意义已经实现了,在更多意义上是指完成、终端、最后的解决等。他说:

> "哲学的终结"至少意味着哲学认识到自身达到了它的完成(因此这全然不同于说它消失了),实现了其意义的要求所可能唤起的含义的整个秩序。所有可能的所指都被指涉了,或者是:总体性被涉及,所指等同于可指涉的(这是意义的另一个方面,或者是逻各斯的恳求:逻辑,所有理性所归还的理性)。因此,尽管我们确实能够,无尽地、顺畅地而从根本上地⋯⋯没有危险地复多化含义的表述,

---

① Jean-Luc Nancy, *Le Sens du monde*, Galilée, 1993, p. 11. 英译见 Jean-Luc Nancy, *The Sense of World*, trans. Jeffrey S. Librett, University of Minnesota Press, 1997, p. 2.

② Jean-Luc Nancy, *A Finite Thinking*, Stanford University Press, 2003, p. 4.

③ Jean-Luc Nancy, *Multiple Arts*: *The Muses II*, Stanford University Press, 2006, p. 113.

> 哲学意义的最终意义还是被证实了:在所有形式之下(知识,历史,语言,主体,等等,——和共通体),这种意义仅仅只是意义被它本身所意感(sensée)到的建构,换句话说,就是存在和意义的同一性,或者就是向着作为绝对主体性的存在自身的在场。①

"哲学的终结"意味着传统形而上学的"意义"已经达至其完成状态,是所有可能的所指都被指涉了。或者说,这种指涉方式已经不再有效了。因为传统形而上学所寻找到的"哲学意义的最终意义"不过是"意感到的建构",并非真正的意义或意义本身。南希的判断一定程度上揭示了西方思想发展的基本趋势。面对"哲学的终结"这一思想趋势,南希并没有悲观地走向悲观主义。"哲学的终结"是说意义达至完成状态,是所有可能的所指都被指涉了,并不是说意义消失了。

意义的危机不是意义本身的危机,不是作为价值本身的意义的失落,而是"被指涉""被给予""被占有"的价值的失落,是作为可被指涉的所指的危机。换句话说,"哲学的终结"或意义的危机,是说"意指"的失落或危机。所谓意指,即是说,有一个或多个意义被提前预设或给出,通过某种行为去把这个提前存在的意义指示出来,这种行为就是意指。这种意指,在德里达那里被界说为"逻各斯中心主义";在福柯那里被解释为"连续性""中心化"。在这个意义上,南希的判断并没有脱离后结构主义的基本范域。以这种逻辑推断,南希认为,在后形而上学时代,人们可以否认已经找到的那些被指涉的"意义",但不能否认意义本身,不能否认意义之于人的存在和思想的价值。南希还在存在和意义之间建立起同一性关系,意义被理解成被意感到的存在的某种建构,这种建构是一种并不完成的建构,一直在生成中、在存在中,不是提前预设的意指。只要存在本身还存在着,意义就不会失落。

换句话说,在南希那里,之前哲学所探讨的"存在""语言""他者""事件"

---

① 让-吕克·南希:《存在—于—共通》,《无用的共通体》,第 200—201 页。法文见 Jean Luc-Nancy, *La Communauté désœuvrée*, p. 213.

等命题,不过是"意指"的不同形式而已。这些形式应该被重新反思,但这并不意味着"意义"作为"真理"的缺席,因为"意义"问题是展开一切哲学命题的前提和基础。南希特别强调意义的"不可专有",这意味着不能将意义理解为某种专有概念(如"存在""理念""绝对理念"等)的指称,但并不意味着必须排斥"真理"概念。哲学的终结和意义的危机,只能被转换为意义的"悬置"(l'excédent)。所谓"悬置",即把之前所有被指涉过的"意指"都采用现象学的方法"悬搁"起来,采用一种更为积极而非虚无主义的态度去重思"意义"本身,去重新发掘"意义"的内涵或重新赋予"意义"以新的解释。更重要的是,南希还在我们、世界与意义之间建立起交叉指涉和共生同构的关系,用"我们是意义"和"世界即意义"来表达意义并未失落,相反意义敞开了一种分享的姿态。① 所以,他反复申说:

> 我们面临意义期望或需求的风险、可怕的陷阱、某些需求的集合(安全、身份、确定性、哲学作为分配者的价值观、世界观,以及信仰或神话)。②

> 世界已经不复存在:不再有一个平静的世界,一个宇宙,一个组成和完整的秩序……世界不再有任何精神,也不再有任何历史可提供给人们进行裁决的立场。换句话说,世界已经不再有任何意义了。③

那个完整的、秩序化的、结构化的世界已经不复存在了,但是世界本身还

---

① 参阅胡继华:《后现代语境中伦理文化转向:论列维纳斯、德里达和南希》,京华出版社2005年版,第190—191页。

② Jean-Luc Nancy, *Le Sens du monde*, p. 11. 英译见 Jean-Luc Nancy, *The Sense of World*, p. 2.

③ Jean-Luc Nancy, *Le Sens du monde*, p. 13. 英译见 Jean-Luc Nancy, *The Sense of World*, p. 5.

存在。那么,这种"终结"将世界导向虚无吗？即便是意义普遍消失或者世界正在走向终结,南希也并没有丧失对世界和意义的希望,并没有在"意义与目的的缺席"中走向虚无主义。赋予"世界的意义"这个词组一个宽泛的延伸意义,并在世界和意义之间建立起交叉指涉和共生同构关系。意义被指涉的"意指"终结了,但意义本身还在,"不可专有的真理"还在,真理并未缺席。对意义存在的确信,使南希把"意义"作为展开自己思想的逻辑前提:"对于我来说,意义至关重要,因为哲学所涉及的不过就是意义。"①在他看来,意义问题既是我们的一种共同关切,也是一个亟须重新加以思考的任务和机会,我们"比以往任何时候都更加急切地需要意义的再次出现,……这种紧急状态本身就已经是有意义的,因为它的所有力量都是革命性的"②。他把思及"意义的起源以及意义如何重新达及我们",作为敞开"一种有限之思"的必须立即着手处理的问题。所谓"一种有限之思",是指一种不否认真理、意义或普遍性,只致力于思之本身,思考意义的问题,探究自身的界限和独一性的哲学之思。对意义而言,就是要摆脱传统形而上学的思维方式,使"意义"从"意指"的禁锢中解放出来,重思"无意义",重新打开意义作为有限之思的维度,思及意义本身的实在性、有限性、独一性等问题,重新寻获世界及其存在的意义。

第三节　从意义的有限性到意义的实在性

法语中的"意义"即 sens 一词,除了有"含义"的意思外,另兼有"方向"和"感觉"的意思。也就是说,除标明意指的所指之外,这个词还包含着意指行为实践的含义,"方向"和"感觉"标识了意指作为一种行为实践的发生学原理。在南希以前,早在 1964 年的著名论文《意指与意义》(*La signification et*

---

① Peggy Kamuf, *On the Work of Jean-Luc Nancy*, Edinburgh University Press, 1993, p. 108.

② Jean-Luc Nancy, *Le Sens du monde*, p. 20. 英译见 Jean-Luc Nancy, *The Sense of World*, p. 9.

le sens）里，列维纳斯就已经把意义与方向联系起来进行思考。在他看来，"意指"的文化多元主义的众多性，其实需要一种独一无二的方向指引，才能保持和平共存："文化多元主义中的种种意指必须与意义、与导向、与存在之统一性、与原始事件区别开来……诸意指要求着一种它们从中借取其意指性的独一无二的意义……"①也就是说，意义始终有一种超越性的要求，通过意指行为在自我与他者之间建立联系。后来，布朗肖创造出"意义的他者"（l'autre de sens/sense of the other）概念，来揭示作为本质的"意义"与指引导向的"他者"之间的关系。虽然他没有明确区分"意义"和"意指"两个概念，但作为"意义的他者"的意指性，还是突出了意义本身的"方向"性。

相较于前辈思想家，南希的独特性在于重新发现了意义的有限性和实在性。在《一种有限之思》《世界的意义》《身体》《缪斯》和其他一系列内容广泛的著作中，南希将传统形而上学对意义的意指内涵的关注，转化为对意义的意指实践的关注，试图在"我们""世界"与"意义"之间建立起共生同构的关系，将"意义"的"感觉""方向"维度凸显出来，使意义回到作为实践的生存维度上，通过回答"什么是我们的意义—世界"的问题，来回应尼采"上帝之死"和"重估一切价值"所隐含的意义危机，重新思考了意义的有限性和实在性问题。这一思路既具有明显的实践论色彩，又具有突出的生存论特色。

南希首先在意义和意指之间做出了明确区分，突出了意指的有限性。他把意义作为先在于、超越于、他异于意指的某种东西，特别提取了意义的"方向"含义，创造了"朝向—存在"（l'être-à/being-toward）的概念。规定了意义始终是对外在性的他者的朝向，始终有向域外展露的冲动。"朝向—存在"在意义与意指之间置入一种不可通约的距离。因为这种距离的存在，间隔才得以发生，意义才得以获得在场感。"意义"也就是"朝向—意义"，突出了意义始终是对外在性的他者的朝向，始终有向域外展露的冲动。这种冲动在意义

---

① Emmanuel Levinas, *Humanisme de l'autre homme*, Fate morgana, 1987, pp. 39-40. 转引自尉光吉:《黑夜的诗学——莫里斯·布朗肖思想研究》,中国人民大学博士学位论文,2018 年,第 199 页。

与意指之间置入一种不可通约的距离。因为这种距离的存在,意义才得以获得在场感,才得以获得其实在性。

在《世界的意义》(Le Sens du monde)中,南希认为:"只有在同某个'外部'(dehors/outside)或'别处'(ailleurs/elsewhere)的关系中,在意义构成的关系中,才有意义存在。"[①]这是因为,"意义先于并超越一切意指而存在,它让后者得以可能,并敞开了普遍的意指性,在这敞开中,意指得以可能进行自身的生产"[②]。所以,意义首先是先于意指而存在,所谓意义的危机,其实质乃是意指的危机,并不是作为先在的意义的危机。这种判断,是基于对意义的实践性、朝向性和原初性的肯定。

南希极为强调意义的概念与其指涉物之间不可分离的关系。意义并不像传统形而上学所理解的那样,是可以划分为含义、内涵、意指以及诸如此类的东西的,而只能是"朝向自身"(à soi/to self)存在的。因为作为概念的意义(meaning)所属的那个事物,不可能仅仅是"自立不动、保持在其外在现实中而与概念没有任何内在关联的"[③]。在 sens 一词的另一层面,即可感的感觉层面上,意义的概念与其指涉物也具有指向性的关系。感受如果没有感受到它自己在感受,它就感受不到任何事物。就像用理智的力量去领会某种事物一样,如果理智没有领会到它自己在理解,也就不会领会到任何事物。所以,意义的概念与其指涉物之间,事实上并不能够做出"可感"(感性、感觉、感受)与"可知"(知觉、理性、知识)的二元区分。将意义现实化为各种形式的意指,其实是抹杀了意义本身的"感受性"和"指向性",抹除了意义的"实践性""动态性"以及作为诸意指的条件的原初性,从而也就偏离了意义本身。通过还原意义的"感受性"和"指向性",南希批判了传统形而上学思维方式的局限。

---

① Jean-Luc Nancy, *Le Sens du monde*, p. 17. 英译见 Jean-Luc Nancy, *The Sense of World*, p. 7.

② Jean-Luc Nancy, *Le Sens du monde*, p. 21. 英译见 Jean-Luc Nancy, *The Sense of World*, p. 10.

③ Jean-Luc Nancy, *A Finite Thinking*, p. 5.

取消了意义的概念与其指涉物之间的二元区分关系,就是赋予意义以永远是"朝向自身"的关系的开放性。这种开放性来源于意义本身及其关系的差异性,来源于一种敞开的裂隙、间距和间隔,这使意义成为朝向自身的自我转化和自我遗忘。对意义进行思考,既不是把它作为自我也不是作为他者,更不是把它作为自我之他者(l'être-autre/being-the-other),而是将它与存在论一同思考,去回答下列问题:哪种存在的意义是意义? 或者哪种意义将会生产意义? 如果存在的意义不存在,又会有哪种存在将会继续存在?

这样,对意义的思考就被南希连接到存在论的思考上。这种存在论的思考,看起来处于对话语、判断或意指之可能性的永久反叛之中,但是正是经由这些话语,它才得以存在和获得在场。所有意义都被展示出来了,而且无限地超越有限,成为"有限之思"。思的这种"有限性"或者说困难性,使它对意义的思考成为独一性,也就是说它每次的思考都只能是思考"单一"意义或"这种"意义,而不是一般意义,并且也不是一劳永逸的意义。意义的实在性又是什么? 在南希看来,意义的实在性不是指意义的实体化,否则意义仍然局限在意指的形式化空间。意义的实在性是指意义永远是"朝向"自身的关系的开放性。这种开放性来源于意义本身及其关系的差异性。因为意义要获得自身的实在性,必须要在与自身之外的他者的关系空间中敞开。这种关系可以持存为一种敞开的裂隙、间距和间隔。这种敞开使意义成为朝向他者的自我转化和自我遗忘。对意义的思考因此必须无尽地超越自身,超越有限。因为除了意义和感受的双重意义之外,意义之思的目的就在于使意义成为"'指向'某种向在,指向它自身,指向敞开的世界,或者生存的筹划或被抛存在"①。所以,任何意义都不是某种事物本身固有的某种性质或属性,而是不间断地转换自身,朝向意义的朝向存在而转换,并不居有某种自立不动的本质。这样一来,意义便不再具有被提前给予的总体性,对意义的生产也不是对一种意义的居有,更不是对某种意指的指涉;意义的发现也不是某种目

---

① Jean-Luc Nancy, *A Finite Thinking*, p. 9.

标或目的论的实现。意义始终是无限的,始终"暴露于一种崭新性之中"①。

问题在于,对于这种无限返回自身、无限暴露于崭新之中的意义,我们如何去把握它呢? 像笛卡尔的"我思"那样,还是像康德的"先验自我"那样,抑或像海德格尔的"向死而生"那样,对存在的意义和意义的存在施以远距离的静观和客观的凝视? 还是可以采取某种内在化的方式,在存在与存在者之间,在我们与意义之间,置入某种亲密性(intimité/intimacy),敞开一种新的把握、理解、感受意义的方式? 南希认为,对意义的把握,也即意义元素的"出生"(naissance/birth),只能通过"领会"的方式进行。这种领会,不是掌握某个关键性概念的那种理性活动,而是进入已经内在于意义本身的那种领会活动的维度之中,与某种意义产生关联。南希写道:

> 向着意义的元素出生,向着它的在场的独一世界出生,这是真正意义上的出生:向着当下已然避开的一种在场到来,向着在"向着……到来"中错失的一种在场到来。但仍然是"到来"。并且在这种到来中"领会"以及已然领会生存的来临中的在场以及向着在场。存在向着世界到来:存在向着意义到来,并且向着感觉,作为一种感觉而到来。②

这即是说,我们只有进入意义出生的在场之中,向着意义本身的"到来"去"领会",并且用感觉去"领会",才会有一种真正意义上的对意义本身的把握。在这个意义上,领会总是独一的生存,有限之思始终与领会的独一性不可分离。正是这种领会的独一性,取消了存在者之存在的那种本质基础,而对存在的"朝向"(à/to)和"来自"(de/from)做出回应。所以南希说,存在的"领会"便是"有限的本质"自身。③ 正如海德格尔所写的,我们需要"承担对存

---

① Jean-Luc Nancy, *A Finite Thinking*, p. 10.
② Jean-Luc Nancy, *A Finite Thinking*, p. 11.
③ Jean-Luc Nancy, *A Finite Thinking*, p. 12.

在者的责任"以及"对作为一个存在者的人自身的责任",南希也将"领会"这种有限的本质作为哲学必须担负起来的责任。因为我们生存着,哲学对生存的意义以及无意义本身的思考,就是对我们"此时此地,再一次是对独一意义负有责任的""领会"。① 用南希自己的术语,这个"领会"就是"去展开不可外展的于其间(en/in)"②。这也是南希哲学思考的主要任务。南希说:

> 赌注不是提供意义,甚至也不是意义的问题作为存在的问题提出:意义是什么? 何种意义具有存在,如果它是共通—中—存在(/于共通之间而在)? 这里的赌注不是要去对立,而决然是其他的问题,即是将自身外展到的 en 的分享,外展到对"意义"的这种分享:这种分享首先从意义抽离出存在以及从存在抽离出意义——甚至,这种分享并不从一个中区分出另一个,而是每一个都是作为如此被"共通"的 en(于其间),被意义的 avec(与)所区分。这个 avec 专有地使意义非专有化。③

第四节　意义论的文论敞开与再构

从"哲学的终结"到意义的"悬置",从意义的有限性和实在性到意义生成中身体触感的出场,南希的意义生成理论呈现出比较完整的逻辑链条。概括起来,南希意义之思的要点是:被终结的"意义"实际上只是被指涉的"意指";

---

① Jean-Luc Nancy, *A Finite Thinking*, p. 15.
② 根据夏可君的注解,exposée,exposer,exposition 可以翻译为外(ex)展、外露、展现、展露(露出来)、出列、陈列、展示等。这个概念是南希思想中至关重要的一个词,它与设定,与设置(position),与"生存"之"出离"或"超出的过度"和"出窍"等语词之间有内在的语义关联。见让-吕克·南希:《非功效的共通体》,《解构的共通体》,第 35 页。
③ 让-吕克·南希:《存在一于一共通》,《无用的共通体》,第 219 页。Jean Luc-Nancy, *La Communauté désœuvrée*, pp. 230-231.

"意义"内含的"感觉""指向"含义赋予意义本身以实践性、生成性和原初性；意指可以终结，但作为意指之条件的意义仍然始终存在，因为意义是与人的生存密切关联的；意义的生存必须经由书写作为媒介，而书写的媒介作用的发挥依赖于书写者的身体和触感；只要身体及其触感始终存在，意义就不会终结。因此，说到底，南希意义理论的根本特色在于其对意义生成性的强调。因为生成是事关存在的，所以南希的意义理论具有浓郁的生存论色彩；因为生成是指向未来的，指向未完成的，指向新的间隔空间的开拓，所以南希的意义理论又是指向未来的，具有积极的乐观色彩。显然，在"意义的危机"面前，南希并没有跌入虚无主义的深渊，也没有跌入悲观主义的泥淖。

事实上，由于强调了意义的不可完成性和身体触感在意义生成中的中介作用，意义作为感性生活的一面被凸显出来，意义的实践性、指向性、动态性也被凸显出来，南希的意义生成理论具有明显的阐释学意义。这是因为，以"独一多样存在"作为哲学基底的南希的意义生成理论，其实是与绽出、外展、分享等南希哲学中的专属概念内在相通的，更与其对"非功效的共通体"的想象密不可分，仍然透露出拒绝本质化、中心化、同一化、内在化的明显倾向，且总是面向外在性、差异性、他异性等保持开放，基底上仍然是一种以分享、外展和沟通为核心特征的多元主义的文化立场。这种立场对于建构中国共同体文论话语体系具有极大的方法论意义。

首先，南希意义生成理论强调开放性、外展性以及未完成性，这意味着对中心化倾向的拒绝，意味着向他者的无尽敞开，蕴含着可以深入挖掘的生态思想。这可以启发我们以更加开放、从容和自觉的心态去建构中国共同体文论话语体系，推动中国传统思想资源中共同体话语的清理与整合，推进生态文明建设。在生存论的意义上，共同体概念既体现了"去中心化""去一体化""去意指化"等特点，也揭示了同与异、中与西、古与今、内与外等诸多二元对立观念的失效。这与南希意义生成理论对外展、敞开、绽出等理念的强调具有共通性。中国思想传统中的和而不同、天下为公、社会大同、天人合一、生生不息、心物论、感应论、契合论等蕴含着丰富的共同体话语资源，既与意义相关,也与身体、触感、书写等概念丛密切相关。如果能从生存论角度对这些思想资源进行系统的整理和挖掘,联系当代中国化马克思主义提出的"人类命运共同体"的理想愿景,就能在继承和发展中国传统共同体思想的基础上,助推中国共同体思想的发展进程。把从古至今的共同体思想融合起来,发扬光大,进行充分阐释,使中国共同体思想、文论、话语等不断外展,不断分享自身、走向域外,不断向世界学界贡献中国声音、中国话语和中国体系,这既是正本清源、自我建构的重要学术工作,也客观上构成了对西方中心主义和文化霸权的反拨和纠正。不过,这种工作不是以东方主义取代西方中心主义,而是以生态主义、文化多元主义的立场,在人类命运共同体的高度上重建人类文明的学术体系和话语体系。

其次,南希意义生成理论将身体、触感、书写等融合起来,有明显的生存论基色。通过突出意义的感性特征和生存论结构,南希意义生成理论的目的是在生存论的意义上重建一个意义世界。这让我们认识到:书写活动的存在可以"悬置"和化解"意义的危机";任何关于意义和意义生成的解释,都不应只是在理论逻辑和历史实践两个向度上提出论证和提供结论,还应该考虑到意义作为感觉和指向的生存论内容和实践性特点。强调对意义的把握就是重新思考意义的实在性、有限性和实践性等问题,通过"领会"和"敞开"的方式实现意义的"出生"和"生成"。这可以启发我们在建构中国共同体文论话语体系时,可以将传统的思想资源、当代的思想发展以及对思想的学术研究与我们真真切切的生活现实联系起来,可以凸显中国共同体文论话语的生存论维度。中国传统思想对共同体的思考,对人类美好共同生活的赞美,其实从来不是凌空虚蹈、高高在上、"不食人间烟火"的,从来都是与人们的现实生活和感性经验联系在一起的。当代中国化马克思主义提倡的人类命运共同体思想,也与人们的现实处境息息相关。中国共同体思想传统一直有一种生存论色彩的思想线索凝聚其中。如果忽视这种生存论色彩,或者故意压抑它,那么所呈现出的中国共同体文论话语体系将不是本真的、切己的,而只能成为另一种形式的"以今释古"或"强制阐释"。强烈的现实关怀、同情的历史态度、生存论色彩的建构立场,这些建构中国共同体文论话语体系的基本原则,也可以从南希的意义生成理论中得到启发。

再次,南希意义生成理论强调通道的打开、永恒的分享和融合的运作,对于包括文艺批评、文艺理论、文艺研究等在内具体的文论实践来说,也具有一定的启发意义。就文艺批评范式来讲,中国现当代曾在相当长一段时期内实施"唯一主义""唯马独尊",那是特定历史阶段的产物,但对今天的文艺批评来说,一个开放的、包容的、多元的文艺批评范式体系正在形成。这意味着我们虽然不排斥或反对某种文艺批评范式的引领作用,但并不能将其他文艺批评范式打入冷宫,或者弃而不用,重新陷入主流与非主流、功利与非功利、正确与错误之类的二元对立结构之中。就文艺理论建构来说,中国现代以来的文艺理论虽然多受西方文艺理论的影响,但近年来学界关于"强制阐释"的大讨论,已经表明对这一倾向的反思态度了。从中国共同体思想传统中正本清源,发掘中国的共同体文论话语,本身也是一种反思态度指导下的自我分享,既非"唯中主义""唯中独尊",也非"强制阐释",而是站在人类学术共同体立场上的秩序重建,本质上是一种通道的打开和融合运作的努力。就文艺研究来说,中国文艺发展的基本现实是多民族、多语言、多文化共同建构着一个中国文艺共同体。对这一文艺共同体的研究,现行范式主要叙述以汉民族为中心的文艺史实,一定程度上未能充分体现中国文艺作为多民族文艺共同体的存在实际。我们可以吸收南希意义生成理论中对"独一多样存在"的强调,承认各民族、各语言、各文化皆是独一多样存在的,它们之间其实是共通而非共同、共存而非独尊的关系,它们都需要被尊重、被发掘、被阐释、被外展。

南希的意义生成理论本质上具有一种积极的存在主义色彩,也具有比较明显的生成主义特征,蕴含着较为丰富的启示性价值。积极地应对当下活生生的现实生存,保持意义的开放性和实践性,构建基于多样性和多元化的文明共同体,重构意义、身体、书写、触感、共同体等概念丛之间的生存论关系,这是南希意义生成理论的积极启示。对中国当代文论建构来说,南希意义生成理论可以启发我们,在建构中国共同体文论话语体系时,必须更真实而博大地表述中国共同体思想传统的历史和现实,认识到中国文艺共同体的独一多样性,处理好与世界文艺共同体之间的关系;也必须认识到中国文艺共同体内部诸成员的独一多样性,处理好它们之间的共通关系;还必须立足于人们的现实生活和生存实际,基于生态文明的立场和人类命运共同体的高度重新展开思考,重新发现并揭示希利斯·米勒所说的"每个独一体之内都藏有秘密的他者性"①。对我们今天的学术共同体来说,这是亟须完成的伟大工程,也是责无旁贷的现实义务。

---

① J. Hillis Miller. *The Conflagration of Community*: *Fiction Before and after Auschwitz*, University of Chicago Press, 2011, p. 17.

| 第三章 |

"外铭写":意义论视域中的书写概念

　　不论是作为标记某种创造、记载、铭刻等的行为,还是作为某种诉诸人感官的符号、风格、意义或文本,书写都始终与人的身体密切相关,始终与意义的生成有关。书写的意义总是或隐或显地关联着身体的意义。南希因此创造出"外铭写"概念来说明书写中身体与意义之间的关系。在南希看来,一切书写都是身体的书写,都是捕捉触感踪迹的尝试,是自我与他者相互感发的生命活动,书写因而与身体本身、身体的非实在性、身体的内在亲密性以及身体的阅读行为联系在一起。在书写思想史上,南希首次从身体及其触感的角度论述了书写的发生机制和生存论意义,这具有较大启发意义。

　　在传统理解中,书写总是某个主体的书写,总是为了实现主体的某个特定目的(或为记忆,或为摹写心境,或为传达神圣的意义等)而做出的行为。书写的意义也就在这个被提前给予的目的之中,对书写意义的追问因而总会被溯源到主体那里。意义似乎总是"属人的意义",总是"人类中心主义"或"作者中心"视野中的意义。文学理论对文学书写意义的解释,也总是会被归结到作者那里。然而,德里达开启的"书写革命"却在形而上学传统中剖析出贬抑书写的倾向,并对这种语音中心主义或逻各斯中心主义进行了解构,批判了所谓"语音神话""逻各斯神话""主体神话"等话语中突显的中心化权力,把书写还原为"原初书写",肯定了书写作为意义不断延异和撒播的过程作用。不过,对书写意义的理解,需要在理论层面上更加积极地强调常被忽略的边缘之物的作用,还原书写的物质性,并用实践证明这些边缘化的物质元素及细节的重要性,这很可能正是重思书写的突破口所在。

就书写而言,在书写的"主体神话"崩溃之后,在"作者之死""匿名写作""中性写作"之后,"主体之后谁会来临"? 到底是主体在书写,还是身体在书写? 书写作为意义的共同显现,应该从主体还是从身体的维度进行理解,才是合理且合乎我们的生存现实的?

第一节　从"悬置"到"外铭写":书写中意义的原初敞开

正如南希所指出的,书写本质上是意义的共同显现,意义概念中又始终同时标记着"方向"和"感受"。这就决定了书写作为意义的共同显现,必然只能是面向意义自身之外、与他者一起、彼此共在的流溢。也就是说,意义需要从自身的"内部"向着自身的"界限"或"外部"流溢出来。毕竟,就书写而言,如果意义仅仅停留在思想、精神、心灵或信仰之中,这样的意义将不具有任何意义,因为它不会产生任何影响或感应。就意义而言,意义在存在的根基上就不是自我封闭的,它只有在不断外展中才能显现自身,没有这种外展和显现,意义也不会存在。因此,只有使意义从思想、精神、心灵或信仰之中,也就是从意义本身之中流溢出来、表达出来,才能让意义共同显现在"我们—世界"或"意义—世界"之中。这就决定了,书写必然与某种"外部"联系起来。这里的问题是,书写将会如何抵达自身的"外部"? 它将会如何共同显现意义? 在此,南希发展出一个新的概念,即"外铭写",并用"外铭写"概念重新解释了书写意义的发生机制,凸显了身体和触感在书写中的地位。

对南希而言,意义的危机或者失落,似乎是一个不需要太多证明的论题。一切关于世界之意义的话语都将被高高挂起,通过至上者或卑微者的毁灭,通过巨大的技术变革,通过前所未有的遗传控制,通过复杂的自然与社会的混合灾害,以及通过在偶发事件中我们自己所体验到的快乐和痛苦,通过这一切,关于意义的话语已经向无意义倾斜。这意味着在任何地方都不再有既

定的意义,"除了我们借以废黜存在的无意义之外,就没有更多的意义"①。以
再现、理念、原则、体系和目的等形式表现的,作为某种指称结构的哲学或形
而上学,也宣告其不可避免的终结命运:"在其终结的时刻,作为它自己的目
标,对它自身呈现为这么一种张力:它逾越或者说独自逃避(从自身飘逸而
出)一切由它自身产生的指称意义的归属性,包括最有力的意义之归属性。"②

　　形而上学的终结导致的意义危机成为时代的显学,一切关于世界之意义
的话语都将被高高挂起。在哲学的意义话语里,历史理性和基督救赎已经不
复存在,再也没有被预设了终结或目的的意义,再也没有被表象的有待实现
的意义,剩下的仅有一种全然不同的意义的过剩(excès/excess)。一切关于意
义的话语都处在被解构或自身解构的进程之中。我们所置身其中并面临的
时代和世界,在上帝死亡和众神隐退之后似乎并未带给我们多少愉悦和欢
乐,而更多的是"痛苦、苦难与苦恼"③。在这里,种族屠杀——谋杀一个民族,
谋杀多样的单一个体——不论在技术上还是在物质上都堪称典范:从亚美尼
亚人到犹太人,从吉卜赛人到同性恋者,从难民到边缘人,从被剥削者到被放
逐者,从疯子到饿鬼以及被控制者。这就是以大地、星球和宇宙的名义置世
界于死地。世界已经开始走向它的尽头:作为世界创造者的上帝已经死亡,
世界本身作为已经丧失的造物之残余而成为憎恨的对象。那个曾被莱布尼
茨称为"可能世界之最好世界",也因为上述因素使我们相信:"这个此在世界
确实是许多世界之中最坏的世界。"④

---

① Jean-Luc Nancy, *Le Sens du monde*, p. 127. 英译见 Jean-Luc Nancy, *The Sense of World*, p. 79.

② Jean-Luc Nancy, *Le Sens du monde*, p. 41. 英译见 Jean-Luc Nancy, *The Sense of World*, p. 22.

③ 这是南希一篇文章的题目。在这篇文章中,南希描述了上帝退隐之后我们的痛苦感受,表达了以一种意义的形象或蓝图来重建世界的意欲。见 Jean-Luc Nancy, *Le Sens du monde*, pp. 218-232. 英译见 Jean-Luc Nancy, *The Sense of World*, pp. 143-153.

④ Jean-Luc Nancy, *Le Sens du monde*, pp. 126-127. 英译见 Jean-Luc Nancy, *The Sense of World*, pp. 78-79.

　　然而,问题不在于指出这个此在世界的"最坏性",而在于我们如何回应它。如何回应意义的失落与危机? 如何回应哲学的终结? 在这里,南希以其巨大的伦理勇气和深刻洞见,敏锐地指出,对于哲学、艺术、基督教精神、悲剧、"正在蔓延的沙漠"来说,"问题永远在于:面对意义的隐逝、淡灭、分裂和坍塌,我们必须自我持存,也就是面对真理而自我持存。问题永远如此。但是,一切举止,一切行为方式,一切姿态都已经面目全非,无论是高贵还是卑微,是勇敢还是怯懦。再说一遍,必须创造一种方式给予存在者以某种举止风度"①。因为对南希而言,意义不是被附加在存在之上的,不是意外地随着存在而发生的,而是如其本然地发生的事件的敞开,是指向"这个此在世界"的存在之敞开。

　　南希特别强调:"意义像一种简单的常识,为我们大家所共有;这种意义的赤裸的到来和无礼节的降临——正在路途上的真理,确实也是疯狂的真理……这种意义将自我推延,将永远不同于你要把握的一切,不同于一切哲学,你将对此有一种感觉,哲学也将对此有感觉,我们都会对此有感觉……"②意义向我们的感觉敞开,向我们身体的切己感受敞开,这意味着我们有超越一切意指和意义预设的潜能,意味着我们可以真正直面无意义的"意义—世界",同时也意味着哲学的未完成和不可完结性。

　　哲学永远面向人的生存本身提问,永远向着"意义—世界"的无意义提问,这些问题也将永远保持开放。对意义或无意义的疯狂着迷,也始终像幽灵一样盘萦在哲学的领域,哲学必须保持书写、转写、再书写、再转写,必须直面生存,保持创造。在这个意义上,哲学并未终结,意义的危机恰恰是有意义的。因此,南希理直气壮地宣称:"意义已经是这个世界上最不为我们分享的东西。但是,意义的问题却成为我们所共有的东西。……意义的问题是一个

---

① Jean-Luc Nancy, *Le Sens du monde*, p. 225. 英译见 Jean-Luc Nancy, *The Sense of World*, p. 148.
② Jean-Luc Nancy, *Le Sens du monde*, p. 60. 英译见 Jean-Luc Nancy, *The Sense of World*, p. 36.

既大又小的问题,是一种关切,也是一个任务,一个机会。"①这也是为什么南希坚持认为,书写"承担有对这个世界做出回应和对这个世界负责的任务"②。

仅仅指出哲学并未终结的事实,显然是不够的,还需要追问的是:并未终结的哲学要如何面对这个无意义的"意义—世界"? 它要如何继续书写或者从头开始重新书写? 或者,如何在意义的三种形式结构(服从、拯救、生存)③之外,激发某种无意义本身的意义? 换句话说,哲学要如何思考自身,如何思考书写自身? 显然,哲学必须被以不同于意义的危机之前的方式进行书写,不再被修辞和典雅所洗礼,不再被语言和意义的词汇所强制。布朗肖曾这样讨论书写和书写的要求:"[书写]不再总是(通过一种绝对不可避免的必要性)服务于所谓理想主义(也就是道德化)的言语或思想,而是通过其缓慢释放的固有之力量(缺席的即兴的力量)……逐渐地引出全然他异的可能:一种无名的、消遣的、延异的、离散的关联方式。"④也就是说,以前的哲学思考方式和书写方式,只能导致意义的终结和固化,必须以一种新的方式重新激活意义的力量。在南希看来,这种新的方式就来源于自我本己化的生存和此在世界的自在敞开。只有作为自我的主体本己地指向此在世界,指向使此在世界得以成立的绝对碎片化的偶然事件,才能开启某种哲学书写的转折。正如南希所说:

---

① Jean-Luc Nancy, *A Finite Thinking*, p. 3.

② Jean-Luc Nancy, *Les Muses*, Galilée, 1994, pp. 150-151. 英译见 Jean-Luc Nancy, *The Muses*, trans. Peggy Kamuf, Stanford University Press, 1996, p. 93.

③ 这是南希的概括,也是意义得以展开的三种方式。"(1)服从:当一切不幸成为一种悲剧的省略,而向真理敞开,则服从一种世界秩序或者世界的仪式(俄狄浦斯式的意义结构)。(2)拯救:当不幸是一种疾病,一种世俗的异化唤起了无限救治/无限赎罪,就有这样的拯救(帕尔斯法尔式的意义结构)。(3)生存:当邪恶与善良、极坏与最好共同存在,生存就作为向世而在或者世界存在的展现,而且在这种时候每次都必须确定这样一种展现。"不论哪种方式,意义都是被给予的、被中介的,都是指称活动中的系列符号,是一切含义的本源。这也正是南希要努力解构的。见 Jean-Luc Nancy, *Le Sens du monde*, p. 224. 英译见 Jean-Luc Nancy, *The Sense of World*, p. 147.

④ Maurice Blanchot, *L'Entretien infini*, Gallimard, 1969, p. 2.

我们必须不断地再书写、转写，防止它（按：哲学）自我封闭，防止它产生一种像不可理解的神秘概念或理念一样的意义结果。所以，让我们再次开始这种转折启动的意义工作、游戏和实践：生存——本体论差异是存在与实体的差异。[①]

这里，已经有着将书写"朝向自身之外"转动的思想端倪了，这也是赋予书写以展露意义之赤裸状态的使命，即展露无意义、向着此在世界无限敞开的使命，南希甚至把这当作书写的"唯一使命"[②]。这也是南希在《一种有限之思》中所说的："不是'什么是有限意义'的问题，而仅仅是'存在的有限悬搁了称之为意义的意义本身'的问题。"[③]书写，就是对这个问题进行回应。

南希是在对巴塔耶的简短评论中回应这个问题的，他发展出了一个新的概念——"外铭写"，来阐发自己的书写思想。在南希看来，巴塔耶的书写与对巴塔耶作品的阅读之间的共同体，已经超越了形而上学的理论思辨。因为在这个共同体中，一种源于交流的不可能性的痛苦与愉悦，触及了一条意义的边界。在这条边界上，所有意义都溢出（déborder/overflow）了自身。这种制造（生产：fait/make）了意义的意义之溢出，或者说这种从意义向它的书写之源的两可性（ambiguïté/ambiguity）的溢出，就是南希所谓的"外铭写"[④]。

那么，如何理解这个意义的溢出及其两可性呢？南希借助巴塔耶的作品来阐明"外铭写"的原理。在阅读巴塔耶作品的过程中，发现了巴塔耶的作品具有某种不可评论性，即难以用准确、清晰、确定性的语言去描述其具体主

---

① Jean-Luc Nancy, *Le Sens du monde*, p. 57. 英译见 Jean-Luc Nancy, *The Sense of World*, p. 34.

② Jean-Luc Nancy, *Le Sens du monde*, p. 230. 英译见 Jean-Luc Nancy, *The Sense of World*, p. 152.

③ Jean-Luc Nancy, *A Finite Thinking*, p. 29.

④ Jean-Luc Nancy, *The Birth to Presence*, trans. Katherine Lydon, Stanford University Press, 1993, pp. 338-339.

张。这不是指巴塔耶对任何评论的拒绝，而是指巴塔耶的书写之中有着某种不确定的、总是在消散的、模糊的"两可性"，任何评论都会被巧妙地引向别处。南希的解释是，巴塔耶并不希望制造一个客体或可供评论的主体。南希写道：

> 这就是巴塔耶的两可性：他深陷在话语与书写之中，深得足以让他自己展露于评论之完全必要性，因此也暴露于它的奴性。他让自己的思想走得如此之远，以至于它的"严肃性"收回了他的神圣的、无常的、消散的主权，但无论如何这种主权仍是他的唯一对象。①

由于巴塔耶思想的深度及其表达方式的特点，巴塔耶回避完成或体系化他的思想文本，甚至总是以一些古怪的令人迷惑的句法阻断任何线性思想的评论意图或阅读逻辑。这使得巴塔耶的哲学文本成了某种"把玩"的游戏，成了一种喜剧与幻象的两可性，同时内铭写（inscrit/inscribe）与外铭写（excrit/exscribe）。对于巴塔耶来说，这种两可性使他沉醉在语词和书页之中，同时说出了思想的喜剧性又淹没掉思想本身的重量，但正是这种不偏于某种单一性或者多义性的思想风格，为巴塔耶赢得了更多的思想自由。这在南希看来就是以书写和思想向自由"献祭"，既是对书写的献祭，也是通过献祭书写而向自由献祭。

我们知道，巴塔耶一直致力于对自由的内在经验的探讨。正如他的自我辩解一样："我想唤起那种与我相对立的最严重的怀疑。我只谈论生存的经验，我并不把自己限制在脑力活动中。"②对"最严重的怀疑"的追求，使意义本身也陷入模棱两可的状态：在一种意义上，意义首先意指自身；在另一种意义上，制造意义的那种东西或者说意义的意义，最终不过是要摆脱意义重负的

---

① 　Jean-Luc Nancy, *The Birth to Presence*, p. 333.

② 　George Bataille, *Oeuvres complètes*, Vol. 6, Gallimard, 1970, p. 261. 转引自 Jean-Luc Nancy, *The Birth to Presence*, pp. 334-335.

那种虚无的自由,意义又出离自身。这使得巴塔耶的文本既是哲学,又是文学,既是哲学与文学的彼此穿越,彼此内铭写和相互外铭写,同时又是对思想和书写本身的穿越。

巴塔耶哲学书写的这种特点,使南希认识到,所有书写应该并不是让自己委身于某种思想的单义性或多义性的线性逻辑之中,而应该着力反抗意义的重负,让意义的意指自身不断外展,不断摆脱意指的界限,让意义出生到在场(naissance à présence/birth to presence)的同时又出离自身。这种线性逻辑所导致的结果,正如罗伯托·埃斯波西托(Roberto Esposito)所描绘的,就是"语言从世界退出,幽闭在表象符号的抽象空间里。词与物的古老纽带就此断开。铭刻在物上的物之名开始消退,与此同时,词再也无法直接通达物之生命"①。词与物之间、人与物之间、语言与世界之间,都被划下一条深刻的、无法逾越也难以消弭的界线。必须转换思考方式和书写方式,转换意义的发生方式,着力反抗意指的重负,不断摆脱意指的界限,让意义出生到在场的同时又出离自身,才能真正缝合词与物之间的断裂,才能还原词与物、人与物、语言与世界、意义与身体等诸事物本己的活生生的状态。不过,在南希这里,从意指中出离出来的意义,已经并不是作为意义反面的"非意义"或荒谬,也不是走向一种神学或诗学的神秘主义模式,而是针对意义本身,回到这个在场的意义本身,在这个意义的每一次在场中称量其重量。这样解释的前提是,书写从头至尾一直都在对意义进行着外铭写,这即是对如其本然的事件本身的铭写,书写指向意指之外。

对我们的阅读来说:

> 阅读必须是沉重的、受阻的,但并不是停止解码,而是必须停留在解码这一边。这样一种阅读仍然被扣留在语言的古怪的物质性之中。它让自身与意义以及语言自身所携带着的这种独一的交流

---

① 罗伯托·埃斯波西托:《人与物:从身体的视点出发》,郁蓓译,长江文艺出版社 2022 年版,第 54 页。

相一致,或者毋宁说这只是语言与脆弱的、被重复的自身相交流,在一种对意义的悬置中,并且不会对意义进行赎回。真正的阅读先于未知,它总是将一本书作为在意义的假定的"连续体"中一种不可判定的切口而打开。它也必定在这缺口中迷失。①

这种阅读并不是线性逻辑的展开,不是以进行意指的姿态将意义阐释为某种封闭,它只是一道开口,一道不断向自身之外展露并外铭写的开口。所以,这种阅读就成了意义在两可性之间不断移动的运作,成了对任何线性逻辑的理解行为的拒绝,不论这种逻辑是单义性的还是多义性的。当然,这种阅读也不是抛弃所有可能意义的那种虚无主义,因为在巴塔耶的写作中,总是满溢着切己的感性经验,这仍然赋予他的书写以一种"生命"的意义。但是遗憾的是,巴塔耶很快就不再进行任何书写了。南希的解释是,两可性并不存在,或者说它只伴随着思考意义的思想存在。这样解释的前提是,书写从头至尾一直都在外铭写着意义,这即是对如其本然的事件本身的铭写,书写指向意指之外。

对巴塔耶来说,书写就是意指外在于文本的"生命"和"激情"。在这里,南希融入了他共在思想时发展出的外展和绽出的思想:书写总是在书写之外发生。但是这种发生于书写之外的书写,虽然意指如其本然的实存,但这种实存并不是某种质料、实体或形式的聚集,而是"实存借以进入在场以入非在场的'空洞的自由'";这种自由"提供了'在世存在'的赤裸的不可征用、不可采取、不可理解、没有根基的'存在'",也正是这种自由"唤起了所有可能的意义,它们是意义的所在,而其自身却没'有'意义"。② 这种被抽离了意指之存在的意义,只能发生于生存之中,只能是存在自身朝向那非本己性之开启(即在世界之中存在,被抛入世界的存在)的自我生成事件中,这也就是南希反复论述的"生存的决断"(la décision d'existence/the decision of existence)。南希说:

---

① Jean-Luc Nancy, *The Birth to Presence*, pp. 336-337.
② Jean-Luc Nancy, *The Birth to Presence*, p. 338.

正是存在的本质揭示自身为"决断",揭示自身为那朝向根本的非本己性之开启的自我—产生事件。……（中略）决断及其焦虑与愉悦发生于文本之外——发生于生存之中。但这也意味着，决断发生于文本通过书写而不断作为其本己可能性铭写出的东西中。一个文本的外铭写是它的内铭写的生存，是它在世界和共同体中的生存：唯有在生存中，文本才决定/达到其决断——这同样意味着在文本本身的生存性中，在它的思想劳作中的焦虑与愉悦中，在它的书写游戏与阅读奉献中。①

因此，书写和阅读并不是意指行为及其表现，而是将自身敞露给这种"空洞的自由"。这种"赤裸的""没有根基"的存在，也就是向某种无—有（非知识：non-avoir/not-having）敞开，就是一种不可意指的外铭写，就是这种敞开和外铭写本身。巴塔耶的书写呈现出无限的"源于交流的不可能性的痛苦与愉悦"：一切可见的实存并未被再现，但所有存在的自由、惊讶、震惊、赤裸都被外展出来，"在那里书写每一次都在瞬间免除了自身的重负"②。

在这个意义上，巴塔耶书写与阅读之共通体的启示也就在于，书写—阅读就是外铭写了的"如其本然的事情本身"，从所有意指行为那里回撤到本己自身的在场，一个接一个地经受了意指的悬置，一个接一个地在外铭写这里获得了是其所是的本己位置。这也是布朗肖所说的"要保留'书写'这个词的赤裸性"③的意义所在。这意味着：生存着的存在是赤裸的，生命是赤裸的，因为它们被外铭写；书写是赤裸的，阅读也是赤裸的，因为它们本身就是外铭写。南希的外铭写，就是人与"意义—世界"之直接关系中意义的两可性的溢

---

① Jean-Luc Nancy, *The Birth to Presence*, p. 107.
② Jean-Luc Nancy, *The Birth to Presence*, p. 339.
③ Maurice Blanchot, *Après-corp*, Minuit, 1983, p. 91. 转引自 Jean-Luc Nancy, *The Birth to Presence*, p. 339.

出,是对驱逐了意指而还原到共在交流本身之在场的展露,是对非意指的赤裸给出。在援引巴塔耶那句著名的论断——"对这些书籍的阅读,必定会让我向着这种在它们的回撤中消散的必然性敞开。这些书自身就涉及一种生存"①之后,南希总结道:

> 巴塔耶及其作品所提供的,也正是他的书写所给予我们的,这根本就是同一回事,它们同样地禁止评论与理解。这是无可避免的、令人愉悦的休止,必须给予其一种全面的阐释学,以便书写与存在,能够重新敞露自身:在人类的共同命运的独一性、实在性以及自由之中。②

在无意义的"意义—世界"中,作为外铭写,书写以其对意义的悬置而获得了自身的意义。但是,这并不是说书写要对这个世界做出描绘或再现,不是说书写要呈现或表达这个世界的某种深度,也不是说书写要对这个世界进行指导和说教,因为南希明确反对任何与模仿相关的艺术观念,也从不赞成艺术应该是先在现实的逻辑再现的看法。对于南希来说,书写不只是判断命题的构成要素,也不仅仅是作为转译意识内容的工具,书写更应该作为存在本质意义的载体,书写(包括艺术)的价值就在于它在人与世界之间建立起一种意义的关联。而且,这并不在于书写(包括艺术)以其内在的精神呈现、再现或表现了什么确定的意义,而首先在于它以其可感知的物质性触及了人并使人被触及,从而触及和打开了一个世界,那本身就是意义和使意义生成的世界。在这个意义上,书写或者外铭写构成了人与"意义—世界"之间的直接关系。

---

① George Bataille, *L'amitié*, Gallimard, 1973, p. 327. 转引自 Jean-Luc Nancy, *The Birth to Presence*, p. 340.

② Jean-Luc Nancy, *The Birth to Presence*, p. 340.

第二节　身体的触感与铭写：书写意义的深度生成

通过书写，人就辨认出了自己的存在和这一存在的陌生性，意识到自己既外在于又无法脱离这个世界的命运。南希把人的这种陌生状态称为人在他者中的存在。① 这种人的陌生性，这个主体的秘密，在一定程度上就是存在的物质性、实在性，或者说是动物性。这就决定了，作为意义之两可性的溢出，决定了永远"向着在场到来"（venue à la présence/come to the presence）的外铭写、书写及其意义的生成，永远与身体、触感、人的感受性和感性经验联系在一起。

书法家林书杰曾以汉字为例，来说明书写与身体之间的关系。在他看来，"汉字意义的产生须借助书写和身体方可得以展开——意义在书写之中呈现，身体在书写的方式下得以延伸"，他的结论是"书写与身体的原初性、生发性都隐藏在自身或相互作用之中"。② 这一观点揭示了汉字书写中书写与身体之间交互关联的关系。其实，何止是汉字，在任何一种书写之中，或身体在意义世界的延伸之中，身体都是书写化的身体，书写也都是身体化的书写。南希将书写理解为意义溢出自身之外的外铭写，事实上也是对身体与书写之间关系的深刻阐释。

在《身体》一书中，南希专门探讨过书写与身体的问题。被发展为外铭写的书写，已经不是关于身体的书写了，也不是关于身体的符号、图像或编码的书写了，更不是作为意义之媒介或运输载体的身体性，而是身体本身的书写，是真正的和实质性的身体书写。理由很简单，因为身体越来越处于世界的边缘，越来越趋向极端的界限："身体越来越多地增殖，无尽增生的身体，……满

---

① Jean-Luc Nancy, *Les Muses*, p. 118. 英译见 Jean-Luc Nancy, *The Muses*, p. 70.
② 林书杰：《书写与身体》，《中国文化报》2018 年 6 月 30 日，第 5 版。

眼都是身体的众多,身体的逼近。"①

　　作为触及极限的书写,要如何触及身体本身而不是去意指它或让它去意指? 有两种可能的答案:一是认为身体是不可穿透的,因而是不可铭写的;二是认为书写只能模仿或吞并身体因而没有真正本然的身体书写。南希反对这两种答案,因为它们最终都直接或间接地把身体意指为缺席或在场,身体不是意指,并不负载意义之重。南希的答案是:

　　　　触及身体,触摸身体,触感——始终发生于书写之中。或许,身体并不完全地发生于书写之中,如果书写事实上具有一个"内部"。但沿着身体的边界,在它的极限,它的末端,它最远的边缘,只有书写发生。如今,书写在界限上获得位置。因此,如果书写遭遇了什么,那么,它遭遇的就只有触感。更确切地说,是用意义的虚体来触摸身体。因此,让虚体成为触感,用触摸来构成意义。②

　　身体只有在触感中才能成为如其本然的身体,才能实现身体的轻盈化,意义只能在对身体的触及和身体的触感中生成,没有触感,就没有是其所是的身体本身,同样也就没有书写。书写也总是发生在表皮之上,沿着表面或界限不断刻绘线痕,对身体来说,就是沿着那条把一者的感觉与另一者的皮肤区隔开来的绝对界线来触及身体。这种对身体的触及就是"被书写的身体",就是在身体的绝对赤裸性中得到的被外铭写的身体。因此,书写本质上是对身体的触及,而对身体的触及只有在把身体触知为一个外部时才能实现,书写也就只有在身体之外刻写才是最本有专己的书写,对身体的触及本质上也就是身体的外铭写。

　　著名南希研究学者高长空(Héctor G. Castaño)曾经非常详尽地概括出

---

①　Jean-Luc Nancy, *Corpus*, Éditions Métailié, 2006, p. 11. 英译见 Jean-Luc Nancy, *Corpus*, trans. Richard A. Rand, Fordham University Press, 2008, p. 9.

②　Jean-Luc Nancy, *Corpus*, p. 14. 英译见 Jean-Luc Nancy, *Corpus*, p. 11.

南希书写思想中书写与触感的关系,他说:

> 南希认为,"书写并不是意指";也就是说,书写不是一个把这个
> 或那个身体变成有意义的东西然后记录下来的问题。相反,书写是
> 一种"触摸"的方式,因为触摸意味着接触到一个表面,这个表面也
> 是一种界限。但是,唤起触摸的感觉,并不仅仅是引入一个或多或
> 少可感的图像,来说明一个特定的现象,例如,书写。对南希来说,
> 触摸是一种界限的经验,当他申明书写不是意指而是触摸时,他是
> 在说书写是一种揭示界限的方式。在某种意义上,可以认为,身体
> 就是书写的界限,书写也是身体的界限。或者换句话说,如果界限
> 意味的是身体或书写的某种属性或特征的话,那么界限就既不属于
> 身体也不属于书写。①

这样,书写就与界限、触感、外在性、他异性等结合起来了,外铭写就具有
了存在论的意义。书写是一种揭示界限、触及界限的方式。界限既不属于自
我也不属于他者,界限处于自我与他者之间,触摸只在界限上发生,也只有在
界限上,触摸的意义才能自我显现。在这个意义上,书写本身已经不再是某
个单义或多义性的意指的呈现或再现,而是一个准备触及"意义"的姿态,它
本身就是触感,就是触觉,就是触摸,甚至它本身就是界限。书写的经验始终
是一种界限经验。不过,它不是像梅洛-庞蒂所探究的左右手互握的那种互触,
而是通过表述自己,把自己传递到对某个外部的、分隔的、移位的、隐匿的东西
的触摸当中,它是那个在对异己者(他者)的接触中将自身保持为陌异者的表
述,本质上就是触感。因为身体之为触摸和触感,其全部要点就在于在接触中
保持为接触的一个陌异者,身体把自身作为他者才能触感自身。

所以,书写不是某种物质性实体或对象化虚体的表征,不是某种意指化

---

① Héctor G. Castaño, "Corpus and Evidence: On Jean-Luc Nancy's Style," *The New Centennial Review*, Vol. 16, No. 3, 2016, p. 90.

的再现,而是触摸一种被表述的虚体的思,但不是关于起源、意义或中心的逻各斯之思,而是被回返、回撤、疏离、移位的回归本然的"在这里"的思,一种发生在当下的"此时此刻"的移送到"在这里"之外的思。南希以情侣的身体为喻说明了这种身体的书写:情侣的身体"不把自己交付给绝对内在性,它们彼此触摸,它们永远相互更新彼此的间隔,它们移置自己,它们向另一者表述自己"①。当我们书写的时候,任何身体的书写都是向身体外部进行铭写,向着这个外部、沿着这个外部、或者作为这个外部去书写。这样,南希建立起一个绝对的公式:身体的存在论=存在的外铭写。

　　书写成了身体的书写,成了存在"向着在场到来"的在场化,身体也就成了书写的存在。身体的二元论、一元论或现象学在这里统统失效了,身体及其书写既非实体亦非现象,更非肉体化身和意指,它只是身体的出离存在。每一次书写都是陌异的书写,都是一种离散和打断,都是碎片化的书写,都是打开某种间隔化空间的外展和外铭写。如果没有断裂、反转、离散,或者没有自身内部话语的琐碎、矛盾和移位的话,那么,对着身体书写或者书写身体就都是不可能的。在这个意义上,书写其实就是一种打断和间隔,它不是对过去或当前在场的再现,而是在其专有的在场中追踪生存的他异性,通过踪迹的差异来书写差异的踪迹。这个观点也呼应了罗兰·巴特在《符号帝国》中提出的基本观点,即书写本身就是用身体去实践的过程,这种实践总是拒绝一切既定的模式、体制和意义,它总是强调那种转瞬即逝的过程,以及差异的痕迹。②

　　关于书写的这种陌异性,南希写道:

　　　　如果我书写,我就创造了意义的效果——我安置头、尾巴、肚子——并因此把我自己和身体分移开来。但恰好:这不得不发生,我们需要一个无限的,总是从这样的移位中后撤的尺度。外铭写超

----

① Jean-Luc Nancy, *Corpus*, p. 20. 英译见 Jean-Luc Nancy, *Corpus*, p. 19.
② Roland Barthes, *Empire of Signs*, Hill & Wang Pub, 1983, pp. 36-37.

越了书写——当然并没有超越肉体的迷狂或意义。所以，我们不得不从一个身体中书写，我们既没有这个身体，也不是这个身体，但在那里，存在本身得到了外铭写。如果我书写，这只陌异的手就已经滑入了我书写的手。①

这即是说，书写、意义、身体之间有着错综复杂的关系。在南希看来，人首先是在他者中的存在。没有他者的参照，人就无法意识和辨认出自己的存在，就无法意识到自己外在于"意义—世界"，又无法脱离这个世界的悖论性遭遇，无法识别到自己作为存在的陌异性。这个主体的陌生性，决定了意义的生成，也就是人与"意义—世界"之关联的发生，永远只能与书写、感知、触感，与人的身体的物质性联系在一起，只有通过书写才可以实现。对于南希，与他者的接触，是意义敞开自身的途径，"意义—世界"又总是向被触发、感召和激活之后的身体敞开。这个对他者的触及，实际上是对接触的打断和悬隔，是一种无法还原的他异性，它使书写经由触感走向意义的中心。但这种通往意义中心的途径，是需要与他者的触及和与身体的触及的。

因此，每一个被触及的身体，都是向他者暴露某种未完成状态的身体，它需要他者的介入来完成自身，也需要保持自身而尽量避免被他者污染。于是，南希将书写与自己的共在思想，以及存在作为"独一多样存在"的特性对接起来，使书写总是指向一种共在和"存在—于—共通"的铭写，它始终在抵达"意义—世界"的界限的同时，完成了对界限的突破与超越。因此，书写之于意义的意义，就在于它始终表达意义又使意义总是处于未完成状态。在每一次唯一的、不可替代的外铭写中，身体及其触感都以一种离散和打断的方式，在一切语言的破碎之中触感（触及/触摸）到意义。

这样，相较于德里达忽略身体维度的书写之思，南希的书写提供了触感、他者、共在等更丰富的多维向度。既是在德里达的书写之上进行的书写，把

---

① Jean-Luc Nancy, *Corpus*, p. 20. 英译见 Jean-Luc Nancy, *Corpus*, p. 19.

解构之思推及更大的范围,同时又是对德里达书写的某种超越,建立了颇具伦理意义的、等于"存在的外铭写"的"身体的存在论"。这就是南希的结论:

> 不再有那种产生意义的身体了,而是意义的生成和身体的分享。不再有身体的符号学、征候学、神话学或现象学支柱了,而只有所给予的思想和书写,过渡到身体的思想和书写。作为与身体分享的名称总汇的书写,分享着存在的身体,又被它所享有,于是从自身分化出来,从其意义分化出来,从外部描写它自身的刻写。这就是实际的书写:一个意义的身体永远不会讲述身体的含义,也不会把身体化简为符号。①

南希在书写与意义、书写与触感之间建立了本质性的同构关系:触感作为身体的外展,是更为根本的感官机制,它是意义的发生方式,是身体的根本,触感或者身体的触及就是世界意义的起点;书写始终发生于界限之上,在对身体的触及、触摸身体和身体的感触之中构成意义。书写不仅仅是建立一种联系或关系,这种联系或关系仍然意味着交流、翻译或交换的理念,书写还在于将意义发挥到极限(limit),也在于将身体发挥到极限(也就是意义的虚体)。

---

① 让-吕克·南希:《身体》,《解构的共通体》,第 367 页。英译见 Jean-Luc Nancy, *The Birth to Presence*, p. 197. 英译为:No longer bodies that make sense, but sense that engenders and shares bodies. No longer the semiological, symptomatological, mythological, or phenomenological pillage of bodies, but thought and writing given, given over to bodies. The writing of a. *corpus* as a separation and sharing of bodies, sharing their being-body, shared out by it, and thus divided from itself and from its sense, exscribed all along its own inscription. This is indeed what writing is: the body of a sense that will never tell the signification of bodies, nor ever reduce the body to its sign.

第三节　超验之物的形而上学:"外铭写"与意义的未完成性

在何种意义上,巴塔耶书写—阅读共通体的那种"源于交流的不可能性的愉悦",与康德的处在思想起源之处的"不再感知到的愉悦"之间,存在着联系或者说区别? 又在何种意义上,作为"外铭写"的书写在对巴塔耶之"赤裸生命/生存"的敞开中,与德里达作为"原始的激情"和意义之省略或循回的书写之间,可以激发出"文本之外"的差异和意义、延异和涂抹? 为此,南希在对德里达《省略/循回》一文的延伸性阅读中,提出了"作为意义起源的可能性条件的书写",以及"向着那里到来的书写"两个至为重要的命题,激发并深化了自己的书写之思。

在传统哲学那里,正如德里达所指出的:"这种远没有被书卷压制住或包裹住的重复就是首次书写。是本源书写,是描述源头、围捕源头消失之符号的书写,是附着于源头的书写:书写,就是对源头的迷恋。"①但在现代哲学中,书写及其意义都进入一种延异的事物之中,意义也就不再作为本原、中心、原则或起源被给予我们,它仅仅是起源自身的可能性条件。

南希把这个意义之起源的可能性条件称作书写。书写因而不是意义的运载工具或传递媒介,不是通达起源的负重的逻辑或通道,不是文本结束意义上的可再次闭合或打开的书,因为书一旦被合上便不再有什么可供阅读的了,也不存在什么经验的或超验的书写,存在的仅仅是书写的超验经验,但这种经验恰恰证实了其自身非同一性。书写不是对起源的愉悦或激情,而仅仅是差异。这不意味着需要取消激情,而是说激情并不是在起源之后到来的,它就是并且生产着起源本身,正是激情生产了所有的意义。只是在康德那里,这个激情来自纯粹理性;而对于黑格尔来说,意义也是可感的感觉,书写成了对感性学意义上的感觉而非纯粹意义上的理性的触及。

---

① 雅克·德里达:《省略/循回》,《书写与差异》,张宁译,生活·读书·新知三联书店2001年版,第527页。

对于书写的物质性,在德里达和布朗肖之前,已经有马拉美赋予其意指功能,其用诗歌创作的实践证明了空白、字体、页面格局、标点、标题、注释等这些书写符号的物质性。对书写意义的理解,需要更加积极地在理论层面上强调这些常常被忽略的边缘之物的作用,并用实践证明这些边缘化的物质元素及细节的重要性,这很可能正是重读/重写文本的突破口所在。正是在这个意义上,南希讨论了书写的物质性与意义的未完成性之间的关系。

正如南希在《倾听》中所说的:"书写,就其现代的观念而言——自普鲁斯特、阿多诺和本雅明,经布朗肖、罗兰·巴特,直至德里达的原初书写——不过是让意义超出意指,或超出自身,而回响。对古典思想而言,正是意义的发声,倾向于保持聋哑,无共振的谐音之沉默当中,一种对自身的无声之理解。"①那么,书写、意义、感觉,到底如何统一到激情之中并产生回响呢?南希写道:

> (感受意义,触及意义的感觉—存在,即使它是无意义的,这正是德里达的激情。触及意义的身体。让意义/感觉相交汇。抓伤,划破,刺花,置入炉火之中,置入感觉之中。我在这里所谈论的仅仅是这些。)意义并不仅仅是可能拥有一种意义的某种东西,比如世界,生存,或者德里达的那些话语,而是指意义领悟自身,将自身作为意义而把握的事实。②

意义触及和领悟自身,将自身作为意义进行把握,这意味着意义在本质上必须重复自身,必须作为"在他者中的存在"③打开其与自身关系的各种可能。正如为了认识自己必须出离自身的原理一样,意义作为意义被确认或自

---

① Jean-Luc Nancy, *À l'écoute*, Galilée, 2002, p. 66. 英译见 Jean-Luc Nancy, *Listening*, trans. Charlotte Mandell, Fordham University Press, 2007, p. 35.

② Jean-Luc Nancy, *A Finite Thinking*, p. 92.

③ Jean-Luc Nancy, *Les Muses*, p. 119. 英译见 Jean-Luc Nancy, *The Muses*, p. 70.

我确认,必须经由这个意义的双重化过程。意义为了成为意义或者生产意义,它必须重复自身,必须再要求自身,无限地被更新、被世界化,它并不本己地存在,而是一种不断延异、变更的踪迹,因而意义也就原始地缺失自身。这就是德里达意义上"省略/循回"(ellipsis/ellipse)的意义,因为它并不循环地回撤到自身,因而也就没有什么严格意义上的原初意义了。

这样,"意义的激情"也不是对于意义自身完满的渴望,而是对于自身缺乏和自我"省略/循回"的渴望,对于那可以隐藏它、遮蔽它并在它之下穿行的事物的渴望。在德里达的文本里,正是意义的省略生产了意义,生产了意义的变更与过渡。在这里,南希召回并重新解读了德里达的短文《省略/循回》。在这个文本中,德里达一开篇即写道:

> 这里或那里,我们已察觉出了书写中某种非对称的二分,一方面突显的是书的关闭,另一方面则是文本的开始。一方面是那种神学百科及以其为模式写成的人之书。另一方面则是某种印迹组织,这种印迹组织标识的是被超出了的上帝或被抹去了的人的消失。关于书写的提问只能在合上了书后开始。那么记录的快乐游荡就是无归路的。所以向文本的敞开是那种冒险,即那种无保留的消耗。①

南希把德里达的文本理解为一个系统,在这个系统中,起源本身仅仅是一种功能和一个位置,书写就是对这个系统的激情。在哲学传统中,系统往往被看作将各个部分连接起来的体系,是以感觉为其本质属性的生命本身。以此为喻,书写的衔接就是书的生命本身,书的生命并不运行在闭合起来的书本之中,而是在捧在两手之间、打开的书中运行。它一直处于运作之中,书写的意义也就总是在这个运作之中被生产和制造出来。

---

① 雅克·德里达:《省略/循回》,《书写与差异》,第526页。

　　这也就是南希所说的："现在捧着书的是这样一个系统,其系统性对自身进行差异化并且差异化自身。书写之此时中的延异是书写的系统本身,在这系统之中起源仅仅被作为一个位置而铭写。"①延异,这个"既不是词语也不是概念"的话语被征引了过来。书写就是意义的延异,是意义以其自身的要求进入意义通道之后的自我差异化,它是意义的指称和标示,而这种意义是"没有任何匮乏的缺席的意义"②,延异便是书写的自我重复与自身差异化,是意义的无尽离散和无限外展,也是意义系统的永恒外铭写,延异便是激情。

　　如前所述,外铭写并不回撤或回返到自身,它只是给出一个位置,给出一条边界,所以书写的意义也从不回返或关闭自身,它总是向着边界敞开。在这条边界上被如其本然和是其所是地外展,分享着"源自交流的不可能性的愉悦和痛苦"。这样,起源也就不再是起源自身。现在,如德里达所指出的:"影响书写的并非源头而是那种占据了源头之位的东西;而这种东西并不更多的是源头的对立面,也并非取代了在场的不在场,而是一种印迹,这种印迹(按:踪迹)取代了某种从未显现过的在场,即无一物从其开始的一种源头。"③运用在南希的理论中,这个源头之位就是外展的位置,这种踪迹也就是在边界上外展自身的印迹。书写因此也标示着朝向某种在场的来临,以及对某种到来中的存在的请求与预示,存在成了"向着在场到来"的存在,书写的意义也成了"向着在场到来"的存在的意义。

　　南希还创造性地使用了一个"意义的轻盈化"(allégement/lightening)术语来描述这种作为外展的外铭写。它并不是指意义卸下自己的负载和重量,切除自身的冗余或辞去自身的责任,而是"意味着据有其作为资源的界限,并且为了它的意义而据有其自我有限性的无限"④。因此,并不存在或预设一个

---

① Jean-Luc Nancy, *A Finite Thinking*, p. 94.

② Jean-Luc Nancy, *Le Sens du monde*, p. 57. 英译见 Jean-Luc Nancy, *The Sense of World*, p. 34.

③ 雅克·德里达:《省略/循回》,《书写与差异》,第527页。

④ Jean-Luc Nancy, *A Finite Thinking*, p. 98.

作为意义起源的那种资源，也就没有能够将"活生生的言说"带入在场的那种语言的精神、本原或逻各斯，思想因此并不依赖于语言的存在，那种"哲学被禁闭在语言之中"的宣称自然就是天真而脱离实际的。在这个意义上，南希提出了"语言是孤独的"这个深刻的命题。

语言是孤独的，并不是说语言遗弃了意义或被抛入了言说的沉默之中而成为只此一种的孤独存在，而是意味着语言与意义、言说、书写之间被置入一种永恒的距离。正如南希在《倾听》中所论及的，语言作为"无语义的语法，会表现一种抽取的方式，即抽取语言的与一切意指相分离的方向性和连续性的层次。这不再是语言，而是语言中某种和语义一样本质地作为其措辞而属于它的东西"①。外铭写在无所意指的间隔中产生：它将词语从其意义中分离，总是一再地把词语离弃给它们的外展。词语，只要它未被一种意义毫无所剩地吸收，那么，它就在其他词语之间保持本质的外展，它延伸并触摸着其他的词语，虽然它并不与它们一起浮现：这就是"作为身体的语言"②。语言因此成了被抽离了意义的不再是语言的东西。

与此同时，"'语言是孤独的'意味着语言并不是一种生存，也不是生存着，而是说语言是存在的'真理'，这也就是说如果生存着是存在的意义，以及意义的存在，那么'只有'语言指示它，并且将其指示为'它自身的边界'"③。所谓生存着，是指"那里有"（il y a/there is）某物生存着。南希反复强调这个"那里有"，因为它既不是指存在者，也不是指意义本身，更不是指起源或中心，而仅仅是作为孤独的语言的"那里有"。作为被抽空了意义、能指、内在性和在场的一个空位（虚位/非位置），它回避任何符号化的意义，而仅仅是"那里有"。这一"那里有"便成了在场本身，成了所有系统或意义的"轻盈化"。

"那里有"也给出了某种"朝向"（à/toward），朝向某种在场的来临，以及生发出某种到来中的存在的请求和预示，存在成了"向着那里到来"的存在，

①　Jean-Luc Nancy, À l'écoute, p. 66. 英译见 Jean-Luc Nancy, Listening, p. 34.

②　Jean-Luc Nancy, Corpus, p. 63. 英译见 Jean-Luc Nancy, Corpus, p. 71.

③　Jean-Luc Nancy, A Finite Thinking, p. 98.

意义也成了"向着那里到来"的存在的意义。这似乎暗含着某种超验之物会"向着那里到来"。亚里士多德曾将存在作为"多样的形式",康德则指定了超验的可能性条件,在两位哲学家那里,存在被理解为在这种形式和条件中"给出自身又回撤到自身(retrait/retreat)"。南希发展了"回撤"的概念,把它当作存在论哲学的问题核心。南希写道:

> 当存在的意义问题在哲学中被如其本然地再铭写时,……(中略)是为了(正如在海德格尔那里)将这种回撤本身作为存在的本质以及意义加以拷问。存在:丝毫并不是这些,而是被投入运作的生存。这便是"生存论差异":存在与一切实存事物的差异是将生存外展为存在(在它的有限之中并作为它的有限)的意义的投入运作。①

与存在论哲学将这种回撤仅仅理解为存在的回撤不同,南希将这种回撤理解为存在本身的踪迹或踪迹化,是存在在回撤的重复中不断在场化,不断"向着那里到来"的在场化。所以存在不再简单地回返到它的实存之物中去,回撤也并非完满的循环或永恒的回归,而是一种标记着延异的差异化自身的"省略/循回",一种标记着绽出与出离的外展自身的"外铭写"。在这种回撤里,意义也不是完满地自我实现,而是始终在来临,在抵达,在到来,在延异,在发生,在占取位置。

南希总结说:"延异只存在于一种向着在场来临的回撤之中,而这种回撤同时标画又涂抹,它便是'在场,但又超出在场'。正如被更改的意义,生存向'在场'要求、呼唤、传送它的'超出在场'。省略/循回的意义,生存超出/交出它的意义:它回撤它的意义,它超越它的意义。"②这就是书写之为书写的是其所是和如其本然,也就是书写的本质。换句话说,书写及其意义总是超出自身,从对于无一物(空无)的激情中"向着在场到来",向着超出所在的那里到

---

① Jean-Luc Nancy, *A Finite Thinking*, pp. 99-100.
② Jean-Luc Nancy, *A Finite Thinking*, p. 101.

来,从来没有中断的可能,也永远不会中断,"那里"总是存在着来临与未来。

书写"向着在场到来",向着自身发生微偏,这也就必然在在场之间、在场与非在场之间、位置与非位置之间,产生某种间隔化和踪迹,书写再也不是对意义或真理的表现或再现,而是对意义运作及其激情的某种提升。书写"并不提供符号,也不提供意义",它只是那"从意指当中偏离并因此得以外铭写的东西"①。这里,书写问题实际上被转换成了一个存在和意义的问题,甚至变成了存在、意义、书写之间的交叉指涉。在场的边界也就是书写的边界,只是边界不像是有形或无形的国境一样会做出区域的分划,或是被提前给定的,边界"只是无尽地向着在场来临——这种来临也是在场的礼物、当下以及无限性,或者它的供奉(offerte/offer):因为在场从来都不是被给予的,而总是被供奉的或者是被呈现的,那也意味着被供奉给我们的决断,接受或不接受的决断"②。

这种永远在来临中的、发生于未来的"到来",就是对愉悦的要求,书写便是"到来"以及对"到来"的呼唤。在这个意义上,意义并未失落,哲学也并未终结,书写的意义也永远保持敞开。这里,我们可以看到南希对"意义—世界"的意义的艰难求索和伦理情怀。关于书写的经验,南希满怀信心地写下:

> 在这里那是将发生于我们身上的事情聚合起来的问题,在事件以及偶然的非纯粹性之中,这个在其中所有历史的意义都被更改了的历史的通道,战争以及种族大屠杀,由全球化的技术以及"无所归属的半岛"的漂移而来的表象的瓦解、政治的侵蚀。
>
> 在那种情况下,经验应该被表达为、思及为这一文本中所指出的"漫游""冒险""舞蹈"——总之,作为激情本身:意义的激情。在这里将会生产"可能性之条件"(但也是一种本体论)的是激情的命令。但这种激情总是注定不可能的。它并不会将其转换成可能的,

---

① Jean-Luc Nancy, *Corpus*, p. 63. 英译见 Jean-Luc Nancy, *Corpus*, p. 71.
② Jean-Luc Nancy, *A Finite Thinking*, p. 104.

它也并不会统治它，而是说，它在那里献出自身、外展自身，被动性地，在不可能之物到来的边界上，也就是说在一切都在来临，一切意义都在来临的位置上，并且在不可能之物让自身被触及，作为边界而被触及的位置上。①

其实，在书写之思的哲学传统中，从德里达、罗兰·巴特、布朗肖、巴塔耶开始，甚至包括后来的斯蒂格勒，书写已经逐渐摆脱传统形而上学施之于它的被压抑地位，慢慢回归到如其本然的作为书写的书写本身。特别是德里达，在一系列解构文本中，他用延异、踪迹、撒播等概念，将书写从对"书"的依赖以及作为替补的地位中解放出来，还原到作为活生生的言语之自我显现的本己状态。这为南希的书写之思提供了广博的思想资源。

南希将书写发展为"外铭写"，在德里达作为"原始的激情"的书写之上进行再书写，发掘了它之于意义之两可性的溢出的意义；同时，他把书写理解为让意义超出意指或超出自身的回响，总是发生于界限上，总是指向自身之外的出离和外展自身，无限地"向着那里到来"，这是触发意义的又一种积极姿势。在后来意大利米兰布雷拉美术学院的一次演讲中，南希谈到艺术与意义的关系时说："意义并不会开启一个世界，但可以言说一个封闭的世界、锁闭的世界、无任何开启的世界。"这种对世界的言说是通过姿势和符号来实现的，姿势因此成了每件艺术作品必然暗含的东西。

那么，何谓姿势？南希的解释是："姿势既不是一种运动也不是一种形式的概述。在生活中，姿势通常是某种意图的附属物，它既在意图之中又外在于意图。……姿势是一种先于、伴随或在含义或意义之后到来的可感的姿态，但它是可感的意义。"②换句话说，姿势是意义在出离自身并向外延展的过程中能够触发可感意义的那种姿态，它使意义始终向着在场到来。在任务为

① Jean-Luc Nancy, *A Finite Thinking*, p. 108.
② 让-吕克·南希：《今日艺术》，周宪主编：《艺术理论基本文献·西方当代卷》，张驭茜译，生活·读书·新知三联书店 2014 年版，第 352 页。译文有改动。

"向着那里到来"的外铭写的意义上,书写始终在言说并敞开某个封闭的意义世界,使可感意义向着在场到来。在南希那里,这种在其中又外在于意义的姿态,使书写本质上成了一种关系,一种姿势,是在"意义—世界"中描绘出意义的无本质性,在"共同"的配置中,实现对意指的无限抵抗,是在超出意指行为,或超出自身的情况下发出的声音和回响,是触及意义的姿势。

第四节　意义走向域外:书写理论的中国叙事

在形而上学的传统理解中,书写是主体的书写,是为了实现主体的某种特定目的而做出的行为,书写的意义也体现为主体的意义。在柏拉图那里,书写是为了避免遗忘。在卢梭那里,书写是"危险的增补"。在德里达那里,书写中的重复、延异、播撒、涂抹、踪迹等问题逐渐得到凸显,那些曾被主导话语压抑的书写中的"沉默的他者"开始得到赋形、彰显。正是在德里达、罗兰·巴特的延长线上,南希发现,不论是作为某种创造、记载、铭刻的标记行为,还是作为某种诉诸感官的符号、风格、意义或文本,书写始终都与人的身体密切相关,始终与意义的生成有关。书写的意义中总是或隐或显地关联着身体的意义。南希因此创造出"外铭写"概念来说明书写中身体、触感与意义之间的关系。

在南希看来,触感作为身体的外展,是更为根本的感官机制,它是意义的发生方式和身体的根本,触感或者身体的触及就是世界意义的起点;书写始终发生于界限之上,在对身体的触及、触摸身体和身体的感触之中构成意义。书写总是在走向域外、走向自身的外展。书写不仅仅是建立一种联系或关系,这种联系或关系仍然意味着交流、翻译或交换的理念,书写还在于将意义发挥到极限,也在于将身体发挥到极限。可以看到,南希在书写与意义、书写与触感之间建立了本质性的同构关系,特别突出了书写中的身体触感维度和意义生成机制,重构了书写的未完成性特征,也就从根本上重新建构了书写研究的基本框架。因此,南希说:"书写沿着绝对界限触及身体,将一个身体的感觉与另一个身体的皮肤和神经区分开来。任何东西都逃不过这一规定,这就是为什么它会接触。"①在书写思想史上,南希首次从身体及其触感的角度论述了书写的发生机制和生存论意义。这一论述角度,确如耿幼壮所言,可能最为准确地把握住了书写概念的精神实质。②

在这个意义上,南希生成意义理论及其"外铭写"概念带来的最大启示在于:书写的意义并不仅仅体现在作为虚体的意指,更指向意指之外;之前不被考量的相关因素而今也获得被重新思考的机会。书写指涉文字或文本之外的这种外向性,使诸如电报、照片、印刷、摄影、涂鸦、编撰等对象都可以被纳入书写研究的题域之内,使我们可以更广泛地关注书写中的物和书写的物质性,从而超越那种仅仅将书写理解为手写行为的传统理解,也超越了只关注书写之意指的狭隘理解范式,拓宽了书写议题观照对象的范围。具体到中国语境中的艺术实践,南希对书写、意义与身体的关系重构也可以启发我们展开不同于传统方式的思考,尤其是对中国书法艺术的思考。

我们知道,对中国汉字而言,关于汉字构造的所谓"六书"——指事、会意、假借、象形、形声、转注,其实已经总结出汉字具有与西方表音文字系统大不相同的系统理论。"六书"背后实际上蕴藏着非常深刻,甚至还未充分展开的哲理内涵。中国汉字对构形的形式化追求,发展出别具风味、意蕴深厚的书法艺术,将意义、视觉、情感、听觉等南希意义上的具有多重意涵的"意义"显示得淋漓尽致。尽管我们有发达的小学、训诂学、音韵学、文字学,中国汉字也不像德里达所批判的那样以语音的在场为中心,但漫长的中国文化传统也从来都是将中国汉字作为一种表意工具来思考的,很少将汉字作为哲学命题进行思考,使之得到中国哲学在基底上的支撑。

南希将书写与生存论结合起来的致思理路,为中国书写理论打开了一个理解中国汉字书写、中国书法艺术,甚至绘画艺术的新的维度。南希的外铭写理论实际上可以启发我们对汉字进行多义性的哲学思考。从某种意义上

---

① Jean-Luc Nancy, *Corpus*, p. 11. 英译见 Jean-Luc Nancy, *Corpus*, p. 10.
② 耿幼壮:《姿势与书写——当代西方艺术哲学思想中的中国"内容"》,《文艺研究》2013年第 11 期。

说,汉字的多义性恰恰就是汉字作为"独一多样存在"的一个标记,义项的多样与文字的独一无缝地融会在一起,它指向的并不是独一性的封闭,而是多样性的敞开。同时,对中国书法和绘画来说,汉字不仅仅是线条、墨迹、浓淡、飞白、色彩、留白等物质性的艺术,更是气韵、精神、灵性、气质、情势等精神性的艺术。此外,汉字也是一种触感的艺术,是书写者身体触感的根本体现,在方寸之间展露出磅礴大气或娟秀灵性的中国书法,便是对自身触感的外展。

因此,南希的书写思想无疑打开了一个从哲学角度而不仅仅是从美学或艺术学角度思考的维度,启发我们在书法、绘画艺术,甚至是文学、美术、雕塑、建筑等一切艺术形态中,尤其是触屏艺术、触感艺术等新近发展起来的艺术中继续探寻不同文本、主体、文化间的关系。虽然这种关系不再是各具主体的"主体间性",而是一种独一多样性之间的张力,但我们仍然需要在话语、叙述、他者、身体、触感、书写等概念的相互关联中,甚至其他当代人文学科中汲取营养,也许这才是我们在这个被解构之后的世界中寻求意义的"踪迹"所在。这种书写的意义,或许也应是我们进入理论之后、后现代主义甚至后后现代主义反思时期的基本态度。

| 小　结 |

　　本部分主要历史地陈述了书写的思想传统,揭示了后理论时代西方书写思想的逻辑起点,阐发了法国哲学家南希理解书写的独特概念"外铭写",从思想渊源、逻辑起点和哲学基础三个层面分析了当代西方书写思想的问题意识,回答了"书写何由"这个对当代西方书写思想而言最具前提性的基本问题,确立了理解当代西方书写思想的基本框架。进一步地紧密结合当代西方的意义理论和共在思想,阐发了代表性思想家南希关于书写的本质的思想,回答了"何谓书写"这个对南希书写思想而言最核心的问题,探讨了书写与意义的关系问题。

　　在西方形而上学的思想传统中,不论是刻在石碑上的铭文或是撰写于纸页上的文符,还是进行创作、记载、铭刻的动作本身,或者是在完成这些动作时形成的艺术或是风格,书写都被视为语言的替代性工具,是在人类无法用语言直接传递信息时用来记录并传播信息的手段,书写因此被贬抑到哲学的边缘地带。直至 20 世纪 60 年代由德里达和罗兰·巴特等人引领的"书写革命"之后,这一西方语音中心的传统才得到严正审视。德里达、罗兰·巴特等人的书写理论中,以边缘书写等策略揭示被压抑部分的思想,除了影响文化及艺术创作领域之外,更有走向政治学的趋势,启发了更多以往被压抑的他者。布朗肖也在文学创作中用作者与读者、文学的共通体等讨论,意图提出如何在文学中面对他者的见解。

　　书写问题总是与意义问题联系在一起。不论是作为语音的替补,还是作为表意行为的载体工具,书写总离不开与意义的关系,不管这种关系是表象、再现,还是意指、指涉,或者是自我呈现。南希对书写问题的思考,也是与意义问题联系在一起的,并以其共在思想为哲学基础。

意义问题既是哲学的对象问题,也是哲学本身的价值问题。西方传统形而上学都在致力于回答何谓世界的意义、意义何为、哲学的意义何在等基本问题,都始终相信世界是有意义的,万物总有一个本原,世界的意义和万物的本原是人可以认识与把握的。尼采之后,传统理性至上和辩证思维受到挑战,找寻意义的传统方式被宣布失效;建立在种族和血统基础之上的纳粹主义,以奥斯威辛的巨大灾难挑战了传统对意义的寻求方式;直到海德格尔,人们得以重新在存在论的层次上追问本原,追问意义。意义再也不被看作一个现成的存在者,无论是以原因、目的之名,还是以原则、根据之名,它现在就是纯粹的意义:一个作为本原之事件的意义,一个纯粹作为涌现、作为源起发生的意义。

对南希来说,如何面对意义的危机,超越意义的悬置状态,使世界、意义、我们、书写之间建立有意义的逻辑,什么是我们的"意义—世界",在意义失落的时代如何思考意义,都是必须首先解决的问题。从这里出发,南希展开了关于意义的思考。哲学本身以及思想的危机,恰恰是面对意义的丧失,是重新思考空无的意义以及无意义,也就是对意义作为共在建构之不可能性的揭示,这构成了南希哲学得以展开的基本前提。南希对海德格尔的共同此在和共在概念进行了延伸式理解,建构起了自己以"共/与"为基础的哲学。在南希解构式的文本语境中,此在的特征是使世界的一种本己意义或者具有某种本己意义的世界自行敞开的独一可能性。它是在其存在本身中展开本己的存在,展示其是其所是而非其所成为,它是先行于自身而存在的存在。

南希赋予"共/与"以一种接触的特征,因为在交叉、交织与纠缠中,首要条件是接触,是感染和侵越,是对各自敞开的边界的相对混合。南希的哲学便以展露共同原初和"共/与"本质为任务。但我们无法直接通达共同原初和"共/与"本质,我们只能与它一道产生意义,它对某个或多个谓词的意欲或呼唤本身,预示着它可以采取运动、脱位、处置、间隔等方式来与共同原初或共同本质一起发生,共同发生,共同显现。

继承德里达的解构余绪,南希在"世界的意义"的基点上展开了书写之思。在南希看来,书写并不是对某种理念的再现,也不是表达某种深度的可替代性工具,而是建于共在和"存在—于—共通"基础上的对存在意义的敞开。这种对"独一多样存在"之意义的敞开,并不是单一直接的呈现,而是不断朝向边界突破域外的意义之外展、间隔和延异,其间充满着不断往复的差异和重复,使意义指向一种共在的状态,这构成了书写的精神实质。因此,南希的书写思想首先是与意义问题关联在一起的。意义因而构成了南希书写思想的逻辑起点,共在构成了南希书写思想的哲学基础。

以意义为逻辑起点,南希把书写的本质理解为意义的共同显现。从共在概念出发,南希在我们、世界和意义之间建立起共生同构的关系,"共同"成了意义乃至一切存在的根本方式,意义的生成也不源自任何提前给予的预设,也排除了一切表象或意指行为中对意义优先性的强调,将意义的发生理解为"独一多样存在"如其本然的自我显现。书写就是这种共同显现的主要方式。南希发展出"外铭写"这个新的概念来解释书写的本质,即意义的共同显现。他在对巴塔耶的阅读中发现,书写与阅读的共通体有一种源于交流的不可能性的痛苦与愉悦,触及一条意义的边界,所有意义都在这条边界上溢出了自身。这种制造了意义的意义之溢出,或者说这种从意义向它的书写之源的两可性的溢出,就是南希所说的"外铭写"。这明显有南希继承德里达延异思想的影子,它标记着书写及其意义都已进入一种延异的事物之中,意义也就不再被作为本原、中心、原则或起源给予我们,它仅仅是起源自身的可能性条件。书写因而不是意义的运载工具或传递媒介,不是通达起源的负重的逻辑或通道,不是文本结束意义上的可再次闭合或打开的书,而仅仅是差异,仅仅是让意义超出意指,或超出自身而回响。

"外铭写"即意义的溢出自身,即是说书写始终是意义起源的可能性条件,而且始终是"向着那里到来"的未完成性。书写因此摆脱了意指或表象的限制,它始终使意义不断朝向自身之外展露,不断向着在场发生。这表明书写或意义永远不会走向终结,这体现了南希书写思想的现实伦理关怀。

　　与德里达、布朗肖等人相比,南希更加注重书写的本质——意义的外展,更加强调书写意义存在的方式——共在,也更加强调书写意义生成的载体和机制——身体及触感。书写之于意义的意义,就在于它始终表达意义,又使意义总是处于未完成状态。在每一次唯一的、不可替代的外铭写中,身体及其触感都以一种离散和打断的方式,在一切语言的破碎之中触感到意义。相较于德里达忽略身体维度的书写之思,南希的外铭写提供了触感、他者、共在等更丰富的多维向度。它既是在德里达的书写思想之上进行的思考,把解构之思推广到更大的范围,同时又是对德里达书写思想的某种超越,建立了颇具伦理意义的、以外展为内容的"身体存在论"。

第二辑 | 书写与身体

不论是作为标记某种创造、记载、铭刻、划痕等的动作或行为,还是作为某种诉之于人的感官的符号、风格、意义或者蕴含,书写都始终与人的身体密切相关。书写作为意义之两可性的溢出,即外铭写,其意义的生成也始终与人的感受性和感性经验联系在一起。身体也只有向着自身之外去触及,去触摸,去触感,才能呈现身体本身的感受性和本己性,身体作为感受的意义也只有通过向自身之外的溢出才成为可能。在这个意义上可以说,一切书写都是身体的书写。任何一次不断敞开和越界的书写,都是捕捉触感足迹的尝试,是自我与他者相互感发的生命活动,是在形而上学被解构之后的生命触感。因此书写根本上是身体的触摸,同时也是对身体的触及,某种意义上甚至可以说是身体的触感化。本质上书写也总是试图去触及某个载体,去感触某个对象,去接触某个外在于自身的他者。书写并不只是简单地在载体上描画出痕迹的行为,它还与身体本身、身体的非实在性、身体的内在亲密性,以及身体的阅读行为联系在一起。从身体角度去思考书写,因此具有十分深刻的哲理内涵。

| 第四章 |

书写的非实在性和亲密性特征

身体是 20 世纪法国哲学中颇为厚重的关键词。南希用"非实在性场域"概念来描述身体的存在论特征,从存在论的高度深刻地阐发了身体得以运作的基本原理;他还在身体之内在性和外在性不断转换的过程中,探究了身体的"亲密性"。非实在性与亲密性被阐发成身体不可或缺的根本质素,独一性决定了亲密性,多样性则决定了非实在性。这使得身体始终处于与他者身体的接触之中,触感因而成了敞开世界之意义的根本途径。在这个意义上,南希的身体思想具有解构西方哲学身心二元论传统的重要意义,对于身体研究中的"情感转向""触感转向"等范式的转换,具有重要的启示。

第一节　作者之死和作品的诞生

在形而上学的传统理解中,书写总是某个主体的书写,总是为了实现主体的某个特定目的(或者为了记忆,或者为了避免遗忘,或者为了摹写心境,或者为了传达圣意、铭记神圣等)而做出的行为。书写的意义也就在于这个被提前给予的目的之中,对书写意义的追问因而总会被溯源到这个似乎永远不变的主体那里。意义因而似乎总是"属人的意义",总是"人类中心主义"或"作者中心"视野中的意义,总是被可确证或不可确证的问题所缠绕。文学理论对文学书写意义的解释,也总是会被归结到作者那里。然而,正如前文已经指出的,德里达开启的"书写革命"已经发现形而上学传统有语音或逻各斯贬抑书写的倾向,并对这种语音中心主义或逻各斯中心主义进行了解构,批判了所谓"语音神话""逻各斯神话""主体神话"等话语中突显的中心化权力,把书写还原为"原初书写",肯定了书写作为意义不断延异和撒播的过程作用,书写由此堂而皇之地进入哲学殿堂。

总体来看,德里达的书写理论乃是对传统形而上学之本原追求(也是意义追寻)的解构。在德里达看来,自亚里士多德至卢梭、索绪尔与胡塞尔,一直存在着某种作为本原的前表达的意义层。首先是话语,其次是文字(这两者都是符号),作为它们的替补,对它们进行表达。但是,德里达经过细致的解构后得出结论,作为本原的意义本身也已经以原初的差异运作(他称之为"原差异",即延异)为可能性条件了,而这种"原差异"又正是他所说的"原文字"(有时就说是文字)。作为本原的意义反倒依赖于作为替补的文字:意义本身已经(甚至首先)是文字了——作为"原差异"的文字、作为书写可能性的文字。所以德里达的"文字学"的意义就绝不仅在于对所谓语音中心论的颠倒,而且在于对传统哲学、形而上学的基本问题——意义之本原问题的解构。① 德里达自己就曾明确地说:"书写(文字)问题正是伴随着对本原之价值的质疑而被打开。"②由此来说,自柏拉图以来,一直作为意义本原之替补的符号,在被改写为符指游戏后,反倒成了本原性的东西。

回到德里达对延异和踪迹的解释,他在索绪尔的差异中加入了时间性维度,使差异的本原/意义——延异获得了时间化差异和差异时间化的双重维度;他又通过强调踪迹由内向外的指向,以及它对外在空间开口的打开,赋予延异以空间化的可能性条件。这样,延异就既是时间的空间化,又是空间的

---

① 朱刚:《文字与本原——德里达的"文字学"对形而上学"本原"问题的解构》,《哲学动态》2004 年第 4 期。

② Jacques Derrida, *Marges de la philosophie*, Les Édtions de Minuit, 1972, p. 6. 英译见 Jacques Derrida, *Margins of Philosophy*, trans. Alan Bass, Prentice Hall, 1982, p. 6.

时间化,是对时间空间二维分划的绝对解构和超越。那么,这种超越的"延异的踪迹"由什么来体现呢? 德里达不得不求助于书写。书写就是将意义置放在空间中进行思考,在时间范畴中思考意义的生成过程和方式,书写使延异的踪迹变成了文字图像(也是一种书写),同时也使后者的意义被秘密地空间化和时间化。正是从书写出发,德里达解构了形而上学和基督教神学长期推崇语音而边缘化书写的历史,他把书写理解为一个在不断留下或涂抹痕迹中延异的运动过程,总是在不断重写和重构痕迹中生成新的意义的敞开性活动。书写绝不会确定为封闭的在场,更不会取代语音,从边缘走向中心成为新的形而上学式的本原。正是在这个意义上,有研究者指出:"对于海德格尔及那些康德主义者来说,哲学书写的真正目的恰恰在于终结书写;而对于德里达而言,书写却总是意味着更多的书写。"[1]问题是,德里达意义上的"更多的书写"是什么呢? 他的书写究竟是怎样与意义,或者说与心灵、记忆等联系起来的呢?

在德里达看来,书写的这种包含延迟、差异、反复的特性,以及书写符号的任意性和随机性的特征,决定了书写永远不存在所谓的稳固性和同一性,也不具有保护逻各斯中心的构建功能,因为每一次书写都是不同的,都是敞开的,所谓"善的书写"或"大写之书"实际上并不存在。德里达通过延异,提出语言如果没有文字的记录是不可能存在的,而且正是主体具有一种原书写,一切语言才成为可能。因此,字母以及书写的载体才是先在的,以此反对当时语言中心主义下的结构主义思想——以语言为中心,文字成为次要的,而其书《文字学》更用大篇幅不断考证原始语言和文字的由来。同样,索绪尔能指与所指的二分使得一切具有等级和结构,而此种二分法本身的出发点就是一种独断的逻各斯中心主义。如果把书写的意义理解为对某个先验主体或现实主体的某种特定目的的实现,那么其本质也是一种逻各斯中心主义,也会导致意义本身的封闭和终结。

---

[1] Jonathan Culler, *On Deconstruction*: *Theory and Criticism after Structuralism*, p. 90.

　　显然，德里达并不同意书写的主体是某种提前预设的目的或原则，他通过延异来表达书写的原初性。从语言学的语音到符号学的文字，再到原初书写，德里达所讨论的"文字学"其实是讨论文字的书写问题：（1）书文——文字符号以及文字的书写方式；（2）文书——文字文本之为书本或者记录档案等；（3）书写——文字的书写过程与方法等。重要的不是书写对某种预设目的或原则的实现，而是书写本身，是书写作为意义本身的可能性与不可能性，是书写文本之意义的生成本身的问题。因此，在德里达这里，作为书写的"主体"其实已经被宣布为无效。

　　可以说，德里达意义上的书写永远都是一个无限敞开的过程，一个在不断延异和播撒的过程，它在留下或涂抹痕迹中不断重写、重构，生成新的意义。它不导向意义的封闭和绝对，而是导向意义的无限敞开，它不导向意义的单一和中心，而是导向意义的复数与多元。由此，书写就被视为一种消解了逻各斯中心的活动，意义的延异和播撒决定了语音中心主义神话的终结，也质疑了书写的次生地位。在德里达这里，"痕迹"才是书写的本原，它并不是绝对的，书写也绝不会确定为封闭的在场，更不会取代语音，从边缘走向中心成为本原。这也正是德里达会选择书写作为抵抗"语音中心主义"的武器的原因。

　　德里达的书写观念也与罗兰·巴特的文学理论形成某种理论呼应。巴特所提出的"零度写作"和"作者之死"，无异于德里达理论对逻各斯中心的消解，打破了传统书写观念中营造的主体神话，取消了作者对书写文本的绝对权威，将文学理论的目光聚焦于承载意义的文本本身，凸显出文本内部或文本之间的文本间性，使文本在读者能动的阅读下不断被重写，书写因而成为一种意义的永恒敞开。与德里达有所区别，巴特的书写概念植根于他对符号学和语言学之关系的解读。他将人类学、精神分析学、社会学等囊括其中，将语言学广义化，同时也赋予书写概念以更加广阔的理解。巴特批判了索绪尔语言学中由能指与所指形成的二元对立结构，认为这一类结构忽视了语言主体与语言之间关系的复杂性，强调语言关系中的社会关系性，由此试图通过

"跨语言学"去重组传统的人文学科,并开始将书写与身体经验结合起来进行思考。

　　通过对文化符号的解读,巴特强调,身体往往就是书写实践的主体,由此消弭了以往的灵肉二元对立,引出了"身体书写"的概念。是身体在书写,而不是主体在书写,书写始终是身体书写。其实,从最早的理论思考开始,巴特就认为书写中最根本的东西就是欲望。与卢梭鼓起勇气方能启齿、萨德洪水决堤般的宣泄、弗洛伊德和超现实主义者的升华不同,对于欲望、快感的体验已经变成了巴特身体书写的一种追求,这也许正是主体神话被打破之后,当代思想的某种必然趋势。在巴特这里,书写变成了一种真正的享乐,一种用身体的全部感官进行的行动,如此写就的充满情欲和颠覆性的文字,不再是为了反映某种真理的价值性,而是追求愉悦本身的文本。书写的主体神话被打破了。

　　与罗兰·巴特和德里达基本同时期的布朗肖,也有与此相似的"中性写作""匿名写作""作者的匿名性"等观念。只不过他所强调的,不是读者参与文学意义的生产和创造的作用,而是文学写作所开创的不同于日常生活的文学空间,驱使读者不断进行解读,在与文本的往复交往中生成永不完结的意义,以此来对所谓的哲学不断质疑。尽管布朗肖与巴特的理论存在差别,但他们对于文学书写的追求,都是在消解了深度和作者权威的情况下,关注文本意义在重复中的不断生产。

　　深受德里达影响的斯蒂格勒首先为包括书写在内的技术正了名。他通过重读普罗米修斯和埃比米修斯造人的神话,来说明技术绝非一种单纯的补偿工具,而恰恰是人之为人所必需的一种属性,参与人的自我创造,历史地形构了人之为人的身体和意识。其实,对于书写的物质性,在德里达和布朗肖之前,已经有马拉美赋予其意指功能,其用诗歌创作的实践证明了空白、字体、页面格局、标点、标题、注释等这些书写符号的物质性。正像布朗肖所说,书写的物质性在于其成为作品的方式,就是事物本身。对书写意义的理解,需要更加积极地在理论层面上强调这些常常被忽略的边缘之物的作用,并用实践证明这些边缘化的物质元素及细节的重要性,这很可能正是重读/重写文本的突破口所在。

在德里达、巴特、布朗肖等人的书写理论中,以边缘书写等策略揭示被压抑部分的思想,除了影响了文化及艺术创作领域之外,更有走向政治学的趋势,启发了更多以往被压抑的他者。布朗肖也在文学创作中用作者与读者、文学共通体等的讨论,意图提出如何在文学中面对他者的见解。如何做到真正地面向他者,也许正是德里达、巴特、布朗肖等人将书写的讨论转入政治伦理学所意图探讨的。

那么,就书写而言,"主体之后谁会来临"? 到底是主体在书写还是身体在书写? 书写作为意义的共同显现,应该从主体还是从身体的维度进行理解,才是合理而且合乎我们生存现实的? 按照南希对"意义"的解释,"意义"除了包括"含义"之外,还有"方向"和"感受"的意思。南希更加强调后两个维度上的"意义"。方向和感受,只能与身体相关。只有方向被身体感受为方向,感受被身体感受为感受时,方向和感受对于身体而言才是有意义的。也就是说,意义首先必然是身体的意义,作为意义的共同显现的书写,也首先必然是身体意义的共同显现。从意义的角度来说,对南希而言,"谁在书写"的问题特别是其中的"谁",首先指涉的是身体作为书写主体的可能性问题,是在书写的"主体神话"崩溃之后,在"作者之死""匿名写作""中性写作"之后书写如何可能的问题。南希对这个问题的回应是:书写总是身体在书写。那么,这个命题在何种意义上是成立的? 这必须回到身体的形而上学传统中,对身体思想做出认真清理之后,才能回答这个身体作为书写主体的可能性问题。

第二节　作为非实在性场域的书写

如前文指出的,南希所理解的"意义"并非观念论传统中的"意指",而是集结着"感觉""含义""方向"等三个概念的意义"星丛"。换句话说,身体的意义问题不是去探究如何实现身体,而是去探究如何展开身体。在南希看来,

"意义"是我们在世界之中可以而且只能通过"领会"进行把握的对象,意义始终以一种"向着世界到来"的方式存在:"向着意义到来,并且向着感觉,作为一种感觉而到来。"①领会更多的不是出于掌握某种概念或逻辑的理性活动,而是与感性、感觉、感动、感触等身体行为联系在一起的感发活动。在南希的思想中,"身体以其破碎的形式最早揭示了一个形而上学的'意义—世界'的解体",同时"身体又率先试图在这个解体了的'意义—世界'中发现某种意义",从而在人与世界之间建立一种意义的关联。② 由此看来,在南希的思想中,身体具有极为根本的意义,它构成了敞开世界之意义的根本途径。

书写的自我外展——自我向自身之外展露,势必会打开某个既不属于自身又不可脱离自身的空间,这个空间也正是书写的意义得以敞开的境域。这个境域,南希称为"非实在性场域"(aréalité/areality)。南希在《身体》中专门收录了《非实在性场域》一文,集中阐述了"非实在性场域"这个概念,从存在论的高度重新解释了身体的存在论特征。南希首先解释了"非实在性场域"的具体含义:

> 非实在性场域(aréalité)是一个特别古老的词语,它意指一个场域(aire/area)的本质和特殊性。偶尔,这个词也被用来暗示实在(réalité/reality)的缺失,或者一种轻微的、弱化的、被悬置的现实:一种将身体在地化的偏转的现实,或者身体内部的一种脱位。事实上,它是关于基础、实体、质料或主体的微弱的现实。但这个微弱的现实,构成了让所谓的身体的原建筑学得以展现和表达的整个真实的场域。③

---

① Jean-Luc Nancy, *A Finite Thinking*, p. 11.
② 耿幼壮:《图像、肖像,以及意义显现——让-吕克·南希的意义世界》,《文艺研究》2007年第 12 期。
③ Jean-Luc Nancy, *Corpus*, p. 39. 英译见 Jean-Luc Nancy, *Corpus*, p. 43.

非实在性场域在这里被理解为与真实或实在密切关联的"弱化现实",是源自某种存在内部的错位或偏转,是与身体密切相关的实体、质料或主体等的某种微偏的暗示。它反对现实经验的固化,强调现实的绽开,绽开的力量源自某种存在内部的错位或偏转,是与身体密切相关的实体、质料或主体等的某种微偏的暗示。身体对每个人而言,都是独一性的存在,独一性在现实活动中又展开出多样性,从而使身体成为独一多样的存在。从独一性展开为多样性的进程中,"偏转"体现出身体内部的能量,展现为非固化的自由气质,使实体成为活的实体,使主体成为无限可能的实体,使活动的物质基础成为反实在的、非实在的基础。在非实在的定性中,展现出身体之为身体的灵动性。

"aréalité/areality"来自拉丁语的 area,意味着划出区域或给出地盘,指向一个敞开的空间;同时,它又是用 a 作为前缀对"reality"(现实)的某种否定,areality＝no reality,areality＝no thing 或者 areality＝nothing,指向某种非实体的无物。这个词实际上被赋予了敞开空间(间隔)和指向无物的双重意义。就作为间隔而言,非实在性场域就是在时间化的空间中,最大限度地展露出生存的无限性。就作为无物的指向而言,它又是在一种真实的场域内打开无物的绝对有限性;只是这里的无物并非什么也没有的虚无主义的无物,而是"某物,它是没有物的某种物",是"一种微小的物,非常微小的物,小到不可能再小的物,甚至于即是'无'(rien/nothing)"①。非实在性场域中是物的有限性之"有";但物中蕴含着潜能、趋势和力,是"无中生有""有即万方"的展开无限性。身体作为一种特殊状态的"物",不应被身体之外的力量规定自身,只能在自身展开的过程中形成自身,并且这种形成是身体有限性中绽放出无限性的趋势。这样,非实在性场域这个概念,就被南希赋予了将最大化生存的无限性与真实场域的绝对有限性重新统一起来的责任。

由此,南希通过非实在性的解构,消解了传统哲学对于身体的固化处理。

---

① 让-吕克·南希等:《爱与共通体》,《变异的思想》,夏可君编译,吉林人民出版社 2011年版,第 33 页。

不论是柏拉图的洞穴中的虚假身体,还是中世纪的身体作为灵魂的牢笼,抑或是经验主义的过度固化的肉身等,在南希看来无非是一种又一种的"身体假设"。这些对身体的定性并没有从身体出发,就将身体牢固地局限在有限性的范畴中。南希通过非实在性的指认,内在地爆破了传统的有限性,同时也给有限性留下了地盘,体现为时空范畴的有限性。不过,南希调和论的重心是偏向有限性的深度展开,在此散布着"偏转",即打破被定性的自身的自由力量。这就是身体的非实在性的基础。需要指出的是,南希并不是无所偏好的调和论者,也不是不辨是非的虚无主义者。这里的重新统一,并不是一种调和。有限与无限既不是彼此穿透,也不是相互辩证,或者把位置升华到某种程度,或者把非实在性场域聚集为一个基础。它们只是一种非位置或虚位(non-lieu/non-place)的发生,是时间的空间化或空间的时间化(间隔)。这实际上规定了身体和书写就是一种"非实在性场域之物":"身体不能意味着在身体的现实视域之外的身体的真实意义。"①因此身体和书写必须在外展中才有意义,才是话语的对象。间隔和外展,因而成了"一个身体之世界的一切可能之意义的实在/非实在的条件"②。

换句话说,身体之为身体,书写之为书写,它们正是在绽出、间隔和外展中打开的一个非实在性场域。作为"向死而生"的有限性存在,它是真实性场域的本质性展现;作为在无限延展和间隔中的最大化生存,它又是非实在性场域本身的外展。显然,作为身体和书写之外展的"非实在性场域"概念,也是南希解构身心二元论的有力武器之一。

研究者曾指出南希的"非实在性场域"与海德格尔的"敞开"(ouverture/offenen)之间的联系,强调非实在性场域与决断、自由和礼物之间的深度联结。他认为,在南希那里,"强调共通体存在的各个独一的存在之间就是'共在'和'共现'的,这个'共'或'与'就是这个间隔空间,也是意义本身展现的位

---

① Jean-Luc Nancy, *Corpus*, p. 40. 英译见 Jean-Luc Nancy, *Corpus*, p. 43.
② Jean-Luc Nancy, *Corpus*, p. 40. 英译见 Jean-Luc Nancy, *Corpus*, p. 43.

置。这是共在存在的拓扑学(Topology),与 aréalité 相通"①。这实际上是在南希的共在思想意义上做出的合乎理论实际的深刻理解。不过,要理解南希在身体之思中对非实在性场域概念的引入,除了海德格尔的"敞开"之外,还需要回到南希对那种将身体作为视觉或视像的形而上学式理解的解构中去。

在柏拉图所做并流传下来的关于视觉的阐释中,身体都是作为被完成了的视像出场的。这种视像,不仅仅是出于视觉本身的一种简单成像,而且是超越理解的初始阶段,走向一种纯粹静观的视像。这其实已经不是单纯的视觉了,而是有某种精神性力量介入其中的把握和触摸,包括作为自身的触摸,以及触摸的绝对者和他者。不过,在南希看来,这种似乎是还原到"触"(触摸、触感、触及、触觉、触动等)的感性确定性上,其实仍然追求一种完满:在"看"里,仍然有"菲勒斯和头,从西布莉的篮子里升起,这是我的身体"②。

换言之,这种视像中的身体,仍然是"意指的身体",仍然不是"非实在性场域"中的本己身体,因为非实在性场域不是被看到的。身体的延展或者说纯粹的外展性,恰恰是纯粹的不可见性,破碎的、分裂的、朦胧的视像,只是对身体某一个方面的触知和视觉,只是非实在性场域中的一个踪迹而已,因此南希才会有下面的说法:"看到身体不是揭露一种神秘;它是看到在那里有待看到的东西,一个图像,即身体所是的诸图像的群集,剥露非实在性场域的赤裸的图像。"③这是说,视觉把握到的只是身体的呈现,不是身体本身,视觉的可见性并不能通达身体之非实在性场域的不可见性,因为身体只有在外展和间隔中才能感受自身,它是外展的实体和主体,是间隔化的可塑性的质料,并没有什么形式与理念。在这个意义上,身体就并不是一个关于什么的图像,而是一个"来到在场之中"的图像,如同电视屏幕上影像的到来一般:

---

① 夏可君:《出生到在场:让-吕克·南希论身体的"非实在性场域"》,《东吴学术》2012 年第 4 期。

② Jean-Luc Nancy, *Corpus*, p. 41. 英译见 Jean-Luc Nancy, *Corpus*, p. 45.

③ Jean-Luc Nancy, *Corpus*, pp. 42-43. 英译见 Jean-Luc Nancy, *Corpus*, p. 47.

它外展着,铺展着它的非实在性场域,不是作为一个被给予的观念或主体的视觉,而是就在我的身体里,作为它们的非实在性场域,它们只是来到这个到来之中,间隔化、空隔开、向着在场发生,它们本身就是屏幕,与其说是视像,不如说是录像。①

身体之为录像,之为非实在的空间之物,是来到在场,并且打开间隔,是在身体之间发生的。视像和视觉必须被转化为身体之间的触感,才能通达身体的非实在性场域。由此可见,作为非实在性场域的身体实际上已经被南希赋予了绽出、外展、间隔等内涵。这意味着,身体不是分划出一块可以再辖域化的属地,而是打开一个新的开放空间,一个安放"无物"的空间,身体本身即是这个被间隔之后的空间。② 而在身体之间,存在着的仅仅是"无物",除了外展和间隔就一无所存,外展也就成了"物"本身,成了非实在性的现实,身体只能在这个现实中才能向彼此展露。如死亡是肉身的消遁,而身体的非实在性恰恰随着肉身的消亡而外展,死亡也是身体言说自身的方式之一,这种言说在死亡中体现为身体的呐喊,使其在众人的凝视中体现为身体的再生、意义的再创、生命诠释链的再延续,是共性生命在场的非实在化言说。

南希把身体理解为非实在性空间,对于突破身体的对象化理解(把身体作为一个与灵魂或精神区分并对立的客观对象)有重要意义。首先,身体与客观的物体或对象不一样,它是在不断变化发展中的。身体不是像花朵、树木、石头等那样等待被认知的客观对象,它不是存在者,而是在身体自身的外展中给出自身并获得存在的。身体只有不断地向身体之外外展,身体才具有意义。其次,正因为身体只能是非实在性的,身体作为未完成的、生成的、敞开的、存在的本真状态,才能被揭示出来。身体的感受、感觉,对外界事物的感知,只有在把自己向自身之外外展时,才能获得实现,身体因而是一个生产

---

① Jean-Luc Nancy, *Corpus*, p. 57. 英译见 Jean-Luc Nancy, *Corpus*, pp. 63-64.
② 王琦:《外展与触感:让-吕克·南希论书写的意义问题》,《西南大学学报》(社会科学版)2019年第5期。

意义、激发意义的场所。不过,这种非实在性、生成性、未完成性,很容易导致虚无主义。这种虚无主义会认为身体并不存在,进而否认身体的存在,否认身体的可被感知性等问题。所以,南希提出身体的亲密性概念,就是为了克服这种虚无主义理解。

第三节　身体的亲密性:从内在到外展

在将身体的特征阐释为非实在性的意义上,不可忽视的一个问题是:身体有没有自己的实在性或内在性? 如果有,身体的实在性与非实在性、内在性与外在性之间是一种什么关系? 如何避免两者之间重新陷入身心对立乃至分裂的窠臼? 这是我们理解身体的非实在性时必须解释清楚的问题。否则,非实在性将导致身体的空无化和不可知化,甚至沉沦到南希所批判和反对的虚无主义的深渊中去。

南希提出"非实在性场域"概念,目的不是否定身体的实在性和内在性,而是突显身体的敞开性和生成性。南希意识到,为了实现这个目的,必须对身体的实在性和内在性进行重新解释。在他看来,通常理解的身体的实在性或内在性,归根结底有着很浓重的"人文主义"色彩,也就是说,人们是按照某种后设的观念来对其进行理解的。这种观念本身是一种思想建构,它揭示的并不是身体之为身体的本真状态。身体的内在性和实在性,只有在存在论的畛域内,才能成为外展的前提和条件。这种存在论的身体的内在性和实在性,其实只有纳入"之间"(in-between)的关系思维,才能被充分认识到。因此,南希发展出"亲密性"的概念来解释身体的内在性与外在性、实在性与非实在性之间的关系。

实际上,"非实在性场域"提供了一种亲密性的法则和环境,其内核是亲密性的织就,非实在性是从亲密性中生长出来的。南希的具体操作是,通过强调身体是处于某种关系中的存在,强调身体的内在性和亲密性及其相互生成的关系。南希把身体理解为非实在性空间,身体在不断变化发展中外展,并在身体的内在性和实在性中,纳入"之间"的关系思维,即受德里达"间隔"

思想的影响,通过外展打开身体的间隔,即形成非实在性场域。基于这种向外的思想,南希从身体的亲密性及其外在性出发,消除了内在灵魂之为身体的内在论,将内在灵魂还原为身体的形式,沟通自我与他者之间的关系。亲密性通过身体的感受性、体验性显现出来。所以,理解南希这种操作的程序及其意义,关键在于理解身体从内在到外展的转换。

为了充分说明这个外展,南希从德里达那里接受了关于延异和间隔的思想,汲取了其中的差异、延迟、打开空隙、拉开距离和重复等内容。南希把这个间隔与身体关联起来,使间隔成为身体之内在性和外在性的和谐统一。也就是,存在不是已经存在,而是在打开间隔中去存在;不是还原或返回到自身,而是发生和占取位置;间隔也就是存在者生存的共通形式。南希认为:"正是在这里(là)也是'惊奇'的发生,或被视作一种'负载着自由、敞开与空间'的'间隔'。因此,间隔:这乃是位置的解放。"①联系南希的共在思想,存在始终是"共/与之在",始终是共同生存和共同显现的,这个间隔,也就只能在这个"共/与"之中打开了。

身体之亲密性,"只是外展着,从身体到身体,从边缘到边缘,被触摸并被间隔,临近而不再有一个共通的预设,只有我们的各部分彼此外在的踪迹描摹的'我们之间'"②。这样,亲密性就发生于我们之间。亲密性不仅有外在主义的进路,即前述以亲密性为内核织就的共通体③,而且有内在主义的进路,即亲密性也发生在身体内部要素之间,诸如视与听之间、器官与灵魂之间,表达的是一种独特亲密性的"织体",即身体,亲密性更是让身体成为身体的哲学依据。

在论述南希的图像思想时,研究者曾指出,南希的亲密性是在解构主体

---

① 夏可君:《身体——从感发性、生命技术到元素性》,北京大学出版社 2013 年版,第 80、82 页。

② Jean-Luc Nancy, *Corpus*, p. 80. 英译见 Jean-Luc Nancy, *Corpus*, p. 91.

③ 王琦、让-吕克·南希:《后理论时代的共同体构建——与斯特拉斯堡大学让-吕克·南希教授的学术对话录》,《清华大学学报》(哲学社会科学版)2021 年第 6 期。

哲学背景下对传统的"内部性(内在性)"的取代,南希的亲密性被理解为一种不可化约的间距关系。① 实际上,南希的亲密性是将传统形而上学的主体还原到作为"之间"的共在之后的产物,主体并不是已经完成的、先在的存在,而是"出生到在场""在到来之中"的存在,是需要给出并占取一定位置的发生。这个发生,不是"我思"或"自为/自在"向着自身存在、向着自身目的的返回,也不是给出内在性(内部性)的内在灵魂或绝对精神的占位,它拒绝传统形而上学对主体深度的追求,而是把主体还原为外展或外在性。在《肖像画的凝视》(*Le regard du portrait*)中,南希曾写过这样一段话:

> "内在性",如同我们曾说过的,发生在与"外在性"所处的位置本身,而根本不在别处。外展就是这样一种置于位置中以及这样的入位,这个位置既不在"内部"也不在"外部",而是在接近中或者在关系中。②

也就是说,外展和外在性并非次要的、可被排除的外在层次,而是与内在性同时同地发生的,有内在性的地方必然同时有外在性的存在。只有在内在性与外在性、实在性与非实在性的对照和联系中,才能把握到这种内在性。既然存在总是一种"共/与"状态之中的共在生存,此在总是出离自身并与他者一道共同显现,那么,作为主体的此在就总是处于"接近"或"关系"之中。接近性、外在性与内在性一起,构成了此在主体不可切分、不可通约的绝对关

---

① 简燕宽:《外展的图像:论让-吕克·南希的图像思想》,中国人民大学博士学位论文,2011年,第71—72页。

② 让-吕克·南希:《肖像画的凝视》,简燕宽译,漓江出版社2015年版,第23页。原文见 Jean-Luc Nancy, *Le regard du portrait*, Galilée, 2000, p. 32.

系。在这个意义上,奥古斯丁那句名言"比我的内在还内在的内在性"①,给了南希以思考的灵感。在奥古斯丁那里,这种内在性是一种主体的绝对深度,它留居在主体自我的内部,超越主体专有的、内在的有限性,而指向一种绝对的无限性,这种无限性就是上帝。但在南希这里:

> 那个绝对专有的"我"退到了无限遥远的地方……沉浸到一种比所有内在性更加深刻的亲密性中……(中略)我的身体和流动着的内在的亲密,这两者的相似都正好说明,在上帝之死的完成形象中,主体的真理是它的外部性和过度,即主体无限地外展。闯入者过度地外展了我。它闯了进来,它带出我,它剥夺(exproprie/expropriate)我。②

南希所理解的身体的亲密性解构了奥古斯丁那里内在性所要求的主体的完满性和神圣性,取消了主体作为本质或绝对之内聚的可能,而指向一种主体的绝对外展,打破了内在性与外在性二元区分的相对主义。这种观念,其实跟亲密性一词的词源学含义密切相关。亲密性(intimité/intimacy)与内在性(intériorité/interiority)拥有相同的词根 intimus,意思是"最内层的",是形容词"内部的"(intérieur/interior)的最高级形式。但在词义的衍变中,亲密性被赋予了空间和关系的意义,它指人与人之间私密的、亲近的、不该被他人打扰的那种人际关系,它与身体和情感密切相关,可由此引申出人被另一个人照顾而依赖于他者的空间关系。

关系维度的引入,突破了内在性的封闭、绝对和连续性,与南希反复阐发

---

① 奥古斯丁曾谈到上帝的绝对的主体内在性:"比我心坎深处更幽邃沉潜,比我心灵之巅更高不可及。"意即,比我更亲近我自己,比我自身对自身还要切身和内在。拉丁文为:*interior intimo meo et superior summo meo*. 英译为:God deeper within me than I myself am, higher than my highest. 亦见 Saint Augustine, *Confessions*, Vol. 1, trans. William Watts, Harvard Univerisity Press, 1950, p. 105.

② 让-吕克·南希:《闯入者》,《解构的共通体》,第 340 页。英译见 Jean-Luc Nancy, *Corpus*, pp. 169-170.

的外展、间隔、绽出、出离等概念联系在了一起。身体和情感维度的引入,使亲密性又获得了接触、触动、触摸等意义,在身体被还原为感受,尤其是触觉作为根本觉的基础上,亲密性成了此在主体确证自己存在的一种没有深度的游戏。"内在亲密性是某种深度展开的游戏,这种深度并没有处在任何别的深度那里,而仅仅处在表面的基底那里。在这个表面上,基底自身演示和自身展开。"①与此相关的是切近性(proimité/proximity),它是最近的、最接近的、最趋近或无限趋近于我的,但它不是我,也不是我的内在性,因为它被从他者那里撤回到了自身。"最近者的切近性是一种细微的、切近的距离,因此也是一种无限的距离,它的最终解决在于他者。最近者就是那彻底撤离了的事物……它是它的隐蔽的亲密性。"从这样的立场出发,南希考察了身体与身体之间的内在亲密性。

在《身体 2:关于性》(*Corpus II：Writings on Sexuality*)中,南希首先回到了作为生命本己状态的触感,把它理解为一个内在的亲密性。这个亲密性不是奥古斯丁意义上的上帝,不是克尔凯郭尔的那个始终内在地看着我的神,也不是福柯的内在监视,而是"我自身"。② 这个"我自身"是比我自己还要亲密的,但我却感受不到它,对我来说,它就是不可触及之物。如何触及这个不可触?

"发动"(émotion/emotion)和"共振"(agitation/commotion)在这里将发挥重要作用。因为亲密性并非被给予了同一的内在性,也不是与自我关系的自反性,而就是关系本身。作为关系,它是可以被分享、共享、外化、外展、间隔的,内在亲密性就是自身与自身的区别和延异,只能在他者那里,在与他者的爱欲关系中被展露出来。作为外在于自我的他者的身体,激发或启动了自我身体的触感,我在他者那里感受到一个我自己无法独自感受到的不可触及

---

① 让-吕克·南希:《肖像画的凝视》,第 55 页。原文见 Jean-Luc Nancy, *Le regard du portrait*, p. 32.

② Jean-Luc Nancy, *"La Différence Sexuelle en Tous Genres,"* *Littérature*, No. 142, 2006, pp. 30-40.

之物：愉快、快感、亲肤、爱、欲望……因此，内在亲密性是一种召唤和呼吁，是一种外在的发生和唤起，是一种不确定也是不可对象化的过程，这就是间隔化的外展。

这样，南希的内在亲密性就获得了自身的独特性。它与奥古斯丁的内在性相关，但不是上帝而是我自身；它像弗洛伊德的无意识，是一种无限的欲望，但又总是发生灾变和自我破坏；它又与德勒兹"无器官身体"和"块茎"（rhizome）相似，不是指向某种内在亲密性或欲望的缺乏，而是指向生本能和死本能彼此缠绕的生命生成。它就是身体与身体的触及，是意义的共同显现，是真正的爱的不可能的关系，是对处于自我身体之外的内在性的激发和召唤，因而可以规避身体的虚无主义理解的风险。这意味着一种奇迹般爱的事件的发生，一种足以引发震惊和讶异的意外事件，是身体的相互唤醒和触动，是不可能的可能性，也是不可触及之物的触及。南希以"性"的视角，考察了这种深刻的亲密性：

> 弗洛伊德描绘了我们获得快感首先是通过看的方式、听的方式等。但我们发现，在一定程度上，性的关系也绝对是获得快感的有效方式，无论这种性关系发生在什么地方。那就是说，性的关系在每一个事物被投入运作的地方，都是有效的。这个事物可以被称为真正的无限性，这个无限性就是两个或多个有限现实转向彼此，并在各自无限的亲密性中向彼此敞开。也许，除了无限的亲密性和亲密的无限性之外，没有更好的对快感和关系的定义了。[①]

性的快感来自内在亲密性的唤醒和触动，它不是现存的，它是在身体之间彼此相遇、共在、触感的基础上生成的。这也就是不可触的触，是把内在的亲密性变成身体及其意义之共同显现的惊讶事件。这样，触及不可触，就成

---

① Jean-Luc Nancy, *Corpus II*：*Writings on Sexuality*，trans. Anne O'Byrne, Fordham University Press，2013，p. 18.

了一种不可能的姿势。相互触摸、触动、触发都只是姿势,只是姿势中的感受,是亲密性的占位,也是身体感受的彼此分享。传统哲学认为人是万物的灵长,人是从动物领域中"脱域"出来的,人在世的责任之一就是去除身体的动物性,散布各种超越论的指向。南希在此则以解构的方法重建人的动物性的权威,身体是人性和动物性的统一,动物性体现为物性的有限性,而人的身体则是从有限性中生长出来的无限性,诸如性绝不是繁衍后代的性行为,而在敞开触感中,让多元关系发生的非功用、非实在的关系场域。至此,肉身不再是被摒弃的实体,也不再是被原始生命冲动欲望塑造出来的欲望化主体,而是在亲密性中有灵魂注入、有身体触感发生、身心深度交融对话的本真存在。身体在关系中敞开内在的、沉默亲密性,在性的诸感中让灵魂化为身体的一部分,在身体亲密性的敞开中实现身心的统一。

第四节　对身心二元论的解构

南希的身体之思,围绕着外展、亲密性、外铭写、触感、非实在性等概念而展开,这深受德里达的启发。德里达在《论文字学》中已经暗示这个从内在性中喷发出来的外在性了。[①] 在论述文字对言语的替补关系时,德里达已经指出,西方表音文字的发展史其实就是不断将文字排除出语言同一性体系的历史。这种排除,根据姜宇辉的理解,就是阻止某种内在的反应外在化,文字对语音的威胁不是从外部的侵入,而是自语言的内在性中发散出来的。[②] 这种发散出来,很接近南希所理解的外展。在这个意义上,正如论者所指出的,南希的思考是解构了传统主体哲学在内在性和外在性之间铺设的对立,使自身存在变成了一个人外展的自身,"将内在性外展到外在性,将深度外展到表面"[③]。

---

① 雅克·德里达:《论文字学》,第 47 页。
② 姜宇辉:《"替补"与"间隔"——从德里达"文字学"视域看汉字的哲学内涵》,《学术月刊》2006 年第 12 期。
③ 简燕宽:《外展的图像:论让-吕克·南希的图像思想》,第 71 页。

不过,仍需说明的是:这种被理解为外展的内在亲密性,又在怎样的意义上构成了身体的非实在性场域呢? 又如何决定了书写本身的非实在性特征? 内在亲密性并不提前预设,既非在之前亦非在之后,它不是前提也不是目的,它只是"向着在场到来"和"出生到在场"。用南希的话说:"这种在场还没有发生,并且不会在别处发生,它既不是当下呈现的,也无法在到来者的外部得以再现。所以,到来自身从不终结,它离去正如它到来,它是一种来来去去,是身体之出生、死去、敞开、封闭、欢愉、受苦、被触摸、被弯转的韵律。"①它始终是一种轻微的、弱化的、偏转的现实,是居于自身之中又发生在自身之外的存在,是一种有待展开和实现的非实在性场域,是非感受的感受,是无所感之感,是真正的间隔化的生存。正是在"到来"和"出生"的意义上,内在亲密性决定了书写和身体的非实在性特征:

> 这间隔,这离开,是它的亲密性本身,这是它的切分极端性(或者如果我们喜欢的话,这是它的区分,或者是它的独一性,甚至是它的主体性的极端)。身体自身处于离开之中,只要它出发或部分化——它就在这里分化它自身。②

身体之为身体,身体之有意义,就在于它始终以感觉的方式与世界建立联系,感觉打开了身体(也是我们)通向世界的通道。如果没有感觉,身体就无法通达世界,我们也就无法认识和把握自身;身体也不可能向世界、向身体之外敞开,因为"感觉的意义就是身体,而身体的意义就是感觉"③。在这个看似循环的表述里,实际上仍然传达出对身体作为"意指的身体"之传统理解的

---

① Jean-Luc Nancy, *Corpus*, p. 32. 英译见 Jean-Luc Nancy, *Corpus*, p. 65.
② Jean-Luc Nancy, *Corpus*, p. 57. 英译见 Jean-Luc Nancy, *Corpus*, p. 33.
③ Jean-Luc Nancy, *Corpus*, p. 65. 原文为:Le sens du "sens" est "corps", Ie sens du "corps" est "sens". 英译见 Jean-Luc Nancy, *Corpus*, p. 73. 英译为:the sense of "sense" is "body", and the sense of "body" is "sense".

拒绝。因为不论是形而上学的、神学的、认识论的、意识论的,还是存在论的、神学本体论的,各种理解都把身体解释为某个本己身体之外的实体,感觉意义上的身体消失了,或者就像神秘的上帝一样匿名、一样不可命名。正如梅洛-庞蒂那句广为引用的话所说:"我们所谓的肉体,这个内向运转的体块,在任何哲学中都没有名字。"身体作为最为本己的感觉的存在,是诸感觉器官的组织与集结,它本身就是一个大的感觉器官,用南希的话就是,"身体不过是绝对器官的自身象征化"①。感觉器官总是自在而且自为地形构自身,身体的意义也就生成在这个形构之中,身体就是感受。那么,以"意指的身体"为主要特征的身体哲学,是否就真的遗忘了身体的诸感觉呢?

　　其实,从柏拉图开始,感觉就已被涉及了,西方的身体观从柏拉图开始就已进入了身心二元论的模式。这个模式的基本倾向是贬低身体与感性,抬高理念、灵魂、理性或理式等的哲学地位。其理由是,身体感性的多变性,使它无法被逻各斯所规定或者被理性所控制,比如语言与感性的结合会导致诡辩等。南希更加重视亚里士多德的传统,亚里士多德灵魂之为自然有组织身体的隐德来希(entelechy),被南希赋予双重含义:一是灵魂之为身体形式质料的聚集,它是"具有诸官能的自然物体的原始实现"②,也是身体作为复合或整体之目的的实现,这意味着它也是身体作为形式之感觉质料的实现;二是灵魂之为身体的"个体性",隐德来希不是身体的实现,它就是除此之外别无其他的"这一个"身体,这意味着灵魂不是别的东西,它就是这里有一个身体及其生存。南希把亚里士多德的灵魂理解为身体本身,这其实是强调了身体和灵魂之此时此刻的在场性,即非实在性场域。

　　南希进一步重构了笛卡尔的身体理论。在他看来,"我思故我在"的我思也是一个身体,一个活生生的身体,一个感受着的身体,它自我感受到自身,感受自身正在思并以思的方式给出自我。这个给出,已经是向着外在、向着自身、向着他者的给出,已经是向着外在敞开的一个位置和形式了,因为灵魂

---

① Jean-Luc Nancy, *Corpus*, p. 66. 英译见 Jean-Luc Nancy, *Corpus*, p. 75.
② 亚里士多德:《灵魂论及其他》,吴寿彭译,商务印书馆1999年版,第84页。

的我思就是在言说(言语的或非言语的)中与身体发生关系,就是身体与身体自身(如嘴唇)、身体与他者(如握手)之间的接触和触及。灵魂即触感,没有接触,没有关系的延展,也就不可能有任何我思或自我的言说。这就重新理解了身体与自我灵魂之间的关系,把灵魂还原到身体的敞开上。如同两瓣嘴唇的相互触及才有言说,触及与不触及成为身体与灵魂的真正关系形式。

因此,笛卡尔后来要结合身体与灵魂时,就把它们的关系说成是交往的接触:"这个接触不是实在的物,而是触及的秩序,这个触及自身是真实的:这是推动力和斥力,是压力,是印象和表达,是一次搅动。统一是在运动的秩序中产生的,就是灵魂在身体之中转换的运动,或者身体向着灵魂的运动。"①南希把这个运动称为发动:"发动是自我的激发中变异自身或者自身感发,自我的激动。"因此,思维的自我不再是实体,而是向着外在或者他者外展的身体,是身体与身体之间的外在的接触空间的敞开!

在这个意义上,身体之为身体不是身心二元论的,而是把自身作为外在来感受,或者是对一个外在他者的感受,把自己触及为外面;在内在的自我与更为内在的内在性之间,在自身触及的内在性与那个不可见的他者之间,在自我触及的自身性与面向他者触及的外在性之间,其实已经有着间隔空间的存在了,已经有了镜像的内在反思空间了,这个空间就是身体之为身体的空间,就是身体外展自身的间隔空间。因此,身体之为身体即是这个内在之间张力的体现,身体即外展!

这个问题也被斯宾诺莎涉及了。斯宾诺莎把灵魂理解为身体的理念。由于理念,我们才有关于身体的观念、形象、呈现或感受。但南希认为,这其实极易导致简单化的二元论,事实上并不如此。南希认为,当斯宾诺莎说灵魂是身体的理念时,他的真实意图是表明上帝拥有关于身体(自身身体、我的身体,或者每个身体)的理念。什么是斯宾诺莎的上帝呢?上帝就是并非实体的、拥有思想和广延的双重性的特殊物质,这种由共同延展并且彼此平行

①　Jean-Luc Nancy, *Corpus*, p. 108.

的思想和广延构成的双重性就是上帝。① 那么，身体也就因而获得了思想和广延的双重性，身体成为可见的和可感的理念、视像或形式的延展或广延。这种双重性，也使斯宾诺莎"我感到我是永恒的"这句名言，将会获得重新理解。"我感到我是永恒的"，并不意味着我将永远持存下去，因为我的身体及拥有这个身体的我毕竟是有限的，我无法感受到我的永远持存；"永恒"不是"永久"，它"属于必然性秩序"，"我感到我是永恒的"意思是我感觉到我是必要的，这意味着我的身体的感性经验也是必要的。

经过对亚里士多德、笛卡尔和斯宾诺莎的解构，南希彻底地将灵魂还原为身体与自身之外的关系。这就从根本上解构了身心二元论。南希不是像笛卡尔那样通过"松果腺"或者上帝来通达身心二元而实现两者的表象统一，也不是像斯宾诺莎那样赋予自我以永恒的必然性，而是将身体之思还原为"思考存在于自我之外的统一性，将自我作为一种'自身感受'，一种必须通过外部才能实现的'自身触摸'的统一"。身体之思因而成了外展之思、延展之思、间隔之思，成了"部分外在于部分（partes extra partes）"的"向外（ex-）"之思；与身体之思密切联系的灵魂之思，因而也成了关于身体的形式之思、感受之思、经验之思。在这个背景中，南希对触感之于身体、外展和间隔之于身体的深入发掘，让身体以身体自身的方式敞开自身，让身体之思以触及的姿态成为身体自己的事情，其实就是身体的感觉还原，将触觉还原为身体诸感觉的根本觉，以实现非实在性场域的敞开。

---

① Jean-Luc Nancy, *Corpus*, p. 119.

| 第五章 |

触感：书写与阅读中意义生成的重要中介

书写与阅读既是人及其身体的行为，也是人及其身体的存在方式，其间交织着触感、意义和存在等诸多问题。在梅洛-庞蒂的身体理论和德里达的书写思想的基础上，南希从生存论的维度重新思考书写、阅读跟身体及其触感的关系，揭示了书写与触感交互的生存论基础、触感的开放性与书写的未完成性之间的关系以及传统阅读观念对身体和触感的遮蔽，最终以"意义"为枢纽重建了触感、书写、阅读之间四维的生存论关系。南希的思考深化了对书写的触感化、意义的世界化、人生在世和创世的多维化等问题的理解，对于我们重新认识多元化写作和身体化创造具有重要的借鉴意义。任何有意或无意的书写，总会有某种意义发生。围绕书写这个原初的动作或行为，身体、触感、阅读、生存等环节始终缠绕在书写意义的"发生"之中。但是，传统观念中的书写往往被当作某种工具性的存在，或者是语音的模仿，或者是理念的再现，或者是意义的呈现。这种观念没有把书写本身当成一个有意义的对象进行思考。事实上，无论是在理论上还是在经验中，书写都既表征着人的主体性生成，又显现着意义的生成机制，同时还是现代人的生存方式之一。如果不对书写本身进行思考，书写的意义及其生存论价值就无法得到彰显。

第一节　书写中身体问题的凸显

在《斐德罗篇》中,柏拉图曾把作为"技艺"和"药"①的书写看作语音的影像,认为它是语音的替代性工具,会破坏记忆的机能,加快遗忘。在犹太—基督教神学传统中,"因言称信"和"道成肉身"也显示出语音优先于书写的认识倾向。在卢梭和索绪尔的思想里,书写被理解为僭越了语音王位的替补之物。斯蒂文·费希尔在专门考察"书写的历史"时,也曾将书写的起源与语言系统的发展联系起来:"所有的书写系统都是由早期的原型和系统衍生而来的,这些原型和系统通过书写形式描述人类语言,随后这些描述的方式即字型被借用和借鉴,以满足其他地区人民语言和社会交际的需求。"②这些历史化、经验化的书写观念,激活了书写与语言之间的联系,但也很轻易地就将书写行为中身体的作用、书写结果中感性的意义、书写活动中潜在的阅读经验等问题搁置起来,以至于我们似乎必须经过语言的中介才能理解书写本身。

德里达的《书写与差异》《论文字学》等著述将这种理解视为传统形而上学的偏见,并将它命名为语音中心主义,从而进行了毫不留情的解构,使书写成为哲学思想的重要范畴。作为德里达的好友和解构哲学的传人,南希进一步在意义的世界化、书写的触感化、生存论的重构等方面思考书写;他将书写理解为意义溢出身体之外的"外铭写"③,将书写与身体的关系问题引入对书写的思考,在生存论的高度上重建了书写的哲学框架。

如果说德里达等人开启的"书写革命"使书写成为真理和意义得以生发的本原,那么南希则是在德里达的基础上,强调书写意义的外展和存在方式——共在,强调书写意义的生成——身体。简言之,南希书写理论的超越之处是打开了书写理论的身体维度。南希在考察身体历史时,充分激活了西

---

① 柏拉图:《斐德罗篇》,第 197 页。
② 斯蒂文·费希尔:《书写的历史》,第 2 页。
③ Jean-Luc Nancy, "L'excrit," *Po and Sie*, No. 47,1988, pp. 107-122.

方哲学中的身体理论。不论是柏拉图作为洞穴之影而在场的虚假的身体，基督教神学中能变化、复活和创生的荣耀化的身体，还是近代科学身体机器和生物科学中的生命体，抑或现代性反思中涌现出的身体、后工业社会被消费架空的身体，都将身体理解为具体的物化实在。梅洛-庞蒂试图通过"通感"将这种物化的身体转化为活的、生成着的身体，他的身体现象学揭示了身体的始源性作用，以及"身体图式"在世界实践中的展开。德里达则是将"通感"细化为"触感"，并通过对触觉叙事的延异，呈现了身体作为在场的可能性。

南希的身体理论实现了梅洛-庞蒂和德里达的统一，澄明了身体作为实体触觉和作为虚体的"意义'外铭写'"，并以此激活了书写理论的身体向度。南希通过内在逻辑的贯穿和具有典型南希色彩的综合创新，使书写与身体成为一体之两面，在彼此深化的过程中显现自身，形成了"'书写—身体'辩证之弓"的独到镜像：身体是书写的主体、载体与创体，书写是身体内在意义的外溢，书写的过程也是身体自我展开、自我实现、自我创造的过程，身体在新的书写中被塑造为新的创体……以此循环往复。南希的"'书写—身体'辩证之弓"重建了书写理论和身体哲学的形而上学。在身体理论的激活下，书写理论成了当代法国理论的显学。

书写既是身体的行为，也是身体之为身体的体现，二者互为生成、互为存在基础。对书写与身体关系的探讨，就不只是一个行为学意义上的命题，而且是与身体（具体来说，人的身体）和人本身联系在一起的存在论命题。如果我们把书写理解为刻下痕迹的行为或动作，把它与人类获得自我主体秘密的过程联系起来，把它与人本身和人的身体的存在方式联系起来，书写便具有了深刻的生存论意义。至少可以设想，在最初的那位书写者那里，从他所刻下的第一道痕迹中，他必然会感受到自己突然与整个世界疏离开来的那种惊奇、陌生，甚至恐怖。这些感受会进一步使他第一次获得自己生存的意义，第一次对自己身体的延伸感到朦胧的惊讶，这使他从纯粹动物性的生存状态中脱离出来。[①] 换句话说,如果书写不被理解为语音的派生物或可替代性工具,而是与书写者本身的原初经验联系起来,那么,书写及其意义便始终与人的身体、身体的触感以及人本身的生存论意义等联系在一起。书写与身体之间的关系问题也就成了关系人的生存的重大问题。

南希正是从生存论的维度对书写与身体的关系展开其原创性思考的。他的突出贡献在于,进一步将书写从概念史的边缘位置移到中心,通过书写将梅洛-庞蒂所主张的身体与世界互惠、融合和交织的感触关系深化为意义溢出自身之外的"外铭写",也将德里达解构主义的书写路向从内在转化为外在,将德里达认为意义的流动性、生成性本身即为书写转化为身体、触感、书写、意义四维的"共在""共织"。

第二节　书写的触感化生成

在对现代性进行考察的过程中,南希发现了一个特别突出的现象,即现代性的发展使身体越来越多地布满整个世界空间:"身体越来越多地增殖,无尽增生的身体,……满眼都是身体的众多,身体的逼近。"[②]日常生活世界中的身体增殖和增生现象,包括美容、整容、整形、塑身、文身等,都体现了对身体进行改造和处置的新的可能。身体不仅成为大众所关注的重心之一,而且是尼采、梅洛-庞蒂、福柯等哲学家所致思的重要对象。

在当代法国理论对身体命题的探究进程中,和梅洛-庞蒂探讨身体与语言的关系不同的是,南希在《身体》一书中集中探讨了书写与身体的关系。如果说梅洛-庞蒂是通过身体的统摄性和身体的"通感"来展开语言的讨论,那么南希则是从身体本身出发、从身体的触感出发来阐释书写何以可能。梅洛-庞蒂认为,身体与语言之间的关系在于语言的"肉身性",言说世界的语言不在身体之外,而在身体之内,"语词和它指示的思想不应该被看作外在的两极,语

---

① Jean-Luc Nancy, *Les Muses*, pp. 121-132.

② Jean-Luc Nancy, *Corpus*, p. 11. 英译见 Jean-Luc Nancy, *Corpus*, p. 9.

词支撑其含义,就像身体是某种行为的肉身化一样"①。与梅洛-庞蒂立足于身体的统摄性不同,被南希发展为"外铭写"概念的书写,已经不是关于身体的书写了,不是关于身体的符号、图像或编码的书写,而是身体本身的书写,是实质上的身体书写。言下之意,在南希看来,书写像身体本身一样具有丰富的生存论意义。身体召唤着重新理解身体和重新理解书写的急迫性,也召唤着重新理解身体与书写之关系的必要性。

如何思考身体和书写的关系?南希认为,二者都是与生存论意义上的人密切相关的,因为是人的身体和人在书写。只是南希这里所理解的人,不再是传统形而上学或康德人类学意义上大写的主体的人,而是活生生的、变动不居的、并不具有决定性中心地位的生存论意义上的人。以这个人为中介,身体与书写才能建立起必然的联系。人的中介性首先是通过身体和身体的向外触及来实现的,这意味着书写及其意义的生成首先必须从触及身体开始。何谓触及身体?有两种可能的答案:一是认为身体是不可穿透的,因而是不可铭写的;二是认为书写只能模仿或吞并身体,因而没有真正本然的身体书写。

显然,南希坚持了现象学的基本立场:只有在书写的行为或进程中,在触及身体之外的其他实体的过程中,身体才得以出生。身体的意义来自书写的意义,身体只能在触感中成为如其本然的身体,才能实现身体的"实体化",即获得实体性的主体感知。换言之,"人"只有在书写中才能意识到身体的存在和身体的意义,意义只能在对身体的触及和触感中生成,书写本质上是对身体的触及、生成和打开。这一把身体还原为"人"对身体的感知的思路,与南希将书写把握为"意义溢出自身的'外铭写'"的思路如出一辙,其目的不是凸显"人"的感知的重要性,而是宣示这样一个观点:意义是在触感中生成的,意义与"外铭写"本质相通,书写与身体互为生成条件。

---

①　杨大春:《感性的诗学:梅洛-庞蒂与法国哲学主流》,人民出版社 2005 年版,第 306 页。

　　联系福柯评价布朗肖思想的"外部"①概念,可以认为,南希这个观点事实上是在强调从"外部"而非"内在性"的角度去理解身体与书写之关系的可能性。著名学者高长空曾详尽地概括出了这一点:"南希认为,'书写并不是意指';也就是说,书写不是一个把这个或那个身体变成有意义的东西再记录下来的问题。相反,书写是一种'触摸'的方式,因为触摸意味着接触到一个表面,这个表面也是一种界限。但是,唤起触摸的感觉,并不仅仅是引入一个或多或少可感的图像,来说明一个特定的现象,例如,书写。对南希来说,触摸是一种界限的经验,当他申明书写不是意指而是触感时,他是在说书写是一种揭示界限的方式。在某种意义上,可以认为,身体就是书写的界限,书写也是身体的界限。或者换句话说,如果界限意味的是身体或书写的某种属性或特征的话,那么界限就既不属于身体也不属于书写。"②换言之,只有在触感中,书写及其意义才能展现出来,书写与身体都隐秘地联通着人的触感经验。这一触感经验首先落实到一种原初语言和生命触感上:"这是一种在自身外的语言,将要外铭写的,将要通过触及,通过落入沉默来加以命名。"③而且,它还带来了明显的理论后果:因为触感的介入,书写的目的发生了转移,"我书写不是为了保存,而是为了感觉。我通过书写用词语的末梢触及身体"④。书写与身体的关系也得以重构:"失去的身体,是书写的热情。书写不能做任何事情,只能失去它的身体。一旦书写触及身体,书写同样会失去身体。书写只能涂抹它和抹去它。"⑤所以,任何一次不断敞开和越界的书写,都是捕捉触感足迹的尝试,是身体自我与他者相互感发的生命活动,是在知识、理性、话语、权力等形式被取消之后的生命触感。

---

① 福柯:《外界思想》,汪民安编:《福柯读本》,史岩林译,北京大学出版社 2010 年版,第 32 页。

② Héctor G. Castaño, "Corpus and Evidence: On Jean-Luc Nancy's Style," *The New Centennial Review*, Vol. 16, No. 3, 2016.

③ 让-吕克·南希:《解构的共通体》,第 360 页。

④ Helene Cixous, *Stigmata: Escaping Texts*, Routledge, 2005, p. 195.

⑤ Jean-Luc Nancy, *A Finite Thinking*, p. 110.

这样,书写就与界限、触感、外在性、他异性等结合起来了,书写成了一种揭示界限、触及界限的方式。在这个意义上,书写本身已不再是某个单义或多义性意指的再现,而是一个准备触发意义的姿态。不过,这种触感不是像梅洛-庞蒂所探究的左右手互握的那种互触,而是书写通过表述和对他者的接触,把自己外展到对某个外部的、分隔的、移位的、隐匿的世界当中,保持自身的陌异性。因此,书写不是某种物质性实体或对象化虚体的表征,而是一种发生在当下的触发和生成。这种理解还原了书写的现场性和当下性。当我们书写的时候,任何身体的书写都是向身体外部进行书写的,向着这个外部,沿着这个外部,或者作为这个外部去书写。在这样的书写中,身体、书写及其各自的存在感和意义感,都是在现场和当下发生的。触感因而在生存论的意义上成了沟通书写与身体最重要的桥梁,它发生在身体之中,也发生在书写之中,它打开了一个动态的、生成的和敞开的意义空间。这也揭示了触感作为意义生成之中介的重要作用。概而言之,在书写中,意义需要经由身体及其触感的中介才能生成;生成的意义之中也必然包含身体触感的因素,一切意义必然原初地包含着身体触感的感性因素。

可以看出,南希在书写与意义、书写与触感之间建立了本质性的多维关系:触感作为身体的外展,是更为根本的感官机制,它是意义的发生方式,某种程度上构成了世界意义的起点;书写始终发生于界限之上,在对身体的触及和身体的感触之中生成意义。书写不仅仅是建立一种联系或关系,这种联系或关系仍然意味着交流、翻译或交换的理念,书写还在于将意义发挥到极限,也在于将身体发挥到极限。书写因而是对身体的触及,是对知与非知、可见与不可见、可触与不可触等"之间"的界限书写,成了面向事件、向着在场到来、通向自身之外的外展。

问题在于:书写在何种意义上又如何与身体及其触感发生联系? 它"生成"怎样的书写姿态? 南希把书写理解为通过外展自身让不可能之物向着在场到来的活动,这种活动让一切意义都处在来临的位置上,处在"自身被触及,作为边界而被触及的位置上"①。在德里达《论触感:让-吕克·南希》(Le toucher:Jean-Luc Nancy)中反复引述的那段文字里,南希写道:

> 去触及语言:去触及踪迹,触及踪迹的涂抹。去触及在"敞开的开口、隐匿的中心、省略的回返"之中的移动与颤动。去触及省略/循回本身——并且触及那正在触摸着的省略,正像天体的轨道触及宇宙或神学体系之极端界限那样,去触及它。这是一种奇特的、回返的触感:触及目光,触及语言,触及世界,触及心脏,触及腹部。②

后来,德里达专门从触感的维度来回应南希的相关思考。触(触及、触摸、触感、触动等),在这里有着德里达"激情"的意义,它既是对激情的触及,也是触及本身的激情。这是南希对德里达《省略/循回》一文那段经典的开场白——"这里或那里,我们已察觉出了书写中某种非对称的二分"③——进行条分缕析时得出的结论。南希分析道:在德里达的开场白中,"察觉"标记了从视觉让渡到触觉的移动,它既是"察"(去看),又是"觉"(去触),还是二者之间的往复涂抹和再踪迹化;"察觉"既设定了视觉与触觉的边界,又因各自的自我差异化而不断涂抹,即去看见正在通过自身触及而差异化的事物。

按照德里达后来的解释:"触感甚至先于视觉构建了重要的感觉,这种具有绝对优先性的感觉(我称之为触觉中心主义,它经常不为人知或被曲解)组织起对所有哲学,甚至自称非直观的哲学和圣经话语共同的一种直观主义"④。触感在感觉系统中的绝对优先性,使传统形而上学中的"视觉中心主义""语音中心主义"等统统失效了,要解释意义的生成问题,必须首先从触感

---

① Jean-Luc Nancy, *A Finite Thinking*, p. 108.
② 英译见 Jean-Luc Nancy, *A Finite Thinking*, p. 109. 雅克·德里达:《解构与思想的未来》,夏可君译,吉林人民出版社 2006 年版,第 441 页。译文有改动。
③ 雅克·德里达:《省略/循回》,《书写与差异》,第 526 页。
④ 雅克·德里达:《德里达中国讲演录》,杜小真、张宁编译,中央编译出版社 2003 年版,第 220 页。

入手。南希继承了德里达的这一思想，并把它用在对书写的思考之中。在南希看来，对书写非对称的二分的"察觉"（即看和触），就是要把书写从"察"（看）的桎梏中解放出来，使之还原到"觉"（触）的维度上，这样才能从根本上认识到书写的根本性意义。因为书写始终像触觉一样，是发生在表皮之上的。皮肤、洞壁、羊皮纸、地表、书写板……书写就是对表皮的激情，就是对皮肤的触摸的激情。书写本质上就是对身体的触及。用南希自己的语言来说，书写就是"去触及自身，被自身所触及，在自身之外，并没有什么被居有。这便是书写，是爱，是意义。意义是触感。意义的'先验性因素'（或'生存论因素'）便是触感：模糊的，不纯粹的，不可触及的触感"①。

于是，书写成了存在"向着那里到来"（南希语）的意义的在场化过程。身体的二元论、一元论或现象学在这里统统失效，身体及其书写既非实体亦非现象，更非肉体化身和意指，它是身体和意义的生成，是存在本身的在场化。每一次书写都是陌异的书写，都是一种离散、打断和碎片化，都是打开某种间隔化空间的外展。在这个意义上，书写其实就是一种打断和间隔，它不是对过去或当前在场的再现，而是在其专有的在场中追踪生存的他异性，通过踪迹的差异来铭写差异的踪迹。

第三节　阅读与触感的本质性联系

在作为意指或荣耀之象征的"上帝之书"或"大写之书"终结以后，书写获得了如其本然的思考，获得了触感、他者、共在、身体等多重维度。但无论如何，阅读——被阅读或不被阅读，也不应当在书写之思中保持沉默。正如意义总是召唤着感知、理解和传递一样，书写总是意味着对书写的阅读和解释。不论是书写者自身的沉默性阅读，还是纯粹阅读者的差异化阅读，抑或被时间无尽延搁发生在未来的可能性阅读，甚至不被阅读，书写总是或明或暗，或

---

① Jean-Luc Nancy, *A Finite Thinking*, pp. 109-110. 译文可参见德里达：《解构与思想的未来》，第442、443页。

直接或间接地与阅读本身保持着持续的连接。更为重要的是,书写与阅读在触摸的意义上本身就是一体两面的。这些都标记出了阅读本身的不可或缺性。那么,南希如何在书写的"有限之思"中思及阅读呢?

正如莫里斯·布朗肖所认为的一样:"'阅读'这种体验躲开了任何理论或定义的捕捉,不论这些理论或定义会以何种面目出现。"[1]阅读在南希那里首先也不是作为理论或定义出现的,恰恰相反,它是一种最真切、最独一,因而也是最本真的感性经验,任何试图从概念上对这一感性经验的理性把握都是对经验本身的在场性和鲜活性的扼杀。所以,南希并不首先从定义上去思考什么是阅读,而是为了突出作为感性经验存在的阅读本身在与书写的交互中的感性特征,即阅读本质上是与触感联系在一起的。

南希首先在书写和阅读的交互中,发现了它们与触感的本质性联系。对于书写和阅读来说,它们都是发生在表皮或纸页之上的,正是通过这一表皮或纸页,书写的身体与阅读的身体彼此触摸。"我正在书写的手的触摸,还有你正捧着书本的手的触摸",甚至"纸页本身就是一种触摸"[2];而且如此的触摸总是无限地连接的,通过媒介、纸张、眼睛、手、机器、技术等;但最终,阅读的目光触摸到那道书写的踪迹,目光自身也成为触感化的踪迹。正是在接触中,在间接的、离散的、迂回的、沉默的接触中,书写和阅读"把接触的位置离弃给身体"[3]。

书写与阅读在触感维度上的本质联系,既不能解释也不能掩盖书写与阅读之间的差异性。无论如何,两个身体(书写的身体和阅读的身体)无法同时占据同一个位置,你和我无法同时占取我书写的位置、你阅读的位置、我言说的位置、你倾听的位置,我无法在你阅读和倾听之处书写与言说,你也无法在我书写与言说之处阅读和倾听,身体是不可渗透的,也是不可通约的。所以,

---

① 乌尔里希·哈泽、威廉·拉奇:《导读布朗肖》,潘梦阳译,重庆大学出版社 2014 年版,第 14 页。

② Jean-Luc Nancy, *Corpus*, p. 47. 英译见 Jean-Luc Nancy, *Corpus*, p. 51.

③ Jean-Luc Nancy, *Corpus*, p. 47. 英译见 Jean-Luc Nancy, *Corpus*, p. 53.

书写与阅读永远不是同一的,永远处于差异化或者说延异之中,处于错位和间隔之中。没有错位和间隔,也就没有接触和触摸;没有触及和触感,也就没有意义的共同显现。正如我们只能在身体之外触及身体自身一样,阅读也只发生在表皮或纸页之外,发生在身体与书写之外。阅读只是占取了一个位置、一个非实在性场域而已。

如何解决书写和阅读在触感维度上的本质联系与二者事实上的非同一性之间的矛盾?南希的方案是:把书写和阅读"非实体化",即书写和阅读并非某种实然的、意指的、有特定目的和归宿的"实体",而是向着尚未来临的在场无限敞开的"虚体";重要的不是书写和阅读在意义维度上如何实现同一,而是它们都在打开那个"非实在性场域"①时所形成的意义空间。这样,南希又将自己关于意义外展的思想②引入对阅读的解释之中。在这个意义上,可以说阅读即外展——既是书写的外展、身体的外展,也是阅读自身的外展。

阅读是身体的外展。但是,身体本身并不是一个固化的预设和意指,不是一个被给予的存在,它总是在确立自身的过程中首先出离了自身,总是通达自身之外。身体本身就是一个外展、一个切分、一个分联、一个间隔,用一个不特别恰当的比喻,它就是一个被抽离了所指的"漂浮的能指"。所以,身体总是不可表达的和还未表达的。南希论证道:

> 身体,从一开始就是块体,是被呈奉的块体,没有什么可以表达它们,没有什么可以连接它们,不管是一个话语还是一个故事:手掌,脸颊,子宫,屁股。甚至眼睛,舌头和耳垂也是一个块体。……(中略)散布的块体,以总可变更的诸多方式把身体的外展划分成块,它们是密度的显现而非块体的聚集,它们没有中心,没有黑洞,它们就在皮肤的表面。③

---

① Jean-Luc Nancy, *Corpus*, p. 39.
② 让-吕克·南希:《解构的共通体》,第 35 页。
③ Jean-Luc Nancy, *Corpus*, pp. 74-75. 英译见 Jean-Luc Nancy, *Corpus*, p. 85.

　　身体也是一个非实存性场域的敞开,组成身体块体的各个部分并不"彼此包含"(partes intra partes),而是"各部分彼此外在"(partes extra partes)。① 所以,既没有被书写的身体,也没有在身体上的书写,当然也就没有所谓在阅读的身体和身体的阅读。身体不是书写的位置,不是我们书写的这个身体,"我们在书写"意味着的永远是那被书写所外铭写的东西,因而也就没有阅读的位置。没有这个身体的阅读,"我们在阅读"意思就是那被阅读本身所外展的东西。在我们的阅读和书写中,始终有某种东西不被阅读和书写,这个不被阅读和书写的东西,就是永远在场又永不真正在场的东西——身体。这样,很大程度上,我们的阅读和书写,总是遮蔽了作为两者之本质或本己特征的身体的在场。

　　对于身体不被阅读,南希有一个很贴切的比喻——"他异的边缘"(autre bord/other edge)②。外铭写只能从书写外展而来,但外展出来的东西依然是这个"他异的边缘",也就是说,一个异己的踪迹、一个追踪者,或者一个被追踪者、一个指向自身之外的异己者。处于这种场域之中的身体,也只能是一个异己的身体、一个被意指的或被忽略的身体。用南希自己的术语来说,就是"书写身体就是书写文字(letter),甚至也不是文字,而是比任何文字性更轻微、更解构的文字,它是一种不再意味着被阅读的'文字性'。书写中的东西,专有地说,不是被阅读的——这就是身体之所是的东西"③。之所以不被阅读,高长空的解释是:"书写的专有就是空无。它并不是一种专有的属性,更不用说是一种本质了。准确地说,'专有'恰恰是不可挪用的、独特的、偶然的、不可读的东西。"④书写正是本己的书写,阅读因而也只能是本己的阅读。

---

①　Jean-Luc Nancy, *Corpus*, p. 80.

②　Jean-Luc Nancy, *Corpus*, p. 77.

③　Jean-Luc Nancy, *Corpus*, p. 76. 英译见 Jean-Luc Nancy, *Corpus*, p. 87.

④　Héctor G. Castaño, "Corpus and Evidence: On Jean-Luc Nancy's Style," *The New Centennial Review*, Vol. 16, No. 3, 2016.

　　书写和阅读的本己性似乎将它们永远地区隔了起来，使它们无法在意义的共同显现中同时在场。然而，南希的共在思想将一切存在都理解为处于共同存在状态之中的共在，虽然保持着独一性，但也永远向着多样性开放。书写和阅读的本己性存在本身，也是这样一种共在意义上的存在，也只有在共在之中它们才是共同显现和自我外展的，否则它们便是无意义的。况且，身体之为身体，首先在于其可被还原为根本觉的触感，书写与阅读总是在身体的"触"(触感/触摸/触及/触动/感触/触发……)之中发生。书写就是去触及表皮，去触及身体或被身体所触及，阅读也是去触和被触，它们都是一个触觉的问题。这即是说，在阅读中，身体仍然是有意义的。所以，必须寻找或者说重现这个身体的意义。南希反复强调，这个身体的意义不是意指的身体，也不是被赋予特殊使命，或提前预设，或具有终极目的的那种意指和含义，更不是被还原到"这里是我的身体"的那种"道成肉身"的神秘身体，而是身体之是其所是和如其本然的存在。

　　书写与阅读中的这个身体，虽然也是一个"意义的身体"，但是，如同南希所言："它并不提供身体的意指，更不用说把身体还原为自身的符号，和符号的一切生存论神学实现了的本质了，它是肉身化的反面。"①这个身体被剔除了意指重负和神秘象征，被还原到如其本然的本己之中。在这个意义上，阅读就被南希赋予了重新发现身体之意义的使命，身体成了书写与阅读在触感维度上得以交互发生的关键环节。如同书写一样，阅读因而也被南希扬升到生存论的高度。

第四节　意义生成的四维关系结构

　　书写与阅读都以身体及其触感为基础，因而都可以从生存论的角度进行解释。问题在于，生存本身的多样性、差异性和相对性又使这种解释潜藏着虚无主义的风险。只有确立一个既能避免虚无主义陷阱又能将生存论的特

---

① Jean-Luc Nancy, *Corpus*, p. 76. 英译见 Jean-Luc Nancy, *Corpus*, p. 87.

色凸显出来的枢纽,才能在身体和触感的意义上有效地解释书写与阅读的生存论意义。南希找到的这个枢纽是"意义"。在南希看来,在实践层面上,人首先是在他者中的存在。没有他者的参照,人就无法意识和辨认出自己的存在,就无法意识到自己既外在于世界又无法脱离世界的悖论性遭遇,无法识别到自己作为存在的陌异性。正是这个主体的陌异性决定了意义生成的不同方式,决定了世界的多样形态。也就是说,人与"意义—世界"之关联的发生,永远只能与人的身体的物质性联系在一起。联系身体及其触感与书写和阅读的关系,南希认为,只有通过书写才可以实现身体的外在性,才能实现世界的意义化,才能完成世界多样化的展开。书写的过程其实也就是身体经由触感走向意义中心的过程,但通往意义中心的途径,是需要与他者的触及和身体的触及的。

　　每一个被触及的身体,都是向他者暴露某种未完成状态的身体,它需要他者的介入来完成自身,也需要保持自身而尽量避免被他者所污染。于是,南希将书写与自己的共在思想以及存在作为"独一多样存在"的特性对接起来,使书写总是指向一种共在和"存在—于—共通"的铭写。因此,书写和意义的关系就在于它始终表达意义,又使意义总是处于未完成状态。在每一次唯一的、不可替代的书写中,身体及其触感在给出自身的同时,也超越了自身,激发并分享了存在本身的意义。可以看到,相较于德里达,南希将书写与身体、触感、意义联系起来,解构了将书写理解为语音的替代性工具的传统观念,赋予其更具感性色彩的生存论维度。这样,南希实际上超越了德里达的书写和原初书写的概念。只有在建基于身体的生存论高度上,以意义为枢纽才能把握书写与触感的关系。

　　我们所寻找或重现的这个身体,虽然也是一个"意义的身体",但是如同南希所说:"它并不提供身体的意指,更不用说把身体还原为自身的符号,和符号的一切存在论神学的实现了的本质了,它是肉身化的反面。"①它剔除了

---

① Jean-Luc Nancy, *Corpus*, p. 76. 英译见 Jean-Luc Nancy, *Corpus*, p. 87.

身体的意指重负和神秘象征,它是被还原到如其本然的本己之中的身体本身。在这个意义上,阅读就被南希赋予了重新发现身体之意义的使命,联系南希的那个绝对公式"身体的存在论＝存在的外铭写",阅读也被南希扬升到生存论的高度。

在《生存的决断》(*La décision de existence*)一文中,通过阅读海德格尔《存在与时间》中关于"开启—决心—决断(*erschlossenheit-entschlossenheit-entscheidung*)"这个连续性主题,南希探讨了阅读作为"生存的决断"的存在论意义。南希首先把决断(decision)理解为处于世界之中的被抛存在之独一性的行为,"决断的活动性(activity)、掌握(mastery)、当权(authority)等含义是与拆封(disclosedness)和打开(opening up)的被动性、被抛性紧密结合在一起的"①,这决定了决断本身的被动性。他要探讨的是,决断行为的被动性是何种被动性,它又是如何决定决断本身的行为的。

对意义的领会是阅读的首要目的。在《存在与时间》中,海德格尔曾经谈到过一种阅读,那种阅读被视为以"常人"方式进行的日常言谈之接收。先来看这个"日常言谈(闲谈:bavardage/idle talk)"②。在海德格尔那里,"闲谈"首先是以原初的、本体的形式出现的"领悟(理解)",领悟又总是构建着此在的开放性存在,此在被抛向世界并在世界那里作为存在而"拆封",这也是此在被赋予独一性的本质特征所在。"闲谈"首先就已经被领悟了,已经作为此在的开放性被领悟了,而且是"根据常人开启的真正情态来领悟的……是与情绪和领悟同等原始的"③,它构成了此在之日常性存在的第一种形式,构成了"常人"的"平均领悟"。这意味着此在首先在言谈或闲谈中给出自身并获得开启。但是"领悟"在给出自身的同时又撤回自身,在打开自身的同时又关

---

① Jean-Luc Nancy, *The Birth to Presence*, p. 88.

② 德语作 Gerede,英语译为 idle talk,法语译为 bavardage,就是"闲言",是海德格尔在对"常人"的分析中常见的主题之一。见马丁·海德格尔:《存在与时间》,陈嘉映、王庆节合译,生活·读书·新知三联书店 1987 年版,第 196—206 页。

③ Jean-Luc Nancy, *The Birth to Presence*, p. 89.

闭自身——如果不撤回和关闭自身,"领悟"就只能是"领而不会",只是自身敞开而不能成为自身。也是在这个"平均领悟"的基础上,海德格尔将"闲谈(Gerede)"向"套话(Geschreibe)"进行了扩展,把言谈的普遍性扩展成书写的普遍性。海德格尔写道:

> 闲谈还不限于出声的鹦鹉学舌,在文章之所书中,它还作为"套话"传播开来。在这里,鹦鹉学舌主要并非基于道听途说;它是从不求甚解中汲取养料的。读者的平均领悟从不能够断定什么是源始创造、源始争得的东西,什么是学舌而得的东西。更有甚者,平均领悟也不要求这种区别,无须乎这种区别,因为它本来什么都懂。①

海德格尔在原初领悟与平均领悟之间做出了区分,后者不过是对前者的关闭、障碍、抵制或者固化,要真正通向原初领悟,通向那与世界及生存者之存在的原本和初始关系,通向那生存中最专有本己运作着的存在,就需要一种决断,这种决断将穿透平均领悟的封闭性而通达生存所特有的领悟。南希对这个过程中的"决断"进行了深入解读:

> 平均领悟从一开始就关闭了所有通往这种区分的可能性,以及所有即便对到达它进行设想的可能性,因为它是"什么都懂的"。这关闭是与那打开成比例的,并且两者中的每一个都正好在对方所处之地发生。"常人"的"平均领悟"本身便是对通向其自身之差异的通道的关闭,此差异是对言谈之领悟与对所言谈者之领悟之间的领悟上的差异。这种差异也可以被表述为如下两方之间的差异:一方是领悟存在(和感受存在),另一方是领悟与感受实存。对实存的领悟并未被领悟为对存在的领悟;就是说,它没有被领悟为它实际上

---

① 马丁·海德格尔:《存在与时间》,第 205 页。

所是的那样,被领悟为它自身的差异。①

　　这就是说,对实存的领悟只是对实存物的把握,并不是真正对存在的把握,也不是对朝向诸实存者的被抛出之存在的把握。原初领悟与平均领悟之间的差异,被南希理解为是话语本体意义上的"倾听"与"来自每一个此在者都负载着的朋友之音"的"倾听"之间的区别,是生存者的本体上的自我与生存者负载着的"朋友"之间的差异。② 而这些差异的澄清和领悟,必须由"决断"来实现。所谓决断,就是要做出并决定这些区隔和分划。

　　领悟给出又撤回、打开又关闭自身的情态,以及原初领悟与平均领悟的这种生存论关系,也同样适用于书写和阅读的情形。如果我们在阅读中忽视这种差异,或者执着于这种差异的打开,都可能使我们因为"常人"的"平均领悟"而失去对作为原初的书写的领会,失去对作为生存者之专有和本己的存在的领会。正如我们所知的,阅读往往依靠领会来获得一种"收获"或"收成",常常以一种潜在的判断力来审慎地领会和吸收,就像我们的身体对面包与葡萄酒的吸收一样,阅读也会获得某种意指或精神的"滋养"。但这种"收获",既是专有的,同时也是分有的,是对那原初的书写/文本之中的东西的共有和分享。下面这段话,集中给出了关于书写与阅读的思想:

　　　　正如我们所见的,阅读靠一种"收获"、一种收割或一种收成来"滋养"。以一种我们即刻便会很好地掌握其动机的判断力,阅读审慎地体现了领悟的"听",而这领悟便是对人们或许会称为精神之面包与酒者的吸收。阅读体现出交流中的一种共有,一种分享,一种竟可达至最终圆满的分划。仍然以同样的判断力,阅读与书写体现了作为朝向存在之共有的分享/交流的最"本真"的本质。因此在阅读中,问题在于与那"由原初的材料中通过努力争得的东西"之关

---

① Jean-Luc Nancy, *The Birth to Presence*, p. 91.
② Jean-Luc Nancy, *The Birth to Presence*, pp. 91-92.

联。在阅读—书写中,我们在一瞬间(在每一瞬间)瞥见了一种朝向原初者之通道的可能性—必然性的半开状态,以及对这一通道的一种共享。在对言谈的重说中,正如在言谈和"人云亦云"中一样,我们瞥见了对我们所谈者,对言谈之所由来和对言谈(倾听)之人的共享的半开状态。①

在这段不避冗长的引文中,我们可以清理出南希的思想:(1)阅读首先是海德格尔意义上的"平均领悟",它是对某种意指或精神的吸收和滋养;(2)阅读也是一种以沟通和分享为本己特征的交流,它本身就标记出了被抛于世界之中的此在的本己性,它是一种有着边界区分意义的分划;(3)同书写一样,阅读也打开了"向着那里到来"的作为原初通道的可能性,一切文本书写都是可被阅读的,一切阅读都在到来之中;(4)阅读所打开的通道只是处于半开状态,有某种东西在阅读中不被阅读,正因为这种不被阅读的东西的存在,我们越是深陷于阅读就越会失去我们自身。在这个意义上,"决断"向我们提供了一种阅读的两可性:它既针对一般读者对一般文本的一般阅读,也就是"常人阅读",也针对每一次专有阅读,也就是差异化阅读,比如南希(包括我们每一个读者)对海德格尔《存在与时间》的专有阅读。

无论如何,"决断"使我们认识到:读者的平均领悟将永远无助于做出决定。因为平均领悟"什么都懂",它也就关闭了所有通往差异和两可性的通道。常人(他们)阅读或我们阅读并不首先了解我们正在阅读着,我们无法决定是什么在专有的意义上触及(触动)了我们,所以常人阅读并不是专属于我们自身的阅读/书写中的决断。常人思考、书写和阅读的方式,并不能触及如其本然的在世存在,它只是触及悬置在本体或原初层面之上的"漂浮的能指",它使"差不多就行"成了常人阅读的追逐目标。显然,南希对这种常人阅读是有所保留的,他反复强调:

---

① Jean-Luc Nancy, *The Birth to Presence*, p. 92.

所有这一切唯有通过在世存在才发生,唯有通过被抛入世界之中的生存的发生才发生。①

没有任何生存者不是如此这般即刻便在生存状态中被抓住的……一切思想,唯当存在如此这般即刻在书写、阅读与领悟/误解的生存状态中被抓住时才有所思。②

正是存在的本质揭示自身为"决断",揭示自身为那朝向根本的非本己性之开启的自我—产生事件。……决断及其焦虑与愉悦发生于文本之外——发生于生存之中。但这也意味着,决断发生于文本通过书写而不断作为其本己可能性铭写出的东西中。一个文本的外铭写是它的内铭写的生存,是它在世界和共同体中的生存:唯有在生存中,文本才决定/达到其决断——这同样意味着在文本本身的生存性中,在它的思想劳作中的焦虑与愉悦中,在它的书写游戏与阅读奉献中。③

由此,南希重建了触感—书写—阅读的生存论关系。南希将书写和阅读都做了触感化的理解,书写与阅读都成了触感化的书写或阅读。存在之为存在的本己性,此在作为独一多样的共在,作为共同生存的共同显现,只有在出离自身的外展、绽出、微偏、分享、共通之中,才是有意义的,也才能作为意义给出自身。在这个意义上,书写本质上正是对生存者的此在的外铭写,是对身体及其边界的触及和扩展。阅读也必须被还原到对此在之生存性的"意义—世界"之中,把不被阅读的身体触感和不被阅读的如其本然的生存,传递到书写—阅读的共同体中。这样,书写和阅读才能抵达思想的位置,才能作为意义之溢出而"向着那里到来"。南希对书写的思考再次显示了他明确的伦理关怀,因为对书写与阅读的关注本身就是对我们自身意义及其生成方式

---

① Jean-Luc Nancy, *The Birth to Presence*, p. 96.
② Jean-Luc Nancy, *The Birth to Presence*, p. 99.
③ Jean-Luc Nancy, *The Birth to Presence*, p. 107.

的观照。

　　围绕着意义的生成,书写、身体、触感和阅读被重新建构为不可分割、四维一体的紧密关系。正是在这个四维一体的关系结构中,任何两个环节之间都存在着意义的生成空间,意义也在这些环节之间不断向外展露,将中性的书写变为向外的、不可完成的外铭写。书写中身体的必然在场、阅读中触感的原初发生,都意味着意义的生成。于是,意义的生成机制中不可或缺的身体触感因素,就被南希强调突显了出来。在以往的意义哲学中,这无疑是一种重要的突破。在自20世纪以来语言哲学的影响下产生的能指—所指间的对应关系,将意义的生成解释为能指的滑动的理解方式,也被重新扭转为生存论意义上书写—身体—触感—阅读四维一体的结构性关系,身体元素开始以生存论的姿态重新回到意义的生成机制之中。当然,出于其后结构主义的立场,南希必然会反对使用"结构"一词来概括他的思想,那是由于结构意味着封闭、固化、威权、规训,意味着不可抗拒的排斥机制。事实上,也只有将书写、身体、触感和阅读之间的四维关系理解为一个敞开的机制,一个未完成也永不可完成的关系结构,才能认识南希对我们重新理解意义的生成机制的重要推进作用。

　　在南希之后,书写不再可能只被理解为"语音的替补"或"文字记录的工具"或"意指行为的表达媒介",它必须获得自己"本己的""专有的"语言。书写必然成为一种姿势、一种关系、一种身体的存在方式,归根结底就是人的生存方式。书写的目的也不只是传递或承载给定的意义,而且是在"意义—世界""身体—书写"的关系中去描绘关系的无本质性,去超出任何本质主义的意指行为而发出自己的声音和回响。意义的生成也不再是简单的能指—所指间的对应或滑动,而是在书写—身体—触感—阅读四维关系结构中永不可遏地外展。在后结构主义的语境下,南希的书写思想重新揭示了意义的生成机制,呈现了对人的存在的哲学思考,极大深化了对书写的触感化、意义的世界化、人生在世与创世的多维化等的理解,对于我们重新认识多元化写作和身体化创造具有重要的借鉴意义。

| 小　结 |

　　本部分主要结合身体思想和触感理论,阐发了当代西方书写思想对书写特征的认识,讨论了书写与身体的关系问题,进一步分析了对"谁在书写"这个问题的回答。与传统的书写思想不同,当代西方书写思想中的"谁在书写"要回答的不是书写的主体问题,因为自尼采或海德格尔之后,"主体"这个概念已经不再可靠了;自德里达和罗兰·巴特之后,作为书写主体的"作者"也已经被置于"死亡"的地位。"谁在书写"要回答的是身体作为书写主体的可能以及身体维度中书写本身的特征。

　　在传统形而上学和本体论神学中,身体一直被当作意义的工具或化身,被当作与某一系列价值所对应的对象而被贬抑和变形,它并没有自己专有的语言,并不能从自己本己的感受性出发,如其本然地使用自己的专有语言来思及自身。身体因此总是"意指的身体",承载着过度的所指。南希在解构身体与灵魂、质料与形式、精神与肉体等多重二元论的基础上,重新思考了身体,并将书写意义的生成方式与身体联结起来。

　　在当代西方书写思想中,书写并不是对某种理念的再现,也不是表达某种深度的可替代性工具,而是建于共在和"存在—于—共通"基础上的对存在意义的敞开。这种对"独一多样存在"之意义的敞开,并不是单一直接的呈现,而是不断朝向边界突破域外的意义之外展、间隔和延异,其间充满着不断往复的差异和重复,使意义指向一种共在的状态,这构成了书写的精神实质。书写的这种外展和间隔,在包括肉身和灵魂双重实体的身体那里,获得了声音和回响,从而与触觉发生了直接联系,使书写具有某种意义上的肉身性。南希对书写的思考,引导我们转向对触觉本身的思考。

书写不仅与意义的生成密切相关,更重要的是,书写本质上是一种关系、一种姿势,是在"意义—世界"的关系中去描绘关系的无本质性,在共通的配置中,实现对意义的无限抵抗,是在超出意指行为或超出自身的情况下发出的声音和回响,是触及意义的姿势。南希在书写与触感、书写与意义之间,建立了共生同构的关系:触感作为身体的外展,是更为根本的感官机制,它是意义的发生方式,是身体的根本,触感或者身体的触及就是世界意义的起点。书写始终发生于界限之上,在对身体的触及、触摸身体和身体的感触之中构成意义。在这个意义上,南希准确地把握了书写这一概念的精神内涵。

得益于身体现象学的润泽,南希将触觉与存在论意义上的和谐统一联系起来,触觉不仅被还原为知觉体系中的根本觉,而且被赋予超越和解构视觉中心主义的重要力量,是意义外展和间隔的实现方式。由于触觉的发生总是在自我与他者之间,南希思考了触觉的两种呈现方式,即自我感发和它异感发,不过自我与他者共在的基本事实决定了这两种呈现方式最终都成为自我—他异—感发。正是这里,体现出触感与书写的内在联系,即触觉与书写都是去触及,去触及不可触及的,甚至是去触及触感本身,这实际上也是对主客体关系的一种再配置。

作为意义之共同显现和两可性的溢出,以及永远向着那里到来的"外铭写",书写及其意义的生成永远与身体、触感、人的感受性和感性经验联系在一起。排除了意指性和指向"向在"的书写,也只有在身体及其界限上,让非知识成为可触知的触感成为可能。在触感中,书写及其意义才能在身体与语言、身体与他者的接触中外展出来,并落实到一种原初语言和生命触感上。书写的目的也发生了转移,书写与身体的关系也得以重构,任何一次不断敞开和越界的书写,都是捕捉触感足迹的尝试,是自我与他者相互感发的生命活动,是在形而上学被解构之后的生命触感。在这个意义上,书写本质上是对身体的触及,而且根本是不可阅读的。书写因此成了不可能性的绝境书写,也就不是意义的再现或者模仿，而是对知与非知、可见与不可见、可触与不可触等"之间"的界限书写，成了面向事件、向着在场到来、通向自身之外的外展。

在作为意指或荣耀之象征的"上帝之书"或"大写之书"终结以后，书写获得了如其本然的思考，获得了触感、他者、共在、身体等多重维度。但无论如何，阅读——被阅读或不被阅读，也不应当在书写之思中保持沉默。正如意义总是召唤着感知、理解和传递一样，书写总是意味着阅读的不可忽视。不论是书写者自身的沉默性阅读，还是纯粹阅读者的差异化阅读，抑或被时间无尽延搁，发生在未来的可能性阅读，甚至不被阅读，书写总是或明或暗，或直接或间接地与阅读本身保持着持续的连接。更为重要的是，书写与阅读，在触摸的意义上本身就是交叉指涉和共生同构的，这些都标记出了阅读本身的不可或缺性。

在南希的理解中，首先，阅读是一种领会，它是对某种意指或精神的吸收和滋养。同时，阅读也是一种以沟通和分享为本己特征的交流，它本身就标记出了被抛于世界之中的此在的本己性，它是一种有着边界区分意义的分划。其次，如书写一样，阅读也打开了"向着那里到来"的作为原初通道的可能性。一切文本书写都是可被阅读的，一切阅读都在到来之中。最后，阅读所打开的通道只是处于半开状态，有某种东西在阅读中不被阅读，正因为这种不被阅读的东西的存在，我们越是深陷于阅读，就越会失去我们自身。也正是在这里，出现了书写和阅读之间的悖论关系。南希对书写的思考又一次显示了他明确的伦理关怀，因为对书写和阅读的关注，本身就是对我们自身之意义的观照。

在这里，书写问题实际上被转换成了一个存在和意义的问题，甚至变成了存在、意义、书写之间的共生同构。这就决定了，书写及其意义的生成永远与身体、触感、人的感受性和感性经验联系在一起。任何一次不断敞开和越界的书写，都是捕捉触感足迹的尝试，是自我与他者相互感发的生命活动，是在知识、理性、话语、权力等形而上学被取消之后的生命触感。书写因此本质上是对身体的触及，并具有了存在论的意义。

第三辑 | 书写与艺术

只有落实到艺术中，对书写的思考才是最具实践性的。既然书写以意义的悬置和重构为基础与指归，同时又是"独一多样存在"共同生存之中的意义的共同显现，既是意义溢出自身的外展行为，又是身体触感的无限出离和绽出，那么，它如何保证艺术本身的独特性？如何在文学书写，特别是文学活动所建构的共通体中重构意义？如何在绘画艺术中思考书写、意义与身体触感的关系？它对艺术的基本命题如艺术的本质、艺术的特性、美或崇高的范畴等会产生新的理解吗？南希的书写思想，有助于我们思考文学和艺术的相关命题吗？换句话说，对书写的思考必须回应书写作为艺术形式的问题，脱离了具体形式的书写，必然不会成为完整的书写，甚而会取消书写作为意义之共同显现的命题本身。书写之为书写，正是在其意义、存在、身体乃至技术等的共在中，才成为意义的共同显现的。某种意义上，形式甚至直接构成了书写自身的本己性。

| 第六章 |

书写与艺术的多样性

在南希的"意义—世界"里,艺术占有极为重要的地位。这不仅是因为南希曾经写有多部专门以艺术为对象的哲学著作,包括《文学的绝对:德国浪漫派文学理论》(*L'absolu littéraire:Théorie de la littérature du Romatisme Allemand*)、《缪斯》、《肖像画的凝视》、《圣母往见》(*Visitation*)、《不要触摸我》(*Noli me tangere*)、《图像的根基》(*Au fond des images*)、《多种艺术:缪斯2》(*Multiple Arts:The Muses II*)、《素描的愉悦》(*Le Plaisir au dessin*)等,更重要的是,在对"世界的意义"这个交叉指涉和互文见义的话语表达中,寄托着南希对艺术的本质及其功能的认识。笔者曾经指出,南希哲学展开的基本前提是面对意义的危机并超越意义的"悬置"状态,使世界、意义、我们、书写之间建立起共生同构的逻辑关联,我们只有通过"领会"的方式才能把握"意义—世界"。在南希的"意义—世界"里,一方面,艺术以其破碎的形式最早揭示了一个形而上学的"意义—世界"的解体,使断片(fragment)成为意义普遍失落之后的世界的根本特征;另一方面,艺术又率先试图在这个解体了的"意义—世界"中重新发现某种意义,从而赋予艺术以其可触知的物质形式触及人,并在人与世界之间建立起一种意义的关联。甚至有研究者认为,在南希那里,艺术以其特有的方式使世界生成意义,使意义成为"世界—意义",艺术因而是"世界—意义"得以呈现的基本方式。① 考察南希关于艺术本质的思想,对于重识艺术本体及其特性,理解艺术之意义的生成方式,以及反思"艺术终结论",深化认识南希的意义理论,都有重要的学术意义。

第一节　存在的独一多样与被外展的艺术

在论述"共/与"作为南希第一哲学的基础时,笔者曾经指出,南希通过取消语法预设的方式,将"存在(être/being)""独一(singulier/singular)"和"多样(pluriel/plural)"三个词并置在一起,用三者之间的绝对均等(équivalence/equivalence)来标示存在之为"共同生存"的本质,来显示"共/与"作为一切存在的共同原初性。南希甚至在三者之间置入连字符,用"存在—独一—多样(être-singulier-pluriel/being-singular-plural)"来标示某种预设关系或固有秩序的分划与打断,以及打断之后的联合与重组,其目的仍然是对一切二元分立形态的中断和"共/与"本质的揭示。

在把存在理解为共在,理解为"独一多样存在"或"多样独一存在",强调存在的共通、分享、外展、微偏等特性上,南希的这种操作其实准确抓住了存在的本质,提供了理解存在的新的维度。但是,这也存在着某种潜在危险,即可能把存在归结为不做区分的混沌整体,抹除存在之独一性(singularité/singularity)与多样性(pluralité/plurality)、内在性(intériorité/interiority)与外在性(exteriorité/exteriority)之间的边界,进而取消了存在的多样性和外在性本身。举个例子,在艺术或者艺术哲学中,如何在"存在独一多样"的基础上思考艺术的分类? 如何思考音乐之为声音和时空艺术、绘画之为视觉和光色艺术、建筑之为触觉和空间艺术等之间的区分? 也就是说,为什么有多种艺术而非只有一种? 艺术是多样的,并不是独一的。希腊神话中掌管艺术的女神,也并不只有一位缪斯而是有多位缪斯,那么,如何理解缪斯们也就是艺术的多

---

① 耿幼壮:《图像、肖像,以及意义显现——让-吕克·南希的意义世界》,《文艺研究》2007年第 12 期。

样性？在《为什么有多种艺术而非仅仅只有一种？》①一文中，通过对艺术之多样性的思考，南希回应并规避了上述潜在危险。南希的问题是，多样性本身作为艺术的原则，而不是艺术作为多样性的原则，是以何种方式被严格地归属于艺术的本质的？这一问题可以有两种回应方式。

在第一种方式中，多样性被确认为艺术的一种内在属性，被作为艺术范域之内的多种类别及其等级的属性，却未得到反思和质疑，更未提升到本体论的高度上进行讨论。阿多诺在这条路上走得更远，他说："诸多艺术作品与艺术的起源概念不相吻合。……艺术作品愈是一心一意地追求突然出现的艺术理念，它们与其对立的他者就会愈加失去联系，从而破坏了一种对艺术概念来讲也是不可或缺的关系。"②"艺术和艺术作品并非共处于同一边界之内。"③艺术作品与艺术之间的不相吻合以及处于不同边界之内的看法，就是将艺术作品的多样性与艺术本质的独一性割裂开来，艺术理论显然更关注后者。这种方式，实际上是用艺术作品的独特性和离散性掩盖了艺术种类的多样性。当然，作为艺术之原则的多样性本身也就不被本体性地思考了。

在第二种方式中，多样性虽然被肯定为艺术的某种本质，但它仅仅是作为艺术对独特现实进行表现之独特形式的丰富性被理解的。比如海德格尔在《艺术作品的起源》中宣称："艺术既不被视为文化成就的领域，也不属于精神表象的范畴；它属于经由能被独立定义的'存在的意义'所显现的专有事物。"④因此，艺术本质上不存在于既是其形式又是其作品的多样性之中，甚至不再存在于艺术本身之中，艺术的多样性原则也就被排除在外了。如南希所

---

① Jean-Luc Nancy, *Les Muses*, pp. 9-70. 英译见 Jean-Luc Nancy, *The Muses*, pp. 1-39.

② 西奥多·阿多诺：《美学理论》，王柯平译，四川人民出版社 1998 年版，第 312 页。英译见 T. W. Adorno, *Aesthetic Theory*, trans. C. Lenhardt, Routledge & Kegan Paul, 1984, p. 260.

③ 西奥多·阿多诺：《美学理论》，第 314 页。英译见 T. W. Adorno, *Aesthetic Theory*, p. 263.

④ Martin Heidegger, *Poetry*, *Language*, *Thought*, trans. Albert Hofstadter, Harper and Row, 1971, p. 86.

言:"越是不被视为艺术,越是不被视为艺术实践的多样性,艺术就显得越是高贵。"①

在这两种方式中,艺术自身都在其概念或定义中被超越而成为自身的不在场,甚至可以说它本身就没有出现过。为了让艺术回到艺术本身,南希从其共在思想中召回了"外展"和"部分外在于部分"的思想,把艺术展开为一种介于技术和崇高之间的张力。这种张力是独一艺术(art)与多样艺术(arts)之间某种意义上的相互归属,一种居于外在性之中的被延展的模态,并不留居在内在性之中。这种艺术就是"被外展的,部分外在于部分"的艺术。

所谓外展,在南希的词汇中,常常书写为 exposée、exposer、exposure、exposition 等,可以翻译为外展、展露、展现、陈列、展示、外露等。根据夏可君的注解,它与设定、设置,与生存之"出离"或"超出的过度"和"出窍"等语词之间有内在的语义关联。② 在南希的哲学语境中,外展这个词更强调的是"外(ex-)",即从出离内部、从内部不停地向域外展露,正如块茎的生命力在于不断地向块茎的外部拓展一样。外展这个概念实际上解构了内在的绝对性和中心性,强调意义的多样性、无限性和生成性。任何外展,都不是朝向某一目的的发展,不是"外展到……",而是"外展向……",也就是打破内在封闭性。与外展相关联的还有另一个概念,即绽出(extase),它也是指对收编(征用)的抵抗和拒绝。外展和绽出,都不是此时此地的集体显示,而是独一存在将自己最本己自为的"自身"的特征、孤独与隔绝的状态,一起展露、展现、陈列出来,是一种外展于共通的方式。③ 被外展的艺术,也是绽出的艺术,因而不是一次性完成而是"每一次"的,不是内在封闭自我完满而是始终敞开无限生成

---

① Jean-Luc Nancy, *Les Muses*, p. 16. 原文为:d'autant plus relevée en dignité qu'elle est moins perceptible comme «art» et bien moins encore comme multiplicité de pratiques artistiques. 英译见 Jean-Luc Nancy, *The Muses*, p. 4. 英译为:all the more dignified by being less perceptible as "art" and even less as the multiplidty of artistic practices.

② 让-吕克·南希:《非功效的共通体》,《解构的共通体》,第 35 页。

③ Jean-Luc Nancy, *The Inoperative Community*, trans. Christopher Fynsk, University of Minnesota Press, 1991, p. xxxvii.

的,这种理解揭示了艺术作为多样性的本质。

所谓"部分外在于部分",实际上揭示的是部分(parte)与系统(système)的关系问题。早在与菲利普·拉库-拉巴尔特合著的《文学的绝对:德国浪漫派文学理论》中,南希在对德国早期浪漫派耶拿学派的理论和体裁——断片进行系统研究时,就已经发掘出断片的个体性和多样性之间的关系,这可以理解为"部分外在于部分"思想的提前预演。南希写道:

> 断片的个体性首先就是从体裁传承而来的多样性——浪漫派至少没有发表过独特的断片;用断片写作就是写作各种断片。而这个复数的断片就是断片所追求、提供和通过某种方式确定的单数总体性的那种特殊模式。……(中略)断片的总体性没有任何根据:它同时存在于全部和每个局部之中。每个断片都有其自身的及其所脱离的那个部分的价值。总体性意味着个体性完整的断片本身。各种断片的复数总体性也同样如此,它并不构成一个整体(按照一种数学的模式),却又在每个断片中复制这个整体,这种断片性本身。尽管像这样的总体性体现在每个局部之中,这个整体却不是总和,而是各个局部的共同体现,即整体本身的共同体现(因为这个整体也是孤立隔绝的局部)。这就是来自断片个体性的事关本质的必要性:这个孤立的整体就是个体,而"任何个体都有无穷多的现实定义"。复数断片就是对单数断片的定义,这是总体性作为多样性、完整性作为其无限的不完整性成立的基础。①

断片的总体性存在于个体性或独一性之中,却又并非每个个体性或独一性的总和,而是它们的共同体现;断片的个体性或独一性首先就是它的复数性或多样性,复数断片就是对单数断片的定义,断片的多样性是个体性得以

---

① 菲利普·拉库-拉巴尔特、让-吕克·南希:《文学的绝对:德国浪漫派文学理论》,张小兽、李伯杰、李双志译,译林出版社 2012 年版,第 27—28 页。

成立的基础。这些对德国早期浪漫派断片体裁或理论的阐发,构成了这里"部分外在于部分"之艺术的思想基础。艺术各部分外在于彼此,也即艺术的独一性相互外在,但又共同显现着作为整体的艺术的总体性本身。艺术的多样性、多种艺术就是艺术的独一性或独一艺术的"现实定义"。

　　这样,对艺术的理解就不能局限在自我独一性的概念或定义之中,必须在独一性与多样性的辩证、技术与崇高的张力之中,在"绽出"艺术独一的内在性的前提下,去探索艺术的多样性、外在性本质。对艺术的思考,也必须成为一种"被外展的"和"部分外在于部分"的思考。换句话说,就是让艺术还原到独一性与多样性的张力之中,而不是像上述两种传统艺术哲学的回应方式那样。在这个意义上,南希关于"外展"和"部分外在于部分"的思想,实际上成了我们重新思考艺术多样性本质的重要背景。没有"外展",艺术将凝固、归化或简约在自我封闭的同一性之中;没有"部分外在于部分",艺术将成为不可触知、混沌苍茫的神秘整体,沦为不可知论的简单注脚。"外展"使我们认识到,艺术应该成为"多种艺术"而不仅仅是"独一艺术";"部分外在于部分"让我们深刻理解,艺术始终是一种"独一多样存在";对艺术本质的认识,必须在这种多样性和独一性之间的张力中展开。

第二节　艺术多样性本质的思想传统

　　那么,这种张力是如何形成的? 思想传统是如何理解这一命题的呢? 南希考察了柏拉图以来的哲学传统对这一命题的理解。在他看来,早在柏拉图那里,一个内在区分就已经在"诗学生产技术"(*poiēseis ergasiai tekhnais*)的完整秩序中被指定了:包括音乐和韵律学在内的那部分创造技术,被赋予了诗学的名义。① 这就是哲学史上第一次对艺术中的技术做出的分划,将技术中的某些部分从其技术整体中分离出来,赋予它表象"美的艺术"的作用和功

---

① 　Jean-Luc Nancy, *Les Muses*, pp. 18-19. 英译见 Jean-Luc Nancy, *The Muses*, p. 6.

能,甚至把它作为艺术之本质性的指标。① 不过,所谓多样性却被理解为技术行为模式和技术产品(作品)的多样性,对于艺术而言,我们仍然只是在其独特性语域范围内进行言说。

到了康德和狄德罗那里,哲学进一步把"美的艺术"或"美术"(fine arts)从纯粹"美文"(belles-lettres)中区分出来,把机械的或自由主义的技术从艺术的技艺中分离出去。特别是在康德那里,"美的艺术"的多样性及其分划是不言而喻的,而且是提前给定的,这种分划是将艺术类比于人类言语的表达方式来完成的,由人类言语"语词、行为和语调"的三分而将"美的艺术"分划为语言艺术、造型艺术、感觉的美的游戏的艺术三类。② 这种分划并不迈向更深程度的进一步细分,而是包含着自我缩减或自我化约的种子,因为康德宣称,正如语言只有通过这三种表达方式的结合才能实现完美交流一样,"美的艺术"最终只有结合为一体或同一个产品,最终变成"崇高的呈现",才能实现艺术的"完美交流"。③ 美的艺术被分划后又被结合到"崇高"之中,"崇高"超越了绝对意义上的艺术,轻视或者说消解了艺术的多样性本身。南希后来专门写了名为《崇高的供奉》(*The Sublime Offering*)一文,对康德的崇高概念进行了后现代式的重构。这一重构方式被研究者概括为将"否定性表现"转换为"去界限"和"触及界限"的表现。④

在谢林的艺术哲学中,普遍与特殊之间绝对的无差别性的再现,定义了以语言为其最高形式的象征,这使艺术领域之间的差异能被解释。但再现作为艺术之统一性目的的要求,又使艺术的多样性原则被归属于本质的和无限

---

① 后来,海德格尔在此基础上赋予了这种作为"美的艺术"的技术以艺术领域的特权地位,他明确地区分了"诗意"与"诗歌"的不同,在严格的意义上将这个"艺术"与"技术"之分划的问题,转换为"诗歌和/或技术"的问题。见马丁·海德格尔:《艺术作品的起源》,孙周兴译,上海译文出版社 2004 年版,第 59—61 页。

② 伊曼努尔·康德:《判断力批判》,邓晓芒译,人民出版社 2002 年版,第 165—171 页。

③ 伊曼努尔·康德:《判断力批判》,第 171 页。

④ 吴天天:《康德崇高美学的后现代状态——利奥塔、德里达和南希等对康德崇高美学的重构》,《湖北大学学报》(哲学社会科学版)2017 年第 1 期。

的统一体之中，并不具有独立的意义。而在黑格尔的美学中，艺术的分划发生在内在固有的统一性（inherently solid unity）与其历史的各种形式（historical forms）之间。历史形式的多样性，使艺术从内在固有的理念（Ideal）中脱离并分化出来，成为纯粹的外在现实（purely external reality），成为独一特别的多种艺术（particular arts）。用黑格尔自己的话来说："理念现在已经被分解为因素或时刻，并赋予它们以独立的存在……因为正是艺术形式本身通过独一艺术获得了它们决定性的存在。"①换句话说，艺术的独一性来自对作为内在固有之统一性的理念的分享。这种独一性，可以理解为绝对符合艺术基本法则的因素，是理念的表现形式，仍然统一在理念的绝对性之中。在这个意义上，艺术的多样性仍然是悬而未决的，仍然没有上升到艺术本体的地位上来。

　　通过这一番考察，南希总结认为，现代艺术体制都是建立在独一性基础之上的。艺术那不可化约和不可还原的多样性，被简单地归结为"用艺术和各种技术概念本身的真正建构来限制自为集合体"的问题。在与各种技术面对面时，对艺术本身及其多样性的反思，仍然可以借用阿多诺的说法，即"艺术和哲学的苦恼"②。应该说，南希对思想传统的这种综合性考察，是颇具历

---

①　黑格尔写道："The Ideal is now resolved into its factors or moments and gives them an independent subsistence, although they may interfere with one another, may have an essential relation to one another, and supplement each other. This real world of art is the system of the individual arts... On the one hand we find in the individual arts also a similar progress because it is precisely the art-forms themselves which acquire their determinate existence through the individual arts." 见 G. W. F. Hegel, *Aesthetics*: *Lectures on Fine Art*, trans. T. M. Knox, Oxford University Press, 1975, p. 614. 朱光潜将这段话译为："理想现在就要消融在它的组成部分里，使这些组成部分各有独立自足的地位，尽管也可以互相交错，互相联系或互相补充。这种实际存在的艺术世界就是各门艺术的体系。……每一门艺术也有类似的进化过程，因为艺术类型本身正是通过各门艺术而获得实际存在。"见黑格尔：《美学》第三卷，朱光潜译，商务印书馆1997年版，第4页。此处根据英译，译文有调整。

②　Jean-Luc Nancy, *Les Muses*, p. 21. 原文为：L'art et la misère de la philosophie. 英译见 Jean-Luc Nancy, *The Muses*, p. 7. 英译为：Art and the misery of philosophy.

史眼光又有理论深度的。因为只有把思想的命题置放在历史的源流中,才能看到它被忽略的地方;只有在理论上对这个命题加以深化,才能提供更具挑战性和敏锐性的思想观察。艺术多样性的命题悬而未决,成了艺术和哲学的双重"苦恼"。

那么,南希如何以自己的方式化解这种苦恼? 南希在艺术之间的差异与各种感觉之间的差异的同一性(类同性)中寻找突破口,毕竟,艺术在起源的意义上,首先是与人的感受联结在一起的。我们知道,在黑格尔那里,"艺术也在这里被各种感觉所理解,相应地,各种感觉和它们所对应的规定性……必须为艺术的区分提供各种根据"①。这即是说,艺术的多样性之间的区分,是由感觉本身的差异性所决定的。按黑格尔的理解,艺术实际上是各种异质的感觉对象化的产物,这些感觉所对应的物质材料或媒介特性是分划艺术类型的根本前提,艺术的异质性和多样性可以被转换为各种感觉之间的异质性。

然而,南希认为黑格尔的这种理解,事实上是把艺术想象为各种感觉,或者是把艺术的真理和艺术活动的意义理解为只发生在各种感觉之中。这恰恰说明艺术并没有提供任何感觉之外的刺激,艺术因而只是各种感觉的"假想的增补"(supplémentaire/supplementary)②,并没有自己独特存在的意义。这样一来,对艺术多样性的解释就会立刻陷入一种循环的"解释学怪圈"(aisthetic circle)③。而且,各种感觉之间的异质性,总是会被欲望引导到某个团体或某种等级制之中。如果认同艺术与感觉之间的这种同一性逻辑,就会把艺

---

① 黑格尔写道:"art too is now there for apprehension by the senses, so that, in consequence, the specific characterization of the senses and of their corresponding material in which the work of art is objictified must provide the grounds for the division of the individual arts." 见 G. W. F. Hegel, *Aesthetics*: *Lectures on Fine Art*, p. 621. 朱光潜将这段话译为:"艺术作品既然要出现在感性实在里,它就获得了为感觉而存在的定性,所以这些感觉以及艺术作品所借以对象化的而且与这些感觉相对应的物质材料或媒介的定性就必然提供各门艺术分类的标准。" 见黑格尔:《美学》第三卷,第 12 页。此处根据英译,译文有调整。

② Jean-Luc Nancy, *Les Muses*, p. 25. 英文见 Jean-Luc Nancy, *The Muses*, p. 10.

③ Jean-Luc Nancy, *Les Muses*, p. 26. 英文见 Jean-Luc Nancy, *The Muses*, p. 11.

术之间的异质性问题,转变为"艺术家的操作"和"感觉的技术性生产"①之间的差异问题。这显然是取消艺术的独立性和多样性的做法,甚至动摇了艺术的不可或缺的独立地位。

事实也是如此,感觉与艺术之间并不是同一性的而是异质性的关系,南希对黑格尔的解释正好揭示了这一基本事实。首先,各种感觉的异质性与艺术的异质性并不是同一的。视觉、听觉、嗅觉、味觉、触觉等五种感觉的经典分划,并不直接对应于或指涉为五种艺术,也无法延展到诸如烹饪之类所谓"次级艺术"的无限性中去。艺术的多样性、异质性及其综合早已经使艺术成为多种感觉复合式对象化的产物。一个简单而鲜明的例证是,在相当长的历史时期之内,并没有任何一种艺术可以被完全指定为以某一种感觉为中心的艺术,如纯粹视觉艺术、听觉艺术、触觉艺术等。

其次,各种感觉的异质性并非各种感觉自身可以决定的。比如对疼痛、速度、压力、拉伸等的感受,往往需要各种感觉形成统觉综合体才可能实现,各种感觉的异质性的保持还依赖于知觉和理性的介入。艺术的多样性可以自我设定,有时也可以由多种艺术的融会共通来体现,比如艺术中的通感(synaesthesia)即是抹除感觉界限的典型现象。

再次,各种感觉的异质性也并无全然绝对的分野,生理学家和艺术家们都在致力于呼吁一种"感官综合"的概念,这意味着一种感官上的统一必须被重新建立。不论是黑格尔意义上理念的"感性显现"的再现逻辑,还是将艺术视为模仿活生生之感性生命的模仿逻辑,都必须被作为联觉或统觉的感官综合所超越。这种联觉或统觉意味着各种感觉的自我解体或相互升华,类似于神秘的"第六感",但它显然又是艺术之为艺术的专有体验。

最后,如果一定要坚持各种感觉的异质性,那么我们有两种解释办法。

---

① Jean-Luc Nancy, *Les Muses*, p. 25. 原文为:que le résultat d'une opération «artiste», ou l'artefact produit par une mise en perspective «technique» de la perception. 英文见 Jean-Luc Nancy, *The Muses*, p. 10. 英译为:"artistic" operation, or the artifact produced by a "technical" perspectivizing of perception.

或者,我们可以和亚里士多德一样,考虑到每一种感觉经受和投入运作的双重运动,但是投入运作属于逻各斯的运作逻辑,它无法感受自身并且不是感觉的自我感觉。或者,我们将感觉的异质性维持在它们的物质性的极端上,但是在那里,我们很可能会遭遇一个"质料怪圈"(cercle hylétique)——一个南希所谓"从差异性的问题到作为差异的物化,即起源的异质性和异质性的起源"[1]的循环。

　　因此,艺术的异质性并不来自各种感觉的异质性,后者并不构成艺术起源或分划的条件和基础;艺术的异质性也不来自各种感觉的感性综合或统一体,后者也并不构成多种艺术或艺术多样性的本原。从外在性——不管它是历史形式的外在性,还是感觉的逻辑同一性——的角度,并不能有效解释艺术多样性的本质,不能说明多种艺术之间的异质性本身。必须转换视角,从外在性转换到内在性,把多种艺术的异质性还原为艺术自身内在性的差异,从这种内在差异本身去发掘或生成艺术的多样性。也就是说,艺术的多样性本质只能在艺术自身之中实现。南希的这种思考扭转了关于艺术多样性本质的思考方向。但这里又有一个明显的理论陷阱,排除了历史形式之外在性的介入,或者说拒绝了感觉逻辑之同一性的参照以后,从艺术自身内在差异之中去寻求艺术的多样性,很可能会滑入另一种形式的独一性的深渊。艺术因此易被理解为孤立的、绝缘的、自足的、自实现的独一体,拒绝沟通、分享、外展、绽出等意义的生成方式,排除感性经验或感觉成分的作用,进而将会封闭自身,也就封闭或固化为完满自足的独一性了,取消了艺术的多样性和异质性本身。

第三节　触觉之于艺术多样性本质的意义

　　为了规避这种陷阱,南希重构了艺术的异质性与感觉的异质性之间的关系。在他看来,这种关系不再是亚里士多德或黑格尔意义上的感觉分划,而

---

① Jean-Luc Nancy, *Les Muses*, p. 31. 英文见 Jean-Luc Nancy, *The Muses*, p. 14.

是发生在关联基础上的"交错"(chiasme/chiasmus)。南希说:"多种艺术的相互异质性会形成一种交错,这种交错会产生与异质性自身相关联的独一性的联系。"①也就是说,艺术的多样性和异质性来源于多种艺术自身的相互交流与互动,这种交流与互动并不会抹除艺术自身的异质性,不会通达某种孤立的独一体,而是独一性与多样性的同时在场,艺术因此成了一种"独一多样存在"。这种交错,被南希建构成艺术自身的基本法则,并与各种感觉之间的综合对接起来。不仅多种艺术会相互关联和交错,各种感觉也会互相综合与通联。没有不与其他感觉建立联系的独一感觉,事实上也没有一种排除感性差异和感觉成分的、完满自足的纯粹艺术。在交错与综合的意义上,艺术的多样性与感觉的异质性之间的关系被重新建构起来。

南希说:"独一多样性是艺术的法则和关键问题,因为它是感觉或对各种感觉的感觉,是感觉到各种感觉的感性差异的感觉。"②感觉到各种感觉之间的感性差异,这种主动性的感觉显然不会是单一的某种独一感觉,而一定是既有独一性又有多样性的独一多样的感觉,这种感觉被要求成为某种统觉或联觉意识上的"共通感"(sens commun/common sense)。那么,这种"共通感"会是什么呢?南希的答案很明确:触觉。也正是在触觉这里,南希赋予了触觉以保障审美判断的普遍性和必然性的重要功能,艺术的异质性和多样性也由此获得了实现的可能。南希写道:

> 触觉就是"身躯整体的感觉",就是感觉整体和各种感觉的整体的触及或感触。……由于触觉是一种感觉和由它引起自我触摸的情感,由于它自我触摸的情感本身,由于它用自我触摸来触及,触及

---

① Jean-Luc Nancy, *Les Muses*, p. 32. 英文见 Jean-Luc Nancy, *The Muses*, p. 15.

② Jean-Luc Nancy, *Les Muses*, p. 28. 原文为:Le *singulier pluriel* est la loi et le problème de l'"art" comme du "sens", ou du sens des sens, du sens sensé de leur différence sensible. 英文见 Jean-Luc Nancy, *The Muses*, pp. 13-14. 英译为:The *singularplural / singular* is the law and the problem of "art", as it is of "sense" or of the sense of the senses, of the sensed sense of their sensuous difference.

它所接触到的任何东西，触觉因此呈现了各种外在感知的专有时刻。它呈现了如其本然的各种感知。导致触觉的是构成和作为自我触摸的中断。触觉是触摸的间隔性和异质性。触觉是最近的距离。它制造某种意义，这一意义又制造另一意义（这也是一种意义）：距离的最近处，亲近中的极近（la proximité du distant，l'approximation de l'intime/the proximity of the distant，the approximation of the intimate）。①

触觉(触感/触摸/接触/触及/感触/触动)的上述原理，使触觉本身成为一种自我异质性的存在，它既是其他诸感觉的外在性，也是其自身原则的某种脱位(dis-location)，这就是南希的外展、绽出、间隔和分联的思想。对艺术而言，正是由于艺术触及作为感觉的触觉自身，它才获得并维持着艺术自身的异质性。换句话说，艺术的异质性以及由它建立的多样性，只有当它触及触觉的"自我触摸"时，同时也触及"自我触摸"的"中断"时，触及触觉的外展和超验时，触及触觉之外的"在世存在"时，它才获得并给出其可触知的异质性意义。当艺术触及、回归或被还原到"在世存在"之后，它也就处于某种总在运动中的不稳定状态中，它也就从世界的统一性中脱位并占取自己的位置。准确地说，"在世存在"本身的多样性、差异性和异质性被让渡给艺术的多样性和异质性了。南希说，这就是"艺术的先验和超验"(c'est *l'a priori* et le transcendantal de l'art/*a priori* and the transcendental of art)②。

确实，如其本然的"在世存在"并不是取消差异和异质性的统一体，不是可以被简约为某种整体或总体的无区分性的同一存在，它是涉及独一性、差异性、多元性或复多性的创造物——所谓创造物，就是"触觉的意义或在世存在的触摸"③。这样，根据触觉之外展的属性，必须有各种感觉的差异和复多

① Jean-Luc Nancy, *Les Muses*, p. 35. 英译见 Jean-Luc Nancy, *The Muses*, p. 17.
② Jean-Luc Nancy, *Les Muses*, p. 37. 英译见 Jean-Luc Nancy, *The Muses*, p. 18.
③ Jean-Luc Nancy, *Les Muses*, p. 39. 英译见 Jean-Luc Nancy, *The Muses*, p. 20.

性,也就必须有艺术的多样性。艺术因此成为多种艺术而非仅仅一种艺术。

总结起来,南希关于艺术多样性本质的思想可以概括为以下几个运思步骤:

(1)艺术多样性打破了知觉或行为的活生生的统一性,却是以一种将某种抽象分解成感觉的反向方式进行的。在这种情形下,多种艺术开始积聚着分享、间隔、延展、绽出和转换的力量,它不再是意义的统一体,而是触及意义的极限,在对"在世存在"的触摸中,将各种感觉从意义中分离出来,延异成具体可感的、可触的多种感觉。

(2)艺术多样性脱位于普遍意义或联觉,让各种感觉在差异的运作中触及自身,并且打破自身的自足界限,外展到另一间隔化空间,从而保障了意义总是不间断地生成。

(3)艺术多样性实际上是对联觉或统觉的呈现,在对自身之外的他者的触及中承诺着彼此之间不断的交流。每一种艺术都是在他者艺术的差异中的触摸,这也是对所谓普遍意义或意义的普遍性的拒绝,对艺术独一性或自足性的中断,是在异质性中对感性或感觉的多样性与复多性的敞开。

(4)艺术多样性使艺术与技术建立起多样性关系。首先,多种艺术是技术性的,这意味着多种艺术可能像技术一样,在自我的外部、各种自我运作以及与对象的分立中产生;其次,艺术的多样性保证了世界作为"无限多元性的生存"的多样性,后者将世界描述为包含在世界的整体性之中的各个世界的异质性。①

这样一来,艺术的可感性、技术的多样性就与可理解的意义密切相关了。在艺术的拉丁词源中,它可被译为 tekhnē(技术),其原初意义是"分联"(articulation),具有独一多样(或单一复多)、分划和运作的三重意义结构,这使艺术的问题始终成为一个方式或手法的问题。它既没有一个秩序的原始起点,也没有意义的最终结点,它的创造物始终是不可完成的,因而它只能在

---

① Jean-Luc Nancy, *Les Muses*, p. 42-51. 英译见 Jean-Luc Nancy, *The Muses*, pp. 21-27.

作为技术的多样性的意义上被理解。南希写道：

> 多种艺术（arts）中的每一种都以其本己的方式外展了"独一艺术（art）"的统一性，这种独一艺术既没有位置也没有"每一种艺术"之外的一致性；而且，独一艺术的统一性，只是在作为一个接一个的作品的意义上才外展。每一件作品都是作为联觉对世界的敞开。但是，它仅仅在如其本然的"这个世界"的意义上，在"在世存在"之中，才是世界的多样性。[①]

只有如其本然的"在世存在"，才能保障并给出世界本身和存在专有的多样性。世界自身的无限专有性和本己性，意味着对任何统一性或同一性的悬置和回收，意味着向一切到来中的世界的无限敞开。这不是再现、表达或模仿，毋宁说是对再现本身的展露，是对"在世存在"之多样性位置的占取和发生，它不是实现和完成，仅仅是作为向着在场到来的外展与绽出的姿态而给出自身。因此，艺术的多样性也如世界本身的多样性一样，它强调的是标记出位置和空间的"那里"，是在空间中的间隔和时间中的延异，是"走出自身的外面"和"绽出中的生存"[②]。在这里，艺术的独一性价值也被收编在艺术的多样性之中，成了外展出艺术多样性的专有属性，因此艺术本质上成了一种"独一多样存在"。

既然本质上艺术是多样性的存在，是复多性的存在，是对"在世存在"本身的如其本然的外展和绽出，艺术的独一性实际上被分联成了艺术的多样性，那么，我们要如何去把握或者说解读艺术的意义呢？如何触知艺术之如其本然的"独一多样存在"？这就要求我们与某种独一艺术面对面时，首要的就是去触及其独一性本身的专有性，去触摸它在颜色、质料、线条、音色、韵律、声响等元素中呈现出的明晰性。但是当我们这样做的时候，独一艺术也

① Jean-Luc Nancy, *Les Muses*, p. 59. 英译见 Jean-Luc Nancy, *The Muses*, p. 31.
② Jean-Luc Nancy, *Les Muses*, p. 63. 英译见 Jean-Luc Nancy, *The Muses*, p. 35.

就消失了。它独一的专有性消失在了各种元素的多样性之中,不论是作为一件作品、一种风格、一种手法、一种共鸣或者一种节奏,它的独一的同一性都在作为其质料或元素的多样性中自我消解了。对艺术独一性的触摸,实际上被转换成了对艺术之质料或元素的多样性的触及。

在这种情况下,从生产到消费的整个艺术运作流程中,艺术之独一多样性本质的呈现,将是艺术哲学的新的思考对象。因此,与其说艺术哲学应该努力寻求某种艺术的定义、论断或描述,不如说应该转移到对独一艺术的终结和艺术多样性的更新上来。如南希所说:"艺术终结'艺术'是一种责任。"①但这个终结指的是作为独一艺术的统一体和同一性的终结,并不是作为多样性本质之展露的艺术的终结,更不是艺术使命的完满实现或寿终正寝。相反,这里的"终结"意味着的是外展和敞开,绽出和分联,去敞开一种"在世存在"的多种艺术,去外展艺术的多样性本身:"我们今天所缺乏的,是那些给予它们自身以感觉和意义的多种艺术,生存着的艺术——这并非'生活的艺术',而是作为与无限目的之关系的艺术。"②这也就是南希反复强调的,不是以艺术的多样性为原则,而是以多样性为艺术的原则。

综上所述,在西方思想传统中,艺术的多样性很长时间被看作艺术类别或等级的属性,或者是艺术表现形式的丰富性,并没有上升到本体论的高度上进行讨论。南希将外展和部分外在于部分的思想,引入对艺术多样性本质的理解之中,发掘出作为各种感觉之"交错"的触觉之于艺术多样性本质的意义,从而敞开对"在世存在"和多种艺术本身的思考。南希对"为什么有多种艺术而非仅仅有一种"这一问题的思考,对于重新理解艺术本体及其意义生成方式、重新反思艺术终结论、探索艺术之当代命运等,都具有重要的启示意义。

---

① Jean-Luc Nancy, *Les Muses*, p. 67. 原文为:C'est un devoir pour l'art de mettre fin à l'«art». 英译见 Jean-Luc Nancy, *The Muses*, p. 38. 英译为:It is a duty for art to put an end to "art".

② Jean-Luc Nancy, *Les Muses*, p. 67. 英译见 Jean-Luc Nancy, *The Muses*, p. 38.

| 第七章 |

从艺术的碎片化到生存的碎片化

南希将碎片化理解为后现代状况下的意义世界的根本属性,把艺术的碎片化与生存的碎片化联系起来,发掘了碎片化的生存论意义。南希首先区分了艺术的两种碎片化:其一是枯竭与完成的碎片化;其二是事件与呈现的碎片化。后者与感性活动的碎片化本质、存在本身的未完成性和独一多样性等有内在关联。对碎片化艺术的理解,只有还原到感性愉悦的碎片化过程之中,才是可能的。在这个意义上,南希的碎片化诗学,具有超越虚无主义和形而上学、重建意义世界的重要价值。

早在与拉库-拉巴尔特合著的《文学的绝对:德国浪漫派文学理论》中,南希就对德国早期浪漫派耶拿学派的理论体裁——断片进行了系统研究。南希把"断片"作为断简残篇、未完成作品和体裁等形式层面的意义,扬升到作为极端现代性的符号与启蒙哲学相对抗的形而上学层面,充分挖掘了这个常被理解为体裁形式的概念所具有的消解"大写传统"(Tradition)的现代意义,断片就是去中心化、去总体化、去同一性、去传统化等现代性价值。在很大程度上,断片也就是碎片,断片化也即是碎片化。①

---

① 菲利普·拉库-拉巴尔特、让-吕克·南希:《文学的绝对:德国浪漫派文学理论》,第21—43页。英译见 Philippe lacoue-labarthe, Jean-Luc Nancy, *The Literary Absolute : The Theory of Literature in German Romanticism* , pp. 39-58.

到了《碎裂的爱》(L'amour en éclats)一文中,甚至直接以"碎裂"标记"爱"的思想和"心"的特征。[1] 在入《世界的意义》(Le Sens du monde)一书的《艺术,一种碎片》(L'art, fragment)一文中,这种"断片"式的碎片化特征,直接被建构成了艺术、思想和文本乃至整个"意义—世界"的根本特征。[2] 在《缪斯》(Les Muses,1994)中讨论艺术多样性的根源与功能时,在倒转自然对技术的优先性时,南希又在作为艺术之自身解构的技术的多样性中,发现了技术的碎片化和差异化特征,正是碎片化使技术生产出作品的"非功效"(désœuvrement/inoperativity),使艺术始终面向世界敞开。[3] 可以说,断片或碎片化,是南希理解艺术乃至存在本身的重要开口。事实上,碎片化也是现代艺术最为显著的一个表征,我们很难在现代艺术场域中用一个大写的、中心化的艺术概念,去统摄纷繁复杂的现代艺术现象。在这个意义上,理解了碎片化本身的生存论含义及其与艺术的关系,就可以深入理解现代艺术的核心本质。

第一节　艺术的两种碎片化

在《艺术,一种碎片》一文的开篇,南希就开宗明义地描绘了一幅碎片化的生存图景:在我们面临的"意义—世界"里,艺术、思想、文本,所有一切意义都沦为破碎的废墟,断裂和碎片成了往后一切纪元的主角,碎片化成了一切存在的最真实状态;但这个碎片化过程还没有完成,它正在到来,正在发生,仍在行进,远未完成。用南希自己的话说,就是:

毫无疑问,碎片化、间隔、外展、碎片式作品、耗尽等等,这些状

---

[1] Jean-Luc Nancy, *A Finite Thinking*, pp. 245-274.

[2] Jean-Luc Nancy, *Le sens du monde*, pp. 189-212. 英译见 Jean-Luc Nancy, *The Sense of World*, pp. 123-139.

[3] Jean-Luc Nancy, *Les Muses*, pp. 11-15. 英译见 Jean-Luc Nancy, *The Muses*, pp. 1-3.

态在今天已经发展到了它们的极限。我们已经遭遇了太多裂变、破损、伤痛、搓揉、分裂而日渐虚弱，不堪一击，分崩离析，远远地超过了我们能够忍受的过度本身。这就是世界性可能以微小碎屑的形式，呈现为疯狂自恋的总体化状态的反面的原因。①

在这里，碎片化被南希理解为世界本身的特征，也是具有反总体化力量的重要因素，碎片化被建构为总体化的对立面。为了使我们的生存或世界性的存在有意义，我们需要一个新的"复兴"（renouveau/renewal）。但对南希而言，"复兴"并不意味着将已经成为碎片的东西重构起来，使它们获得再生，或者让这些碎片直接消逝在崩溃的过程之中。与此相反，复兴意味着去追问在这个崩溃和消逝的过程中，是否还有某些剩余。是否还有什么被留在碎片之中？就艺术来说，是否还有美依然剩余在碎片之中？碎片的本质是否以另一种形式被转渡、遗弃、投射或被给予了？如何理解艺术与意义之间的关系？或者，如何从美学的角度敞开并超越这种碎片化"分延（frayage/frayage）"的感性美学，进而通往一种脆弱而永恒的艺术（如果有的话）？

要回答上述问题，必须首先区分两种碎片化：一是被历史所确证的，以及发生在我们眼前的碎片化，它对应于碎片的文类和艺术风格的分化与自我封闭；二是正在向着我们、向着我们的艺术到来的来临中的碎片化，它正在发生，并且穿越了整个艺术的线性历史使后者发生裂变和分延。

前者是历史上已经发生的碎片化，关系着对作为某种文类和艺术风格的碎片化的理解。这可以以弗里德里希·施莱格尔（Friedrich Schlegel）所尝试建构的那种浪漫的碎片化为例。在施莱格尔有意识地赋予断片以形而上学的意义时，他其实是将自律性、自主性、生成性、总汇性等赋予了断片，使断片处于被渴望的分离状态之中。但正如《〈雅典娜神殿〉断片集》所显示的，这些断片并不孤独，它们往往自在自为地向着自身集聚，共同指向一个反启蒙传

---

① Jean-Luc Nancy, *Le Sens du monde*, p. 189. 英译见 Jean-Luc Nancy, *The Sense of World*, p. 123.

统的意义世界。换句话说,通过对启蒙传统所建构的那种绝对意义的反驳,碎片化的目的仍然在于凝结成某种具有整体意义的绝对(absolu),南希把这种绝对化的理解称为"文学的绝对"(absolu littéraire)。南希发现,在施莱格尔那里,碎片化仍然具有重建形而上学的隐秘追求。这个追求的过程,其实倒转了碎片化的切分性,把碎片的中断、未完成、无限存在的状态,倒转为完成、绝对、总体和有限意指的状态,说到底这是对切分性的自我取消。在这种碎片化的历史进程中,碎片既是切分和界限的标记,又是完成和封闭的象征,是切分的自我取消和碎片的自我排除,外展最后终于恢复成为内收。为什么会如此呢? 南希的解释是:

> 在浪漫主义之后的全部历史背后,有一种对伟大、对历史纪念碑式的艺术、对一切宇宙论、宇宙创生论和神创论维度的深切不安,对一切宏大风格的主权艺术的深切不安。不安也是一种渴望。但这种渴望很快以各种方式结束于灾变:或者像尼采面对瓦格纳无限地幻灭,或者像兰波和巴塔耶将不安认定是自我灾变和自我撕裂的。对于这种艺术全部历史所呈现出来的灾难,这个碎片的"小",像恒星之陨落所分离出来的流星碎片一样,可能会做出一些回应。①

原来,对宏大主权艺术的深切不安和渴望,使浪漫派的碎片化过程走向了自我封闭。显然,这种方式产生的碎片并不是南希所钦慕的"剩余之物",因为它的内里仍然隐秘地潜藏着某种重建形而上学的诉求,这显然是处于后结构主义思潮影响下的南希所不能同意的。因此,他着意分析了另一种碎片化方式:

> 从现在开始,我们必须面对的切分性与碎片化所显示的切分

---

① Jean-Luc Nancy, *Le Sens du monde*, p. 191. 英译见 Jean-Luc Nancy, *The Sense of World*, p. 125.

性,是完全不同的。不是碎片之含糊不清的目的,而是其踪迹之边沿的分延活动。它是一个碎裂的开口,是一个向着一种呈现、一种来临中的在场敞开的开口,不过它是通过这个来临中的在场而敞开的。这里至关重要的东西,再也不可能作为一种宇宙的发生、神的创生或者人类的创生来衡量了。构成世界和意义的东西,再也不可能是一种既定的、圆满的和完成的在场了,而是混合着"到来"的无限性和来临中的在场的无限性的"事件"。①

在这里,南希给出了他极为重要的"事件"思想。事件不是碎片或在场的目的或终端,不是作为宇宙创生、神人创造之类的宏大意义而在场,不是既定的、圆满的和完成的在场,而是永远处于来临的无限性之中。这其实取消了浪漫派那种"大写传统"对"主权艺术"的深切不安和隐秘渴望,而将碎片化还原为一种事件,再进而将事件还原为一种现时性的单子化在场,还原为"在世存在"本身。事件甚至不再是某个既定位置的占位,而仅仅是某种姿态、指向或切分的呈现。这意味着事件与事件之间、事件的各个元素之间、事件与其意义或目的之间,始终是不可公度和不可化约的,它只能是如其本然、是其所是的事件本身,并不负载着某种伟大性或神圣性的重量,因而也不具有重建传统形而上学的隐秘诉求。显然,这是南希反复论述过的"去意指化"(de-signification)的碎片化。

"去意指化"是南希意义生成理论的重要概念,它既与"世界的意义"本身联系在一起,同时又与艺术的本质联系在一起。② 在南希的理解中,"意义"一词除具有"含义"的意思之外,另兼有"方向"和"感觉"的意思。前者可以理解为对某种固定或预设意义的指涉行为,即意指化;后两个义项则强调了"意

---

① Jean-Luc Nancy, *Le Sens du monde*, p. 191. 英译见 Jean-Luc Nancy, *The Sense of World*, p. 126.
② 王琦:《从独一多样存在到艺术的多样性本质:让-吕克·南希对艺术本质的本体论思考》,《复旦外国语言文学论丛》2019 年第 1 期。

义"包含着对某种非固定的、瞬息即变的感受性的东西的指涉,指向某种非预设、非同一、非先在的感觉,突出了意义本身的方向性和感受性。因而,意义在南希那里,是作为先在于、超越于、他异于意指的某种东西而存在的。① 南希还特别创造了"向—在"的概念,用它来规定意义始终是对外在性的他者的朝向,始终有向域外展露的冲动。"向—在"在意义与意指之间置入一种不可通约的距离。因为这种距离的存在,间隔才得以发生,意义才得以获得在场感。南希对第二种形式的碎片化的理解,也是强调这种"向—在""去意指化"和距离的不可化约。

总结起来,在南希的观念中,始终存在着两种不同类型的极端碎片化:其一是枯竭与完成的碎片化;其二是事件与呈现的碎片化。但是,如果放弃这两个极端之间的分立,或者执其一端而放弃另一极,则会无所剩余地落入二元论和相对主义的窠臼。当代诸多艺术形式,如视像艺术、盈余艺术、偶然艺术、随机艺术、中断艺术等,就是通过将"大写传统"切分为艺术碎片或者简约为艺术姿态的方式,延续着这种二元论的艺术思维。因此,南希明确主张这两种碎片化"不是互相对立的",应该坚持认为"艺术是在其目的(终端)的姿态中的自我僵化和自我粉碎",这样的艺术显示了一种来临和出生,是"到来中的艺术"和"正在出生的艺术"。② 在这个意义上,艺术就不再是从技术中分裂出来的"切分的诞生",不再是一种仍然忠实于某种完成化的总体的碎片艺术,而是碎片和切分本身,是作为生存着的"在世存在"之如其本然的呈现,是在总体化中开辟道路的碎片化运动。

第二节　碎片化艺术的呈现

那么,如何呈现这个"到来中的艺术"呢? 如何呈现这个"到来中的艺术"

---

① 　王琦:《外展与触感:让-吕克·南希论书写的意义问题》,《西南大学学报》(社会科学版)2019 年第 5 期。

② 　Jean-Luc Nancy, *Le Sens du monde*, p. 194. 英译见 Jean-Luc Nancy, *The Sense of World*, p. 127.

和"正在出生的艺术"呢？这就涉及艺术与意义的关系问题了。因为"到来中的艺术"或"正在出生的艺术"始终是不在场的、缺席的艺术，对这种艺术的呈现，也就被转换成如何以艺术的方式将缺席带入在场的问题。我们已经知道，意义的失落或缺席是南希展开哲学有限之思的前提。对南希来说，意义的缺席并不是指意义的某种处境或模式，它本身就是意义的意义。也就是说，"意义的缺席"就是存在本身的意义，存在自身的本己性和赤裸性生存就是"意义的缺席"。问题是，要思考这个缺席的意义，艺术是必要的吗？它如何呈现这个"意义的缺席"并获得其主体性地位？这又如何导致了艺术的碎片化运动？

为此，南希把"意义"还原为三重意涵，即含义、感觉、方向。意义之为意义，必须在作为感性活动的意义上进行理解。作为感性活动的意义，本身就暗含了一种建立于接触基础上的空间化关系：可触感的、易触感的、被触感的存在之间的关系。这意味着存在往往把自己提供给自身之外，存在自身的感受性与自我的外在性是"同一"的。但这并不证明自身的感受性与自我的外在性是无所差异的一致性，相反，这仅仅意味着存在自身通过一种意义的指向而与自我建立联系，感性活动只是自我外在性的延异和间隔。

亚里士多德早已指出，在被感觉的领域之外并不存在着其他感受领域，这是说感觉在感性活动的范围之内运作，但这并不表明不存在一种感性总体性的现实和场域，恰恰是感觉本身的分化、歧异、切分和延异构成了感性活动的总体性。南希说："不可感受的延异是可以感受的，五种感觉并不是一种超越或内在意义的碎片，它们是那种仅仅作为碎片的感觉的意义之碎片化或切分性。"[1]诸种感觉的切分性，就在意义的场域中呈现出来，可感事物的外在性也就归属于可感的内在性之内。通俗地讲，这就是：仅仅在感觉局部差别和不同区分之中，才存在着意义。在这个意义上，艺术的意义或艺术作为感性活动，它始终同时发生在可感性之外和之内。对艺术碎片化运动的呈现，必

---

[1]　Jean-Luc Nancy, *Le Sens du monde*, p. 197. 英译见 Jean-Luc Nancy, *The Sense of World*, p. 129.

须在感发活动的维度上才是可能的。南希说：

> 艺术之间的相互外在性是它们的秩序的唯一内在性；这种秩序
> 的内在亲和力，即波德莱尔的"应和"，常常有一种不可比拟的悖论
> 品格，这一品格属于这种亲和力。诸种艺术仅仅通过彼此之间不可
> 能的过渡来交流，每一种艺术都处在其他艺术的门槛上。①

艺术总会出离自身，总会分享自身，这是由感性活动的本质所决定的。
在这个意义上，黑格尔的"艺术终结论"也可以重新获得理解。即黑格尔所宣
告的"艺术对我们而言已经成为过去"，其实是说作为理性意义之美的呈现的
艺术已经终结，是说所谓"艺术宗教"的终结，是说现代理性范式和概念方式
扬弃了作为理性之美的艺术。这其实为把艺术还原为纯粹外展的感性活动、
成为"自为的艺术"留下了空间，但黑格尔对"艺术宗教"已经终结的判决，似
乎又可能通往某种世俗化的理解：艺术在上帝自我缺席的地方。但是，南希
指出，上帝作为上帝，不停地转身而去，不停地自我缺席，这决定了"意义不会
自我反转成为一种缺席的在场"，也就是说艺术不会由一种上帝在场的艺术
宗教，反转成为一种上帝缺席的艺术宗教，艺术恰恰在于在场的碎片化。南
希说：

> 艺术永远是不会言说的艺术。它沿着一切被外展之物的边缘，
> 将不可言说的东西作为不可言说性本身，并进一步作为言说行为本
> 身，作为言说之碎片化之中的一切言说行为，外展出来。艺术就是
> 这样的艺术。②

---

① Jean-Luc Nancy, *Le Sens du monde*, p. 198. 英译见 Jean-Luc Nancy, *The Sense of World*, p. 130.
② Jean-Luc Nancy, *Le Sens du monde*, p. 201. 英译见 Jean-Luc Nancy, *The Sense of World*, p. 131.

对不可言说性的言说和外展,这可以在我们即将展开分析的《圣母往见》《最后的晚餐》《不要触摸我》等基督教绘画中找到说明。这里的外展,意味着有某种东西在碎片化或"艺术宗教"终结的过程中剩余下来了。它不是上帝转身离去之后的非在场或缺席,不是某种辩证运动中对真理的深切渴望或对神圣空位的无尽保持,它是"大写传统"自身解构之后的剩余物,同时也是正在来临之物,它就是我们的活生生的生存本身,我们如其本然的、本己专有的共同生存。南希写道:

> 剩余的东西,或者说正在来临的东西,如剩余的东西一样地不断来临的东西,就是我们所说的生存。它是存在的生存,但并不是在有别于本质的陈述意义上,而是在生存的及物存在意义上,即在出离存在的意义上,它是存在的生存。大写存在使生存存在:它不是将作为假设和目标的意义给予生存;相反,它是与生存相伴、作为生存而给予的意义,不仅是一件礼物,而是指向世界的存在;世界不是一个环绕的空间,而是单一独特的生存在多重层面上的开拓活动。在生存的领域和王国之内,世界是多元的;在个体以及每一个体之中的事件上,世界是多元的;但自始至终最重要的是,在物质上,在感觉的物质碎片上,世界是多元的:感性的生存和切分的生存。[①]

上帝离去之后,剩下的只是碎片化的多元生存,是感性活动的分异生存。这颇有些类似于耶拿学派意义上的断片,不仅有作为碎片化存在的形式论特征,更有作为外展的分异化存在的生存论意义。正是在碎片化生存的基础上,艺术诞生了,它是对碎片化生存的分延式呈现,是感性活动本身的感性呈

---

① Jean-Luc Nancy, *Le Sens du monde*, pp. 202-203. 英译见 Jean-Luc Nancy, *The Sense of World*, p. 132.

现。那么,它通过什么手段来感性呈现呢?

南希对将艺术作为创造(création/creation)和接受(réception/reception)的古典观念和惯常理解颇不以为然。虽然这种古典观念仍然坚持震惊、触动、感发、情感、快乐等审美愉悦(感性快乐)的感性心理要素,但毫无疑问,仍然将它们化约归并在与话语相关的审美愉悦之中。这种话语虽然仍在谈论愉悦,但实际上谈论的只是如何给予愉悦的规则,仍然将愉悦指定为艺术活动的目标,所以本质上仍然是对意义的科学式指称行为,仍然是作品美学和创作美学,并没有触及感觉也没有触及意义,更不用说触及碎片化的生存本身。

审美愉悦本身就是碎片化的生存,是感觉本身的切分性,并不是古典话语和现代观念中总体艺术的目的或终结。在这个意义上,艺术不仅是生存的碎片化,也是审美愉悦的碎片化,是作为感性存在的审美愉悦本身。这样,南希就把艺术归还到碎片化的生存论位置,艺术本质上被还原为碎片或断片。他说:

> 艺术是一种碎片,因为它的边界就在于愉悦:它给予愉悦。它既来自它给予的愉悦,又为它给予的愉悦而存在。愉悦归因于它的触感——永远伴随着的那种构成了其本质的触觉。艺术何为?在于愉悦。所以,它既不是创造,也不是实践,而是另一种完全不同的"作为",与另一种形式的感性活动及其双重生命原则混合在一起。通过感官的触觉,愉悦震惊并中断了指称意义的链条。或者,干脆说,法语中的"感官触觉",恰恰就是指称链条的中断和震惊。这么一种处境类似于真理的处境:真理的感性显现。①

愉悦既是艺术的目的,也是艺术自身的存在方式。愉悦所显现的真理,

---

① Jean-Luc Nancy, *Le Sens du monde*, pp. 204-205. 英译见 Jean-Luc Nancy, *The Sense of World*, pp. 133-134.

本质上也就是感性的真理,艺术的本质因而成为碎片化的感性存在。只是这种存在,不再以意指化的方式存在,而是某种意义上的"去意指化",是对意指化本身的"震惊和中断"。说到底,南希心目中的理想艺术,应该是一种以碎片化方式存在的感性经验,只要我们的感性经验从不枯竭,艺术终究不会走向自己的终结,艺术就始终是未完成的、处于到来之中的。

真正意义上的"到来中的艺术"和"正在出生的艺术",是那种纯粹以感性活动发生的东西,是碎片化的感性活动本身的敞开、呈现和到来。在这个意义上,南希反复论证的艺术的碎片化,其实质正是后现代状况下生存的碎片化,南希的碎片诗学因而具有充足的生存论意义。南希的结论是:

> 艺术向作为存在者存在的意义碎片而敞开,以前它就常常如此敞开。但今天,这种敞开的渴望在膨胀,甚至在我们期望做出回应的无限意义领域,将它从一个端点撕裂开来,抵达另一个端点。今天所需要的回应,首先不是一种美学的回应,而是一种前所未有的存在于世界之中的艺术。存在于世界之中,沿着边缘的感性表面以及其双重生命的内在空间化,这种生存艺术是没有最后解决的对位。①

可以说,南希的这种信念,传达出对现代艺术本质的准确理解。现代艺术并不标识着"大写传统"艺术的终结,而恰恰是回归或还原到"作为"审美愉悦本身的碎片化存在。在这个意义上,我们可以认为,南希关于艺术碎片化和生存碎片化的思想,本质上是一种碎片诗学和碎片生存论。这无疑打开了我们重新理解艺术、生存和意义之间复杂关系的一个新的口子。

我们在论述南希的外铭写思想时曾经指出,外铭写是一种"向着那里到来"的书写,是在在场之间、在场与非在场之间、位置与非位置之间,发生微偏

---

① Jean-Luc Nancy, *Le Sens du monde*, p. 212.

并产生某种间隔化和踪迹的运动，它总是在来来去去中给出自身，是对连续性意指行为的打断。南希把这种思想也糅合进他的艺术之思中。由于感性活动之为碎片化存在的根本属性，它总在意义与在场之间来来去去，总是打断任何意指的连续性和持存性而向着无限生存无尽地敞开。

正是在这个打断和敞开之处，所谓艺术也就发生了，于是在手势、体态、面容、对话、礼仪、节庆、哀悼等活动中，似乎有着无处不在的艺术正在发生。但是无可回避的是，这些活动仍然被提前给予了某些伦理话语和实践精神，仍然同话语指称的逻辑密不可分。真正意义上的"向着那里到来"的艺术，是那种纯粹以感性表层真正意义的敞开、以呈现之呈现、以来临的运动和情绪为主题和场所而发生的东西。所以南希不厌其烦地反复论证艺术作为碎片化存在的特征，充分发掘了作为碎片的艺术的生存论意义，这也可以看作南希的艺术本体观。

| 第八章 |

凝视的双重性及其功能：书写与绘画的关系

　　南希把艺术的本质理解为对"意义—世界"的"触"，它包括触摸、触及、接触、触动、触感、感触等含义，艺术因此被理解为以图像的可见性触及"意义—世界"的不可见性的根本方式。对南希而言，基督教绘画能把艺术从神学中回撤和外展出来，使艺术回归到作为"触"的本质中去。蓬托尔莫(Jacopo da Pontormo)的《圣母往见》对凝视的表现和召唤，传达出基督教绘画中可见性与不可见性之间的辩证运动。卡拉瓦乔的《圣母之死》则通过对凝视的拒绝和排斥，传递了基督教神学自我解构的特征。两幅画作都揭示了艺术作为外展、敞开、到来等"向外"的特征，体现了南希的艺术本体观。南希对基督教绘画的分析，也可以看作对所谓"艺术终结论"的哲学回应。

第一节　艺术与基督教绘画在南希思想中的地位

　　对南希而言，世界、意义、我们三者之间构成了共生同构的深刻联系。意义是我们在世界之中可以而且只能通过"领会"进行把握的对象，意义始终是一种"向着世界到来"的存在："向着意义到来，并且向着感觉，作为一种感觉而到来。"①"领会"更多的不是出于掌握某种概念或逻辑的理性活动，而是与

————————

① 　Jean-Luc Nancy, *A Finite Thinking* , p. 11.

感性、感觉、感动、感触等联系在一起的感发活动。虽然感发活动有自身感发、它异感发、遥远感发或无感之感等三种不同方式或"感受皱褶"①，但艺术或对艺术的欣赏，无疑是最能体现或展开这些皱褶的感发活动之一。正如研究者所指出的，在南希的思想中，一方面"艺术以其破碎的形式最早揭示了一个形而上学的'意义—世界'的解体"，使断片成为意义普遍失落之后的世界的根本特征，另一方面"艺术又率先试图在这个解体了的'意义—世界'中发现某种意义"，从而赋予艺术以其可触知的物质形式触及人，并在人与世界之间建立起一种意义的关联。②

因此，在南希那里，艺术总是具有特别的意义，艺术总是以其特有的方式使世界生成意义，使意义成为"世界—意义"。这是一种怎样的特有方式呢？在《洞穴中的绘画》一文中，南希以奇崛的想象向我们展示了艺术的出现与人的诞生之间的同步关系。他写道：

> 人始于他自身人性的陌生感，或者始于他自身陌生感的人性。通过这种陌生感，他把自己呈现出来，他呈现它或把它描绘成他自己。这就是人的自我认识，他的存在是一个陌生的、极其相似的存在。这相似出现在自我之前，而这就是自我所是。这是他的最初知识、他的技能，从他本性的陌生感中攫取秘密，尽管他并未因此穿透一个秘密，而是被秘密所穿透，自己也被暴露为秘密。人的图式是这种奇迹的展现：外在于自我的自我、代表着自我的外在性，以及他面对自我时感到的惊奇。绘画描绘了这个惊奇，这个惊奇就是绘画。③

在这"第一位"画家身上，人从自身之外的外在性中认识自我，在描画的

---

① 夏可君：《身体——从感发性、生命技术到元素性》，第6—10页。
② 耿幼壮：《图像、肖像，以及意义显现——让-吕克·南希的意义世界》，《文艺研究》2007年第12期。
③ Jean-Luc Nancy, *Les Muses*, p. 121. 英译见 Jean-Luc Nancy, *The Muses*, p. 69.

第一道刻痕(线条/界限/痕迹∶trait)的陌生性中,惊奇地发现了手之为触感,能够形成一个在场的"意义—世界"。在这里,艺术的诞生意味着人的自我认识的形成,即人自身的诞生。"意义就是触感,触感即是触及触。"①触,包括触摸、触及、触动、触感、感触等,因此成了人与"意义—世界"建立起直接联系的根本方式,也是人之自我存在的最本真的明证。这"第一位"画家描画的痕迹,并不具有后来绘画史或理论史中所称的"形象"的意义。因为对他而言,这道刻痕并非对现实事物的模仿和再现,而首先是与现实事物的区别、差异、间隔和距离。它标识的不是现实事物本身的物质性,而是人之于痕迹和触感的陌生感、惊异感、好奇感,是人的外在性之于内在性秘密的打断。这恰恰构成了艺术或绘画的最初起源。

在这个意义上,南希所深刻揭示的,是艺术在起源上与人的触感之间的密不可分。因而艺术的意义,不是机械地摹写"我们—世界",而是以"一种像触摸一样的观看方式"和一种"在距离中接触"的逻辑②来触动"我们—世界",生成或创造一个陌异的"意义—世界"。触动我们的身体和世界的存在。这是一种"没有接触的触及",一种更具心理学内涵的"触动",它赋予艺术之为触及的本质。艺术即触及,既是以图像的可见性触及我们,又是以形象的可感性触及意义,并且建构起一个如其本然地展现自身的可触知的艺术世界。这样,艺术就天然地与作为"我们—世界—意义"存在方式的"触"联系在一起了。用南希自己的话说,艺术的重要价值在于∶

> 艺术向作为存在者存在的意义碎片而敞开,以前它就常常如此敞开。但今天,这种敞开的渴望在膨胀,甚至在我们期望做出回应的无

---

① 雅克·德里达∶《触感/去触及他》,《解构与思想的未来》,第 443 页。法文见 Jacque Derrida, *Le toucher∶Jean-Luc Nancy*, Galilée, 2000, p. 310. 英译见 Jacques Derrida, *On Touching∶Jean-Luc Nancy*, trans. Christine Irizarry, Stanford University Press, 2005, p. 270.

② Maurice Blanchot, *The Space of Literature*, trans. Ann Smock, University of Nebraska Press, 1982, p. 32.

限意义领域,将它从一个端点撕裂开来,抵达另一个端点。今天所需要的回应,首先不是一种美学的回应,而是一种前所未有的存在于世界之中的艺术。存在于世界之中,沿着边缘的感性表面以及其双重生命的内在空间化,这种生存艺术是没有最后解决的对位的。①

　　既然艺术本质上就是"触",就是"生存艺术",那么作为艺术之表现形式的艺术品,又如何来表现这种"触"呢? 或者换用南希自己的术语,艺术作品如何把自己作为"触"的本质"外展"出来呢? 为了回答这个问题,南希找到了一个最能表达其外展思想的对象,那就是基督教绘画。基督教绘画最能体现出作为"触感神学"(hapax-théologique)的基督教自身解构的特征。德里达曾把南希赞誉为"有史以来最伟大的触感思想家"②,提到过南希把解构的维度探入基督教的宏大计划,他还专门为南希写过一本书《论触感:让-吕克·南希》。基督教绘画,正是南希把基督教神学理解为以触感为核心的触感神学,从身体和触感的维度去揭示基督教理念的自我悖论、矛盾和绝境,把它作为实施其"解构基督教"③伟大工程的重要突破口。

　　在南希分析的艺术世界中,蓬托尔莫的《圣母往见》(*Visitation*,1528—1530,现藏于佛罗伦萨附近小城卡尔米尼亚诺的教堂里)和卡拉瓦乔(Michelangelo Merisi da Caravaggio)的《圣母之死》(*the Death of Virgin*,1605—1606,现藏于巴黎卢浮宫)具有特殊的意义,因为这两幅画所描绘的场景,在

---

① Jean-Luc Nancy, *Le Sens du monde*, p. 212.
② 雅克·德里达:《德里达中国讲演录》,第 220 页。
③ 在《触感神学——南希和德里达的基督教解构》一文中,夏可君曾将南希和德里达在解构基督教方面展开的工作放在一起展开论述,并把他们的解构步骤总结为六个互相关联的层次:(1)对触感中心的指明;(2)对触感作为感觉地位而言的解构;(3)在哲学其后的发展中围绕"触感"展开的解构,尤其集中在近代的心身问题上;(4)德里达继续扩展了对传统的形而上学"自身感发"的解构;(5)触感与心灵和基督教神学密切相关;(6)触感思想和书写密切相关。参阅夏可君:《触感神学——南希和德里达的基督教解构》,让-吕克·南希等:《变异的思想》,第 227—233 页。

题材上构成了基督教圣母叙事中两个连续的生活事件，又表现着南希对绘画之本质的认识。通过对这两幅作品的分析，我们可以更深切地领会南希对艺术本质的理解。

第二节　《圣母往见》对凝视的召唤及其意义

关于"圣母往见"，《路加福音》的记载是：当以利沙伯一听见玛利亚的问安，她腹中的胎儿就欢喜跳动，以利沙伯也被圣灵充满，并且高声喊着说："你在妇女中是有福的，你所怀的胎也是有福的。我主的母到我这里来，这是从哪里得的呢？因为你问安的声音，一入我耳，我腹里的胎，就欢喜跳动。"圣母的回答是："我灵以神——我的救主——为乐。"在《圣经》的叙事中，这个被用声音描述出来的场景，以一种不可见的方式，传递出一种作为精神、神秘，尤其是圣灵的喜悦。那个后来的"先知"施洗约翰，因为这个声音而在母亲的腹中欢喜跳跃。

《路加福音》对圣母到访事件的叙述，使这个事件成了一个以在场的方式，揭示和昭告不在场的上帝之神性、神圣乃至神秘的场景。这是一个不可触及、无法再现、不可记忆的圣灵的闪光，是一种不可见之物，它构成了对以可见性为目的的绘画的纯粹挑战。如何以绘画的可见性传递出不可见之物的不可见性？对这个问题的不同回答，形成了西方艺术史上同类题材的诸多作品。

南希对基督教绘画的分析，也是从这个问题出发的。南希首先将艺术/绘画理解为并非为了纪念或保存记忆的纪念碑式的存在。它并不再现或模仿某个事物、事件或场景，并不复制或呈现在场之物的可记忆性；相反，绘画总是"朝向那在它之前，或者紧接着它而来的东西而自身超出，也就是朝向其专有的出生和死亡而自身超出，它总是深陷于自身之内，或者把自身抛到自身之外"①。换句话说，艺术的意义总是在艺术的可见性（内在性、亲密性）之内超

---

① Jean-Luc Nancy, *The Ground of the Image*, trans. Jeff Fort, Fordham University Press, 2005, p. 108.

出自身,通过在场与非在场、可见性与不可见性、可记忆与不可记忆、记忆与非记忆之间的相互关联给出自身,这种关联也就是德里达意义上的踪迹和延异。

根据这种理解,南希进一步认为:"绘画,或者用形象表现,因而不再是复制,甚至不是展示,而是生产那个被外展的—主体(l'exposé-sujet)。生—产(pro-duire)这个主体:把这个主体带到面前,把它引向外面。"[①]这个"主体"既可以理解为作为主体的艺术自身,又可以理解为创作出艺术作品的那个能动的主体。无论是哪个主体,艺术都可以通过外展自身将不可见之物表现为可见性。所以,"圣母往见"的基督教叙事与西方艺术史上各类"圣母往见"的绘画之间的关系,便是一个既可以透视艺术之本质,又可以管窥艺术之于"意义—世界"的生成功能的重要话题。艺术可以通过外展自身,将不可见之物表现为可见。所以,"圣母往见"的基督教叙事,生成了西方艺术史上同类题材的诸多作品。只是由于表现手法的独特,蓬托尔莫的《圣母往见》收获了南希特别多的关注。

在《形象的根基》中,南希说:"圣母往见"是"一个就其源起本身而言根本就是无法追忆的场景。……同时,相对于那些更为经典权威也更加符合教义的场景而言,即在其前后和与其相交的'天使传报'和'耶稣降生','圣母往见'是一个极为奇特的场景"。[②] 这个场景之所以"极为奇特",主要是因为它形象地展现了南希绘画思想中可见与不可见、在场与不在场之间的关系。正是出于这个理由,南希对蓬托尔莫于 1530 年完成的《圣母往见》给予了特别的关注。[③]

---

① 让-吕克·南希:《肖像画的凝视》,第 7 页。法文见 Jean-Luc Nancy, *Le regard du portrait*, p. 16.

② Jean-Luc Nancy, *The Ground of the Image*, 2005, p. 109.

③ 有学者甚至认为,南希将这幅画视作基督教绘画乃至整体艺术的一个典型形象,主要原因就在于这幅画呈现了可见与不可见之间的关系。见耿幼壮:《艺术与哲学的对话——南希、阿甘本、维欧拉对形象生命的探究》,《文艺研究》2021 年第 4 期。

图8-1　蓬托尔莫《圣母往见》

图 8-2　蓬托尔莫《圣母往见》(局部一)

图 8-3　蓬托尔莫《圣母往见》(局部二)

注：Pontormo，*Visitation*，1528—1530. Oil on wood，202×156 cm. San Michele，Carmignano (Florence)

　　在蓬托尔莫的《圣母往见》中，"圣母往见"这个被反复描绘的场景，发生在一个类似城市街道，又好像天主教堂，或者是以利沙伯的家里。玛利亚和以利沙伯那因怀孕而略显沉重的身体拥抱在一起，她们四目相对，从脚的姿势看，她们却又好像在轻盈地跳舞。在她们身侧站立着各自的仆人，仆人们的目光都朝向画外(或者是画家,或者是观画者)。这四个主要人物那皱褶弯曲的衣衫似乎都在向上飞扬;她们占据了几乎整个画面的前景部分。在画面的左下角,在暗影里隐约出现两个男子的身影,他们手里拿着刀、瓶子、面包和酒。整幅画色彩亮丽、色调轻盈、节奏轻快,充满着生命孕育的喜悦和跃动。可以说,这是一幅传递生命之颤动并足以触动我们之生命的绘画。

在这幅画作中,南希首先注意到在画面中心出现在以利沙伯腹部上的一个光斑,它似乎来自一个聚光灯,照亮了那个孕育生命的地方:那里,胎儿由于圣母的到访而欢喜跳动。那两个隆起的腹部,以及衣物那弯弯曲曲的线条,宣告了一种彼此相触而不触及的运动。那是向上扬升的运动,是悬搁一切重力的上升运动,正是在这个"触而不触"的运动中,圣灵感孕的神秘性获得了某种可见性的闪光。更为重要的是,南希在这四个主要人物的目光中发现了绘画作为凝视的秘密。圣母和以利沙伯互望着对方,彼此沉浸在对方的目光中,全然不顾来自其他方向(包括她们的女仆、画家和我们这些观画者)的目光的力量,她们似乎要洞穿彼此专注的眼睛,要看到那个"比我的内在还要内在的内在性"。如同维特根斯坦所写的:"我们不是把人的眼睛看作接收器,似乎眼睛不是把某种东西拿进来,而是把某些东西送出去。耳朵接受着;眼睛则看着(它投出目光,它闪烁着,发出光芒,照烁着)。人们用眼睛表示惊恐,而不是用耳朵或者鼻子表示惊恐。当你看见眼睛时,你看见某种东西从眼睛中走出来。你看见眼睛的目光。"①凝视的目光,生成的并不仅仅是一般意义上所看到的视像,而是一种更具灵性的了解和认同——被赋予了神圣性的注视。

在《圣母往见:关于基督教绘画》一文中,南希一开始就告诉我们,"到访"(visitation)在拉丁语中并不仅仅意指"探望",还指"一种为了了解、考查或检验某事,或者使某事得以验证的奔走;这个词指的是那些起因于上帝的来访

_____

① 路德维希·维特根斯坦:《心理学哲学评论》,涂纪亮译,北京大学出版社 2012 年版,第265 页。

的事情,考验或者恩典"①。"到访"实际上也就成了见证神圣性的途径,圣母的到访及其与以利沙伯彼此相互专注的凝视,表达着对到访以及受孕恩典的认同和感恩。

然而,两位仆人的目光却与她们主人的目光形成了偏移,她们并不瞄向彼此,也不看向各自的主人,仿佛对"到访"的神圣事件无动于衷。她们那专注的目光,以一种展开而非折叠、散开而非凝视的正面目光,转向画面之外。从画面深处或各自的内在性深处,无限地寻找着我们(画家或我们这些观画者)给予回应的目光。她们在寻找一个观众与画作之间的互访,一个懂得这幅绘画及其所描绘场景的主体。"这个主体同时也是被探讨的主体,和带着其不可记忆的来源、隐藏在腹部中的那个在场的人"②,也即那个将在未来出生的跳动的胎儿。女仆们的目光实际上就是用可见性唤起某种不可见的凝视。借用南希在《肖像画的凝视》中所写的,这道凝视"不再是一个实体,而是一个敞开,不再是一种自身的回返,而是一种自身的外展"③。这是取消了某个对象的凝视,是朝向整个世界、整个神圣事件之外的世界的敞开,正是在这个敞开的意义上,绘画本身也就变成了凝视。

主人和仆人们朝向不同方向的目光,形成了某种凝视的双重化④。凝视的双重化既揭示了感孕报喜的神圣性的喜悦,又朝向她们自身之外而无限敞开,试图唤起更多目光的流动与互访。在那个几乎不被注意的暗影细节里,南希发现,那两个与主要人物完全不成比例的男人,拥有着"那个大场景中的

---

① Jean-Luc Nancy, *The Ground of the Image*, p. 109.
② Jean-Luc Nancy, *The Ground of the Image*, p. 112.
③ 让-吕克·南希:《肖像画的凝视》,第 75 页。
④ 某种意义上,凝视的双重性构成了南希凝视理论的核心观点。在《肖像画的凝视》中,南希集中思考了这种双重性,围绕着主体性重新探讨了肖像画的主体与人物主体之间、画家主体之间的往返、回撤等各种机制,从而重新解读了自同性与他异性、自我与他者、主体与客体、主动与受动、认知与感受等多重二分装置。见陆颖:《肖像凝视的视觉效力——论南希〈肖像画的凝视〉中的双重凝视》,《马克思主义美学研究》2019 年第 1 期。

那些目光的缩影":他们中的一个凝视着另一个,而另一个则凝视着画面之外的我们。① 如果说圣母与以利沙伯的相互凝视,是被一种"绝对的内在性"所缠绕,女仆们的目光是邀请画面之外的我们去触摸那个缠绕,是在向我们揭示那个非在场的在场者的双重在场,那么,这个双重在场也被在画面深处的那两个男人的目光所重新演绎。

南希注意到,那两个男人手里拿着的东西——刀、瓶子、面包和酒,非常隐晦然而又极其明显地指向了战争和献祭,战争意味着生命的剥夺和死亡的给出,献祭在基督教叙事中则意味着神圣的牺牲和"道成肉身",它们都指向生命之前与之后的那个死亡界限。在这个意义上,两个暗影中的男人的在场,即死亡的象征,标示着死亡的可见性。这与圣母和以利沙伯腹中欢喜跳动的胎儿那种以不可见的方式给出生命的在场不同,死亡的直接可视性或者不可脱逃性,直接向留居于画面之外的我们发出凝视的邀请。

前景中的圣母的"生命叙事"和暗影中的面包与酒的"死亡叙事"构成了整幅画作的双重意义,它极易被解读为某种政治—宗教讽喻或者宗教过渡的象征。但南希的关注点恰恰是在政治和宗教的争论之外,他要关注的,是关于绘画本身的"在场的密码"。南希写道:

> 蓬托尔莫……邀请我们去思考这样一个主题:一个真实的和退避到其画作深处的在场。这就是绘画本身,绘画的光芒和绘画的冲力。这种光芒和冲力包含了在场的真理:构成了在场的实体,或者说隐匿了在场的谜,这一切就如同那两个女子的腹部隐匿了两次神秘的怀孕的果实一样。②

就《圣母往见》来说,这个"在场的密码"可以表述为:明丽轻快、跳动上升的飘扬衣袂中,两位母亲那无限内在的凝视目光展露出那个不可见的生

---

① Jean-Luc Nancy, *The Ground of the Image*, p. 113.
② Jean-Luc Nancy, *The Ground of the Image*, p. 115.

命的在场；她们的女仆马上将目光转向我们，在邀请我们互访的凝视中创造出绘画的主体，把绘画和我们呈现为可见与不可见之间的在场；阴影中的面包和酒，以及两个男人的目光缩影，又暴露出可见的死亡的在场；在这生命与死亡、形象与我们、可见与不可见等的多重在场之中，宗教的真理与绘画的真理同时隐藏自身，又同时共同显现并外展自身。这个逻辑就是绘画的行动。

　　在对这个场景的描绘中，南希总结了绘画的本质：它并不纪念属于神圣书写的场景，它所实现的仅仅是一种"在场的赌注"，即将在场呈现在画作的光线、色彩、构图、线条、造型等"画作发光的表面的内在性"之中。在场即画作本身的在场，凝视的在场，是那"不可记忆之物"①的"总是已经在那里"的位置的在场。② 这样，与其说这幅画作呈现了《圣经》叙事的神圣灵性或者生命的愉悦象征，不如说它展露了作为凝视的绘画本身。由于多重凝视的同时在场，那种注目于某个对象的内在性的凝视也就被悬搁起来，绘画本身也就出离为一种自在之物，一种朝向世界的无限敞开之物，一种在形象与观者、生命与死亡、可见与不可见之间不断往返的意义空间。

第三节　《圣母之死》对凝视的拒绝及其意义

　　与《圣母往见》不同，卡拉瓦乔的《圣母之死》描绘的则是圣母玛利亚的死亡及使徒们各具形态的追思。这一事件发生在一间密闭的内室里，身着红衣略显浮肿的圣母赤脚躺在一张小木床上，身上耷拉着因沉重而下坠的巨大织物，一只手似乎在抚触着自己的腹部，另一只手低垂在床边的一张椅背上。椅子上坐着把头埋在自己臂弯中的女仆抹大拉的玛利亚。圣母身边围绕着

---

① 在南希这里，不可记忆之物就是某种出生之前的东西，它缺席于记忆，但朝向记忆，朝向无限的记忆、超记忆和非记忆；不可记忆之物存在于记忆之外，在自身那可被主体化之物以外，在"世界—之外"。不过这个"世界—之外"并不在世界的外面，而就在这里作为自身本己地在场。见 Jean-Luc Nancy, *The Ground of the Image*, p. 108.
② Jean-Luc Nancy, *The Ground of the Image*, p. 118.

十一个年迈的使徒,虽然形态各异,但都沉浸在死亡的悲痛之中,把目光锁定在圣母已经不再具有生气的身体上。圣母头部的位置站着年轻的使徒约翰,他把目光投向了画面之外。一张巨大的折叠下垂的帷幕,从画面上方一直垂落下来。一束似乎从左上角斜射下来的光束,照亮了圣母浮肿的脸、女仆光洁的颈背和三个年迈使徒的秃顶。

图 8-5　卡拉瓦乔《圣母之死》(局部一)

图 8-4　卡拉瓦乔《圣母之死》　　图 8-6　卡拉瓦乔《圣母之死》(局部二)

注:Caravaggio, *the Death of Virgin*, 1605—1606. Oil on canvas, 369 x 245 cm. Louvre Museum, Paris.

　　在这幅画作中,南希注意到,它首先是拒绝观者的,它并不是为观者所作,画面中那个亲密圈子所凸显的沉重氛围也将观者排除在外。使徒们有的用手捂住自己的眼睛,有的低着头沉默地望着圣母已死的身体,抹大拉的玛利亚也哀伤地深埋着头,画面上的人物没有任何目光的交流,也不邀请画面之外的任何目光。在这里,"每一件事情都在漠然地发生着,甚至似乎对任何非熟悉圈子里的人都有所回避。没有一个人物在凝视我们或者邀请我们参与其中"①。在画布的外面和里面,"没有交流,没有混合,没有中介,也没有穿越"②。

　　这是一幅拒绝凝视、拒绝见证的画,它要呈现的,仅仅是死亡以及由死亡带来的追思、沉痛和下坠的氛围;不论是那巨大的帷幕、下坠的织物、椅子和房梁的四方形结构,还是从上斜射下来的那束坠落的光,都显示着一种死亡的凝重气息和闭锁姿态。但是,南希同时发现,在这些可见的实体、材料、色调、油彩背后,其实并没有死亡本身,有的只是死去的女人和追思的男人;那种常见的把圣母之死设想为去往天堂的光辉、神圣、荣耀以及至上尊严,在这里也被一种流俗的、世态的、现实化的场景所取代。这里没有神性,拒绝再现和解释。

　　在众多的使徒中,有一个人与其他人冰冷的木讷和沉默的忧伤颇为不同,那就是站在圣母身后的使徒约翰。他远离了其他使徒,目光并未停留在圣母身上,也未朝向画面之外,而是转向了其他使徒。他以手托腮,正在思考着。从他的姿势看,他所思考的可能并不仅是圣母及其死亡的事件,还有久远的圣灵感孕的欣喜和灵性,更有矗立于身旁的那些追思的男人,"他们,圣徒们,带着书信,福音的布道,他们不再有任何信息了。或者,他们带来的唯一的新闻,只是消息已经过去了"③。南希把使徒约翰称为这幅绘画的"思想"。正是这个没有目光流动也没有交流通道的沉默的"思想",邀请并寻求着我们这些观者的见证和凝视,唤起我们去见证思想,去凝视光、色、线、织物和在场的身体本身。

　　在圣母和抹大拉的玛利亚之间,南希发现了两者之间极为神秘的、无限相互转换的镜像关系。在卡拉瓦乔的《圣母之死》中,做圣母模特的可能就是一位妓女,即便这不能得到史书的确证,但另一位玛利亚的妓女身份是不容怀疑的。玛利亚成了玛利亚的模特:"每一个就像是另一个的外在,或像她的

①　Jean-Luc Nancy, *Les Muses*, p. 103. 英译见 Jean-Luc Nancy, *The Muses*, p. 57.
②　Jean-Luc Nancy, *Les Muses*, p. 106. 英译见 Jean-Luc Nancy, *The Muses*, p. 60.
③　Jean-Luc Nancy, *Les Muses*, p. 109. 英译见 Jean-Luc Nancy, *The Muses*, p. 63.

外在,同时发生着,转变着。每一个是另一个的织物或化身。"①虽然她们没有直接的目光接触,但她们可能在凝视她们的缺席。两个玛利亚,一个是圣洁无瑕的童贞女,另一个是罪人和忏悔者,她们之间互为他者的镜像,构成了一个新的形象,那就是夏娃,她们成了玛利亚—夏娃和夏娃—玛利亚。在这个意义上,这幅油画实施了对圣像进行破坏和世俗化的操作,一个女性的三位一体被形构了出来。这样,绘画又以其可见的光与色,使一种不可见的在场得以呈现。只是,这种呈现不是以召唤凝视的方式,而是以拒绝凝视的方式来实现的。这又一次印证了南希关于凝视的双重性的理论:"凝视总是要么转向画家/观众,要么转向一种不确定的外部。"②

将南希对《圣母往见》和《圣母之死》这两个场景及其绘画呈现的解读联系起来,可以看到南希关于绘画的主要思想,即绘画的真理体现在可见与不可见之间,体现在对凝视的召唤与拒绝之间。在他看来,基督教绘画绝不是对基督教传奇的再现,因为再现首先是"置于在场之中"的,是把出生之前的在场带向出生的那种张力,它仅仅是复制。基督教绘画并不是再现基督教主题,它只是在绘画中,或者作为绘画本身而让绘画出生。这种出生,就是"进入不能进入的神性的全部张力:进入没有名字的神,没有高度的极高处,没有在场的在场,没有相似性的图像,没有图像的相像,或显现那并不显露之物,显现一切现象学意义上的非—显现和悬搁"③。这就是把绘画的真理从基督教神学的真理中回撤回来,使它仅仅从自身的内在性之中,向着一个"在外的彼在"(un être-là de l'au-delà/a being-there of the beyond)④无限交换地外展着。

联系南希关于共在的哲学思想,这个"在外的彼在"实际上就是一个向着在场打开的非在场,一个虚位(非位置:non-lieu/nonplace),一个居于自身之外又与自身密切关联的位置。绘画,也就成了面向我们的世界敞开的通道,

---

① Jean-Luc Nancy, *Les Muses*, p. 111. 英译见 Jean-Luc Nancy, *The Muses*, p. 65.
② 让-吕克·南希:《肖像画的凝视》,第 66 页。
③ Jean-Luc Nancy, *The Ground of the Image*, p. 122.
④ Jean-Luc Nancy, *The Ground of the Image*, p. 124.

成了分享共通在场的一个入口。从那里，我们看到的不再是某种可记忆的、可见的再现，而是不可记忆之物、不可见之物。这里其实也呼应了南希对艺术之本质的认识。在《艺术，一个碎片》一文中，南希写道：

> 艺术永远是不会言说的艺术。它沿着一切被外展之物的边缘，将不可言说的东西作为不可言说性本身，并进一步作为言说行为本身，作为言说之碎片化之中的一切言说行为，外展出来。艺术就是这样的艺术。[①]

对不可言说性的言说和外展，已如上述分析所说明。需要补充的是，这里的外展，意味着有某种东西在碎片化或"艺术宗教"终结的过程中剩余下来了。它不是上帝转身离去之后的非在场或缺席，不是某种辩证运动中对真理的深切渴望或对神圣空位的无尽保持，它是"大写传统"自身解构之后的剩余物，同时也是正在来临之物，它就是我们的活生生的生存本身，我们如其本然的、本己专有的共同生存。也正是在这个意义上，南希在基督教绘画中发现了基督教"作为自身解构"的特征。南希写道：

> 作为自身解构的基督教，也就是说作为从宗教中、从其传奇中以及从其相信中摆脱出来的基督教，是为了成为在场某种非记忆的骚动：那些回撤的神是带着在场本身一起回撤的。唯一神论的真理是这种回撤的无神论。"真实的在场"变成了那个并不在场的在场，那个并不在那儿（là/there）的在场。[②]

因为唯一神论把神圣性还原到一个绝对的逻辑之中，不仅仅是在数量上把多神化约为整一或同一，而且是以理性秩序确立起原则的统一。这个绝对

---

① Jean-Luc Nancy, *Le Sens du monde*, p. 201.
② Jean-Luc Nancy, *The Ground of the Image*, p. 123.

的逻辑赋予了那个绝对的唯一神以绝对的权力和荣耀,他既可以无所限制地在场,也可以无所保留地缺席,全然回撤到非在场或者"无"的状态之中,既可以是完全充满的,也可以是虚无主义的。唯一神论确立起来的绝对权威,实际上隐藏着取消绝对、撤回到无神论的可能,所以本质上它是自身解构的。基督教作为唯一神论的代表,也是一种无神论或者说非神论,就其自身而言或者在其自身之内,也是一种解构和自身解构。

简言之,基督教的自身解构就是它总是向自身之外外展自身,指向一个并不在那里的"在外的彼在"。正如南希所说:"从某种形式而言,一个在外的彼在构成了基督教的概要,并且构成了其本己的解构的出发点。"[1]比如在"这里是我的身体"这句箴言中,对身体位置的给出其实取消了身体的位置本身,对触及的允诺实际上拒绝了对身体的触摸。

在南希看来,基督教绘画像基督教的神那样同时是显现/隐藏的,用他自己的话说,就是"在绘画的深处,一种在再现和非再现之间,在可见和不可见之间,在艺术和对艺术的拒绝之间无限地交换发生着"[2]。绘画就是在自己的专有位置上给出其超越自身的位置,是使不可见之物来到在场的"在外的彼在"。所以蓬托尔莫的《圣母往见》也可以被看作犹太教绘画,或者伊斯兰教的画作——一种"在外的彼在"。

这个彼在,某种意义上也可以说是列维纳斯的那个"整全他者",因为"他者的面容就是他进行意指的方式"[3]。"这个整全他者的在场旨在向着我们而来,旨在制造一个入口。这可以表述如下:作为整全他者的显现这一现象也是面容,或者在一个全新的瞬间,在现象那本质上的内在性和历史性中,为了显示这个入口。也可以这样表述:面容的神显就是到访。"[4]联系南希对"到

---

① Jean-Luc Nancy, *The Ground of the Image*, p. 124.

② Jean-Luc Nancy, *The Ground of the Image*, p. 124.

③ Emmanuel Levinas, *Altérité et transcendance*, Fata Morgana, 1995, p. 172.

④ Emmanuel Levinas, *Humanisme de l'autre homme*, Fata Morgana, 1972, p. 47. 转引自 Jean-Luc Nancy, *The Ground of the Image*, p. 125.

访"作为见证、造访和考验的强调，可以说，绘画的本质就是到访，就是作为见证在我们的世界中给出意义的位置。这是南希所发现的绘画的意义，也是绘画在基督教圣母叙事中的意义。

南希对基督教绘画及其本质的分析，某种意义上揭示了艺术作为外展、敞开、到来等"向外"的特征，实际上是对所谓"艺术终结论"的哲学回应，体现了南希的艺术本体观。概括说来，在南希的理解中，真正意义上的艺术，是"向着那里到来"的艺术，是那种纯粹以感性表层真正意义的敞开、以呈现之呈现、以来临的运动和情绪为主题和场所而发生的东西。在这个意义上，南希的艺术本体论，具有十分重要的生存论意义，可以视为某种意义上的艺术生存论。

| 第九章 |

书写概念对崇高审美范畴的重构

由于能很好地实现对抗总体性、捍卫差异和见证不可表现之物的目标，崇高在南希那里得到了不同于利奥塔和德里达的重释。这不仅体现在对崇高中的"表现"和"界限"进行重新思考，还体现在关于艺术的终结、感性想象力与崇高的关系、崇高之为供奉等论题的思想中。南希把康德的审美图式区分为"美学扬弃哲学"和"哲学扬弃美学"两种范式，认为它们都没有准确表现出后现代状况中存在的根本状态。南希将利奥塔崇高中的时间维度与德里达崇高中的空间维度结合起来，将"外展""去界限化"和"供奉"等思想融入崇高的理解之中，更为突出崇高和崇高感本身的生成性、动态性、超越性和不可完结性，使崇高最终逾越美学形态的框架，成为更具生存论意义的根本问题之一。南希对崇高概念的重释，既是对传统形而上学的解构，又是对德国观念论的再思，还是对后现代崇高的延续和发展，因而具有反思后现代状况中人的生存状态的重要意义。

自布瓦洛(Boileau)译介朗吉努斯(Longinus)修辞学名著《论崇高》(*On the Sublime*)之后，"崇高"就在西方现代美学史和哲学思想史上获得经久不息的广泛共鸣。自埃德蒙·伯克(Edmund Burke)的《崇高与美》(*On the Sublime and Beutiful*)将审美类型划分为美与崇高之后，伊曼努尔·康德(Immanuel Kant)发展了伯克的区分，也将审美判断划分为美和崇高两个范畴，从量、质、关系、方式等角度分别进行了深入探讨。在《判断力批判》(*Critique of Judgement*)中,康德认为,美是表明自然本身的合目的之物,是由想象力(感性)和理性的谐和产生的直接愉悦;崇高则意味着自然在狂暴、混乱、无序和蛮荒中的伟大和力量,它表明的是对自然直观的可能运用的合目的之物,想象力由于不适合表现理性而痛苦,却借此认识到理性对感性的超越而愉悦,崇高因此构成了对美的补充。① 保罗·德曼(Paul de Man)也明确指出,美揭示出自然的合目的性,崇高则揭示出我们诸感官本身的合目的性,特别是揭示出想象力和理性之间的关系。② 让-弗朗索瓦·利奥塔(Jean-François Lyotard)发现康德意义上的崇高审美只能表现为"对不可呈现的呈现"(to present the unprintable),并在分析后现代先锋艺术性的基础上重构了崇高的后现代性本质。③ 齐泽克则通过对崇高机制的揭秘,将崇高与主体性的幻象机制和意识形态的空虚内核结合起来,崇高甚至被作为现代性话语建构的产物被批判。④

由于形而上学传统的影响,感性与理性的二元分立,以及理性对总体性和同一性的追求,美的对象更适合于表现谐和与愉悦,因而美极易陷入形而上学窠臼。相反,不适合于被表现的崇高则蕴含着对形而上学的突破,因为它蕴含着激活差异的契机,正如阿多诺所说:"形式美衰落之后,崇高似乎是留给现代主义的唯一审美观念。"⑤不论是在美学或哲学中,还是在艺术实践或修辞学的探讨中,虽然并不一定总是采取"崇高"之名,但崇高都总是在场的,形成了一种从现代性开端以来延续至今的风尚。历经解构哲学洗礼之后的崇高,会是一种怎样的审美形态,又有怎样的美学意义? 我们可以从南希关于崇高的论述中获得启示。

---

① 伊曼努尔·康德:《判断力批判》,第 84 页。

② Paul de Man, *Aesthetic Ideology*, University of Minnesota Press, 1996, p. 73.

③ Jean-Francois, Lyotard, *The Lyotard Reader and Guide*, ed. Keith Crome and James Williams, Edinburgh University Press, 2006, p. 141.

④ Slavoj Žižek, *The Sublime Object of Ideology*, Verso, 1989, p. 170.

⑤ T. W. Adorno, *Aesthetic Theory*, p. 197.

第一节　图式:崇高的双重压制

在法国后现代思想家"星丛"中,在利奥塔和德里达甚至南希那里,因为能很好地实现对抗总体性、捍卫差异和见证不可表现之物的目标,崇高依然备受青睐,成为三位哲学家集中论述过的重要主题。研究者曾在三位哲学家那里发掘出崇高美学的后现代状态:对利奥塔来说,不可表现之物是作为差异的代表而被否定性地表现在崇高之中的;德里达则发现了不可表现之物本身就包含着界限;南希则侧重于将否定性表现转换为去界限和触及界限的表现。[①] 这是对后现代状况中三位哲学家重释崇高美学形态的准确概括。但是,作为德里达解构之思的重要继承者,也作为共在思想的持有者,南希对崇高的重释,并不仅仅在"表现"和"界限"的意义上具有价值,它还与艺术终结论、美(感性想象力)与崇高的关系、崇高之为供奉等论题联系在一起。与康德或德里达们相比,南希对崇高的重释显然更加复杂。

南希首先将崇高与艺术的必然性命运联系在一起。"在其所有意义上,崇高以一种本质性的方式与艺术的终结(目的)联系在一起:这是为何艺术在那里便是其自身的目的地,是艺术的终止、克服或悬搁。"[②]崇高对艺术的终结和悬搁,包含双重层面:一是在关于崇高的思想中,作为一门区域性哲学学科的美学被拒绝在哲学之外,康德在提升美学地位的同时也将它作为哲学的某个区域予以压制,康德之后的艺术思想又往往用真理、经验、自由等拒绝了美学思考;二是艺术悬搁或终结了自身,艺术一直在自己的边界上运作,往往将某些不同于艺术或优美作品的事物,纳为艺术本身的职责和任务,崇高在这里的出场给予了艺术终结以助力。这是南希对康德意义上崇高的反思。

就前一层面而言,哲学以接管或扬弃(aufheben)的方式直接悬搁了艺术

---

① 吴天天:《康德崇高美学的后现代状态——利奥塔、德里达和南希等对康德崇高美学的重构》,《湖北大学学报》(哲学社会科学版)2017 年第 1 期。

② Jean-Luc Nancy, *A Finite Thinking*, p. 212.

本身,艺术在对"理性/真理"的真正呈现中被压制和保留,崇高被艺术以其完成、实现、目的和终结的思想所颠覆。因为"理性/真理"已经有能力自我呈现,也就不再需要艺术来完成这个对"理性/真理"进行表象性呈现的任务了,作为表现的艺术被扬弃掉了。在这方面黑格尔是代表。就后一层面而言,作为如其本然的、非表现的艺术,在剔除了"表现"之后,残留的只能是作为表现的各种有限要素,作为比喻或表达、文学或绘画、形式或外观等的艺术元素。但这些元素并不构成艺术本身,艺术不再寓居于表现之中而在别处,在康德的意义上就是艺术于此获得了真正的自由,崇高在自由的意义上介入并颠覆着艺术。

在《纯粹理性批判》(*Critique of Pure Reason*)中,通过对知性概念的分析,康德曾把那种超验于所有形象(image)、表象(representation)、赋形(figuration)的图象(Bild)称为"图式"(shcème/schema)。在康德的认识论中,图式是联结纯粹知性概念和感性经验现象的必备条件和形式,没有图式的介入,我们将无法用纯粹知性概念来说明或统摄感性经验现象。为了解释图式如何介入并参与用概念统摄对象的过程,康德先后引入时间形式、可能性、普遍性、想象力、感性直观等观念,把图式上升为一种超越具体经验对象的形式规定,使图式成为哲学的最高也是最为抽象的概念,但它又是一切经验概念的基础。因此,图式一定程度上也具有"纯粹逻辑的意义"[1]。

在《判断力批判》中,由想象力产生的图式成了审美判断的先决条件,审美图式是一种先验的判断的条件,是"无目的的合目的性"得以成立的前提。康德进而描述了审美图式的两种形态:一种是能确保"想象力(为了直观和直观的多样性的复合)和知性(为了作为这种复合的统一表象的概念)的协调一致"[2]的鉴赏的图式;另一种是想象力和理性联结并协调起来的崇高的图式,"审美判断力在把一物评判为崇高时将想象力与理性联系起来,以便主观上

---

① 江怡:《康德的"图式"概念及其在当代英美哲学中的演变》,《哲学研究》2004 年第 6 期。
② 伊曼努尔·康德:《判断力批判》,第 128 页。

和理性的理念(不规定是哪些理念)协和一致"[1]。不论是认识论中的联结知性概念与感性经验的功能,还是审美判断中的鉴赏图式和崇高图式,图式所具有的中介性协调作用始终是一以贯之的。这即是说,图式是认识活动和审美判断中共通共有的现象,而且至为根本。如论者所言:"认知图式和审美图式的同质性,表明认识活动与审美活动具有同源性。"[2]"图式作为一个中介性的第三者,其功能是使认识活动和审美判断得以可能的重要环节。"[3]

南希进一步发挥了对这个概念的理解。在他看来,图式在认识活动和审美判断中的重要作用,使它甚至成了隐藏于灵魂深处的技法。对感性活动尤其是不及物的审美判断而言,这种具有决定性作用的图式功能,极有可能将自身置于艺术的统一性之中而成为一种"审美图式"。这将导致图式论的两个版本:

> 或者是一种原初的和无限的艺术,一种从不停止在给予世界以形式的过程中赋予自身以形式的诗,这是浪漫派的版本;或者是一种原初判断的技术,该技术对判断进行分划是为了将它与作为统一性的自身联系起来,也为了赋予判断以绝对的形象,这是黑格尔的版本。或者是美学扬弃了哲学,或者相反。在两种情况下,图式论都被领悟、揭示和完成了。[4]

不论是作为艺术的图式论,还是作为技术的图式论,对康德来说,正如优美与崇高在表现上的共通之处一样,它们都是对表现作为统一性的预示,最终都指向一种想象性的理性的愉悦。因为康德曾经说过:"一种显著的愉悦,

---

① 伊曼努尔·康德:《判断力批判》,第 95 页。

② 苏宏斌:《审美图式论——试论康德图式概念的美学意义》,《文艺理论研究》2016 年第 1 期。

③ 胡明娥:《论康德美学中的图式》,《学术研究》2009 年第 2 期。

④ Jean-Luc Nancy, *A Finite Thinking*, pp. 216-217.

没有了它,那最普通的经验都将不可能了。"①换句话说,这种理性的愉悦来自"人身上存在某种超感性的理念"②,足以把外在表象与理性力量协调起来。又由于优美与理性的谐和容易导致前者沦为后者的工具,这两种图式论实际上都隐秘地通向黑格尔所说的艺术终结。

对于德国早期浪漫派,"浪漫诗是渐进的总汇诗。……浪漫诗风则正处于生成之中;的确,永远只在变化生成,永远不会完结,这正是浪漫诗的真正本质"③。对文学的生成性(generativity)和总体性(universality)的强调与生产,是浪漫派在"给予世界以形式的过程中赋予自身以形式"的产物,这即是南希用以概括浪漫派基本精神的术语"文学的绝对"(the literary absolute)的基本内涵。在这个观念中,作为绝对的文学始终在不断变化生成,永远不会完结,永远处于来临之中。更重要的是,文学不再是以审美的形式去表象世界的可替代的媒介,而是从不停止地赋予自身以形式,并试图将哲学融入文学的总汇之中,成为一种绝对。也就是说,文学不可完成也不会终结,但作为绝对的文学却扬弃了哲学本身。

而对黑格尔来说,美是理念的感性显现,那个作为绝对的统一性的理念,是美或崇高需要加以表现或显现的最终对象,理念与感性之间仍然存在着巨大的鸿沟甚至是根本的对立。按照黑格尔的理解,审美图式将最终归化在对理念的认识论理解之中,必将走向完成和终结。也是在这个意义上,黑格尔主张艺术终结论,主张理性对感性的扬弃,美学因此被收编为哲学的某个范例。对南希来说,这两种版本的审美图式论,都预示着审美图式本身的最终完成。艺术必然终结的终极命运,不仅与德国浪漫派的"文学的绝对"观念不相符,在某种意义上还预设或蕴藏着美学或哲学自身的危机。因为审美判断最终都通向了理性的愉悦,审美判断最终不过是为了实现纯粹理性判断。

---

① 伊曼努尔·康德:《判断力批判》,第34页。
② 韩振江:《康德美学的当代回响——齐泽克论崇高美》,《上海大学学报》(社会科学版)2015年第2期。
③ 菲利普·拉库-拉巴尔特、让-吕克·南希:《文学的绝对:德国浪漫派文学理论》,第74页。

综合来看,美学或艺术在哲学中表现自身或获得某种区域性的位置,这其实不是给出了美学或艺术的本己性和专有性。恰恰相反,在同一时刻它被压制了两次:一次是在黑格尔的艺术终结那里,艺术被基于真理的表现所扬弃;一次是在康德的审美图式那里,艺术被预先赋形的统一性的愉悦所超越。两者的共通之处在于:"艺术遇见了它的终结,因为它处于它由以达到自身的愉悦那里。"①南希总结说:"这或许是美学的哲学性命运,也是哲学的美学性命运。艺术与美:真理的种种表现,真理用它们来为它自身的享受服务,在它们之中预示自身,并且耗尽它们。"②审美的愉悦最终归化在理性和真理的愉悦之中,审美仍然被视为理性或真理的表现形式,必须反映审美从理性那里拯救出来。

可以看到,南希对康德审美图式的反思以及对黑格尔艺术终结论的质疑,背后隐藏的是对作为现代性神话的主体性及其理性力量的怀疑。这种主体性和理性一直是后现代以来思想家们所致力批判和解构的对象,丹尼尔·贝尔将它界定为"将自我无限化的狂妄症",是"拒绝接受限制的现代性的傲慢,对扩张的持续的坚持"的极端表现。③ 南希质疑的也是与主体性和理性相连的启蒙理想、人类中心论以及崇高话语内在的超验、自由、真理等观念的内在悖论,重新赋予崇高概念以僭越、歧义、解构、去界限化、外展、供奉等新的意义,内里还是发掘崇高本身的后现代性内核。问题是,如何从审美图式论、艺术终结论或真理表现论中重新拯救出崇高概念并还原其自身的本己规定性?

第二节　去界限化:崇高对象的规定

我们知道,在康德的艺术理论中有着明显的对崇高的依赖,这从《判断力

---

① Jean-Luc Nancy, *A Finite Thinking*, p. 219.
② Jean-Luc Nancy, *A Finite Thinking*, pp. 219-220.
③ Daniel Bell, *The Cultural Contradictions of Capitalism*, Basic Books, 1976, p. 50.

批判》的目录排序中就可见一斑,康德将"对崇高的分析"作为"审美判断力批判"的一个部分,而将艺术理论置于"对崇高的分析"中。更重要的是,康德的崇高是关于优美或其他艺术思想的决定性因素:离开了崇高,优美将不成其为优美。这是因为优美本身是不充足的并且不稳定的,它很容易受到理性的影响,很容易满足于其表现对象的那种力量(比如鉴赏力判断中的理性因素)。因此,优美只能超越它自身才能成为优美,否则它就会完成自身而被哲学所扬弃,或者悬搁和分离自身成为未完成的优美,或者沿着愉悦的边沿向它的配对物反转或流溢,而后者正是崇高。换句话说,正是崇高决定了优美之为优美的本己性。但这并不意味着崇高要求成为美学的第二极或者形成崇高美学,那还只是一种低等的美学或者说仅仅增加了一个艺术或美学领域的范例而已。对于康德,对于南希,准确地说,对于南希所理解的康德来说,崇高有着更为决定性的作用:它是对优美、图式、赋形和所有形象的超越,"它转化了表现的整个主题,或者改变了其方向"①。

问题是,这个转化和改变是如何发生的呢?

在这里,南希融合了海德格尔关于界限的思想,即界限不是事物停止运作的地方,而是与事物的发生和出现有关②;也吸收了梅洛-庞蒂对线条的理解,即线条并非事物的轮廓和限制,而是对事物之诞生的展示③;他在康德关于想象力的运动的思想基础上将崇高理解为"去界限化"(delimitation)的运动。在他看来,形式或轮廓就是限制(limitation),优美所关切的就是这种有限性的限制;相反,无限定者(L'illimité/unlimited)则是崇高的关切。但崇高对无限定者的关切并不是对其静态无限性进行表现,而是一个有关无限定者之运动的问题,这个运动就是"那发生于界限(limit)之边界(border)上,因而

---

① Jean-Luc Nancy, *A Finite Thinking*, p. 221.
② 马丁·海德格尔:《演讲与论文集》,孙周兴译,生活·读书·新知三联书店 2005 年版,第 162 页。
③ Maurice Merleau-Ponty, *The Merleau-Ponty Aesthetic Reader*, ed. Galen A. Johnson, Northwestern Uversity Press, 1993, p. 143.

发生于表现之边界上的无边界性(L'illimitation/die Unbegrenztheit)运动"①。无边界性运动,即去界限化,即清除由主体性或理性施加给崇高本身的限制,突破人的想象力或认知能力的有限性的限制,突破理性的无限性与想象力的有限性之内在矛盾对崇高表现力的限制。

因此,崇高涉及的并不是构成某种无限形象的静止状态的无限性,而是构成某种切分、描绘和去界限化的动态意义上的运动,崇高意味着某种把有限形式移除到在场之外的姿态和运动。如果说优美仅仅指涉事物的形象,崇高则意味着刻绘界限并去除界限。去界限意味着崇高不像优美那样是某种有限的形式或形象的表现,它不再是一个关于表现的充足性或纯粹表现的问题,甚至也不是对某种不可表现之物的一般表现。南希写道:

> 它是关于某种其他事物的问题,该事物在表现自身中发生,但却不是表现。通过发生这一运动,无限定者沿着那限定自身并表现自身的界限,持续不断地实现自身又摧毁自身,解除自身的限制;这一运动将以一种专有的方式描画界限的外在边界。但这种外在边界准确来讲并不是一种轮廓:它并非与外在边界同类并黏附于它的第二个轮廓。在一种意义上,它与那再现性的轮廓相类同。在另一种意义上,它又是一种无限定性,是边界在边界自身上的一种消散,也就是康德所说的一种流溢和流泄。②

崇高不是一般性的表现,而是一种消散,一种去界限化,一种发生在边界上的运动。换句话说,就是在无限定性中对边界的描绘和自我抹除。当我们感受到某个来自自然或人造对象的巨大性时,事实上我们是在我们自身想象力的边界上产生这种感受。对象的巨大性首先使我们意识到自己想象力的边界。它描绘了这个边界,但同时又处于这个边界之外,又抹除了这个边界。

---

① Jean-Luc Nancy, *A Finite Thinking*, p. 223.
② Jean-Luc Nancy, *A Finite Thinking*, p. 225.

因为如果不超越边界或去界限化，我们只是在自己想象力边界的范围内来感受对象，就无法感受到它的巨大性，也就无所谓崇高和崇高感。正是这个界限运动的逻辑，构成了崇高之不同于优美的本己专有属性。正是在这个意义上，南希重构了崇高审美对象的规定性。

第三节　外展：崇高理念的再思考

从崇高(sublime)一词的拉丁语词源 sublimis 来看，它由 sub(提升至，抵达)和 limen(门梁的最高处)组成，意为置于或抬到高处。[1] 这即是说，在起源的意义上，崇高就被赋予了界限和超越界限的含义。不论这是康德意义上想象力的界限，还是某种自然或人工对象的巨大性的界限，甚至是某种事物联合后的无限总体性等，总有一条界线在那里存在着。南希对崇高中的界限运动的发现和强调，发展了康德以图式联结和协调想象力与理性之关系的图式论思想，进而将崇高与外展的思想联系了起来。

所谓外展，在南希的词汇中，常常书写为 exposée、exposer、exposure、exposition 等，可以翻译为外展、展露、展现、陈列、展示、外露等。根据夏可君的注解，它与设定、设置，与生存之"出离"或"超出的过度"和"出窍"等语词之间有内在的语义关联。[2] 南希使用"外展"这个词，所强调的是意义和感受生成的向外(ex-)的方向，即从内部出离、从内部不停地向域外展露，正如块茎的生命力在于不断地向块茎的外部拓展一样。把外展运用在崇高中，崇高体验或崇高感就是主体出离自身界限之外，而获得的某种意义。[3] 崇高即外展。南希强调的是，对崇高的感受也就是对自身界限的感受，尤其是超越自身界限进而通达于某种非可感性的感受，崇高也即是向自身之外的外展。

在南希的哲学语汇中，触及、界限、触感、外展、触觉、偏斜等概念总是纠

---

[1]　Philip Shaw, *The Sublime*, Routledge, 2006, p. 1.

[2]　让-吕克·南希：《非功效的共通体》，《解构的共通体》，第 35 页。

[3]　参见 Jean-Luc Nancy, *Le Sens du monde*, p. 21.

缠在一起。南希将自己身体理论中的触感思想与崇高的词源意义相结合,认为崇高对这一界限的去界限化,其独特的模式就在于:"这一界限必须被达到,必须被触感到。这实际上正是崇高一词的意义:那正好位于界限之下者,那触及界限者(用有关高度的术语来说,界限就是绝对高度)。崇高的想象力触及了界限,而且这种触及让它感受到它自己的无力。"①也就是说,崇高首先是一种感受,想象力感受到它自己在触及和跨越界限,并且感受到了崇高,只是这种感受并非通常意义上的感受,也不是用主体哲学或欲望美学可以解释的那种感受,而是某种极端状态的张力(tension)和解张力(distension)。这是一种非可感性的感受,是不可感的情感,是情感的极端眩晕(syncope)状态,触及崇高就是去感受不可感的,去触及不可触及的。在崇高体验中,崇高触发了自身,我们也不再是去感受而是被外展了,不再是对居有的自我感发,而是对外展的它异感发,后者是来自他者或者通过他者而来的感受。用南希自己的话说,就是:

> 人们能否通过他者、通过外界来感受,……(中略)这正是对崇高的感受迫使我们去思考的问题。感受以及趣味判断的主体性,都被转换成了一种感受和一种仍然独一的趣味判断的独一性。但在这里,这样的独一之物首先被外展给某"外界"之非受限的总体性,而不是被联系于其独一的亲近性了。或者换句话说,它是"感受"和"感受自身"的亲近性,在这里它们使自身成为向超越于自身之外者、向通往自我之不可感的或非可感性的界限的外展。②

外展决定了崇高感不能在主体之中或为了主体而在场,它不再是优美之中的那种总体性,不再可以被描述为某种表象或具体事物的表现,它是对表现本身的纯粹表现,是不及物的、表现着不可表现者或空无的那种表现。这

---

① Jean-Luc Nancy, *A Finite Thinking*, p. 233.
② Jean-Luc Nancy, *A Finite Thinking*, p. 236.

里的表现,已经不再是形而上学意义上对同一性、总体性或中心化的某种"理念"的表现了。在形而上学那里,感性始终被抑制在理性之下,理性总是具有不可克服的对于感性的超越性和规范性,由感性想象力生成的崇高感总是被作为分享或居有理性力量而产生的愉悦。崇高感产生的过程中始终伴随着理性对感性的否定或扬弃,实际上并没有承认感性的主体地位。对南希来说,外展思想的引入,使崇高感不再是某种内聚式地呈现总体性或理性的愉悦之感,而是向着非特定性方向外展的、永远不断生成的、正在到来的愉悦之感。这里虽然有承认差异、界限和对界限的逾越,但并不涉及对感性的否定,而是在承认感性的主体地位的前提下,去表现活生生的、始终在延异和播撒之中的、总是不断去界限化地运动着的感性经验。

第四节　供奉:崇高的生存论意义

对这种表现,南希有一个专门的词汇——供奉。供奉有提供、供给、奉献、献给、给予、提交等多层语义,在汉语语境中还蕴含着向某种权威、神圣或神秘的力量给出和贡献的意义,在基督教文化语境中又与献祭、牺牲等宗教性联系在一起。南希对这个词的使用,往往同时给出它的多种意义。考虑到南希强烈的解构基督教的兴趣,我们在此主要译为"供奉"。对南希而言,供奉意味着某种给出或奉献的姿态,意味着对某种在场或缺席之物(某种价值、力量,甚至礼物等)的撤回和悬搁,同时也意味着一种来临或到来的发生,意味着某种界限的痕迹及其抹除。就崇高而言,崇高的表现就是供奉,但不是对那无限定者之在场的总体性的供奉,也不是对那能及于无限性的精神整体的供奉。在康德"自由是崇高的理念"的意义上,毋宁说它是对自由的供奉。这也是南希重释崇高时的某种理论的延伸。

不过,南希所强调的自由,并非康德意义上的主体自由或黑格尔意义上的理性自由,不是那种"软禁于知识之中,软禁于那种主体性所规定的自由的自身—知识之中"①的自由,而是生存论意义上的绝对自由:"如果这实际上是那种从中我们必须绝对地确认出生存,确认出思想的事情本身的存在之绝对极端,那么自由便是这种绝对性的哲学上的名称。"②将这种自由的观念引入崇高的理解之中,崇高便因此超越了审美图式或艺术哲学的思想界限,而与人最本真本己的生存本身联系起来了。南希写道:

> 人们必须理解这一点:崇高的供奉是自由在双重意义下的行动——自由既是供奉者又是被供奉者,正如供奉时而指姿态,时而指被给予的礼物。在崇高当中,作为表现之自由运作的想象力开始与其界限,即自由,接触了。或者更准确地说,自由本身也是一种界限,因为它的理念不仅不能成为一种形象,也不能成为一种理念(理念总是某种超形象或不可表现的形象),它必须成为一种供奉。③

因此,对南希来说,崇高并不像优美一样仅仅是美学的致思对象,它超越美学和艺术学,这不仅是因为对优美的理解必须经由崇高的供奉,更重要的是,它揭示出一个具有生存论意义的哲学命题。作为与边界运作原理本质上联系在一起的崇高,被南希确定为界限供奉和运作自身的方式,也是界限自我感受和被感受的方式,是将人类从表象之奴役的状态中解放出来的方式,也是对自由的表现及其回撤的方式。对艺术来说,崇高是艺术被外展和被供奉之本己属性的揭示,艺术在表象的意义上被终结了;对界限来说,崇高描画了边界的踪迹使界限进入运作,界限在分划的意义上被延异甚至去界限化;对人的想象力来说,崇高触及了感受的不可感受性和触感的不可触知性,使想象力获得它异感发的思想维度。

---

① Jean-Luc Nancy, *The Experience of Freedom*, trans. Bridger McDonald, Stanford University Press, 1993, p. 44.

② Jean-Luc Nancy, *The Experience of Freedom*, p. 109.

③ Jean-Luc Nancy, *A Finite Thinking*, pp. 238-239.

这样，崇高超越了艺术、界限和想象力，虽然它仍然连接着对象事物的巨大性、艺术与自然的超想象性，甚至某种精神性的总体性。不仅仅如此，崇高还供奉着外展、界限、差异、触感、自由等的张力和解张力，甚至供奉着供奉本身。在这个意义上，南希揭示了后现代状况下崇高的本己特质——"无限""张力""距离""悬搁"，它们也构成了如其本然的生存的本己性。用南希自己的话来说，就是：

> 供奉否弃着自我撕裂、过度的张力以及崇高的痉挛和切分。但它并不否弃无限的张力和距离、努力和尊重，以及那总是被更新的悬搁。这种悬搁给予艺术以节奏，就像一种神圣的开幕和中断一样。它仅仅将上述不被否弃的事物供奉给我们。①

把无限的张力和距离、努力和尊重，以及总是被更新的悬搁供奉给我们，就是将崇高的问题转换为存在的问题，转换为"在世存在"（being-in-the-world）的问题。② 崇高不再是美学的问题，而是溢出了美学本身的框架，更具有生存论的意义。

第五节 南希对后现代崇高的超越

在《答问：何为后现代主义？》一文中，利奥塔集中提出了后现代状况下思想的任务，这些任务被利奥塔总结为彼此关联的三个方面：其一，对抗总体性；其二，捍卫差异；其三，见证不可表现之物。③ 三个任务的共通核心，都是对传统形而上学同一性、总体性和二元对立思维范式的挑战与解构，透析现

---

① Jean-Luc Nancy, *A Finite Thinking*, p. 244.
② Jean-Luc Nancy, *Of the Sublime*: *Presence in Question*, trans. Jeffrey S. Librett, State University of New York Press, 1993, p. 2.
③ Jean-Francois, Lyotard, *The Lyotard Reader and Guide*, p. 132.

代性的自我悖谬,目的是展露出最为本真的如其本然的存在状态。在对美学和崇高的思考之中,后现代状况下的思想家们所做的,不是否定或弃绝美与崇高,而是融入新的维度,在传统崇高理论的基础上重释出一种后现代崇高美学观。

利奥塔独具匠心,将"时间"维度融入对崇高的理解之中。在他看来,后现代状况已经清除了传统崇高观所依赖的那种理性的虚幻乌托邦色彩,已经没有一个可以托付的、实在的、确定的、统一的中心存在了。人们的感受,包括对崇高与美本身的感受,都已经碎裂化为虚无、瞬间和断片式的体验。对于这种体验,只有在绵延的时间维度中才能准确地予以把握和分析。因此,崇高感已经不再是康德意义上的感性被理性所克服之后的痛苦感,也并不是审美主体认识到自我所具有的强大理性力量而感到的愉悦,而是在碎片化时间中感受到的生存虚无,以及人自身的无力感,并被这种虚无和无力感所震惊。正如研究者所指出的,在利奥塔那里,"崇高审美中始终伴随着不曾闭合的不可呈现性与呈现、未完成性与完成之间的张力,既令人痛苦,也令人愉悦,使人的感知受到了挑战,激发了有别于庸常的'非人'(the inhuman)状态"①。所谓非人,是利奥塔为了反对现代性话语中的"理性人"而创造的词汇,它要描述的是后现代状况中人本身的能动性、多样性、生命力。这样,崇高感因而不再是旨在彰显理性和灵魂的重要媒介,而是对瞬间、深渊、无力和碎裂的体验,在这些体验中去体会人的本真存在和本己人性,从而感受到最为本真的自我和心灵受到强烈震撼的感觉。

因此,对利奥塔来说,"崇高的艺术所要做的只是证明某物存在,这里的某物是'非物质的',是一种不需要精神的'物'"②。"崇高的本性也可以看作是利奥塔所说的'此时此地'发生的'事件',意味着矛盾性、特殊性、未定性、

---

① 陈榕:《西方文论关键词:崇高》,《外国文学》2016 年第 6 期。

② 吴环环:《利奥塔后现代时间视域下的"崇高"思想研究》,河北师范大学硕士学位论文,2013 年,第 IV 页。

偶然性,意味着断裂和突破规范的状态。"①在利奥塔那里,崇高中的感性、欲望、情感、个体差异等因素被极力凸显出来,被发展成"一种充满情感力量的类比或符号"②,成为不可表现之物的忠实的见证,从而被赋予了反叛现代性、拒绝总体性、解构启蒙时期以来的理性权威等重要使命。崇高因此以更为差异化的形式,如荒诞、震惊和非人的形态,体现着人的自由和超越性本质。虽然利奥塔的后现代崇高"或许也仅仅是一种乌托邦"③,却无可置疑地与后现代状况中人的命运关联起来,崇高也就溢出了原来的美学框架,"部分地从近代崇高的道德依附和认识论桎梏中得到解脱"④,成了存在论的基本命题之一。这是对崇高美学本身的拯救和拓展。

在捍卫差异、对抗传统形而上学总体性这一宗旨上,德里达比利奥塔贯彻得更为彻底。德里达运用自己发明的解构策略,将形而上学所理解的二元对立的关系,理解为自我与他者之间的延异关系,把延异理解为对立项之间"被误置的和具有歧义的通道","每一项皆有必要显现为他者项的延异"⑤。所谓延异,其基本的前提就是承认差异和差异的运动,以及差异化运动所留下的踪迹。这是在捍卫差异,拒绝同一。在《绘画的真理》(*The Truth in Painting*)一书中,德里达对康德《判断力批判》进行了详细的阐发,详细地分析了画框(parergon)所体现出的界限和去界限的思想。在德里达看来,画框并非简单地标记作品本身的内部或外部,而是重新划定了内部与外部之间的

---

① 刘冠君:《利奥塔的"崇高美学"思想研究》,山东大学博士学位论文,2010 年,第 3 页。

② 吴天天:《康德崇高美学的后现代状态——利奥塔、德里达和南希等对康德崇高美学的重构》,《湖北大学学报》(哲学社会科学版)2017 年第 1 期。

③ 朱玲玲:《后现代崇高及其越渡——利奥塔的崇高美学观念解读》,《江淮论坛》2011 年第 2 期。

④ 王嘉军:《叔本华的崇高理论:近代崇高与后现代崇高的过渡——以其"回忆"概念为例》,《文艺理论研究》2009 年第 4 期。

⑤ Jacques Derrida, *Margins of Philosophy*, trans. Alan Bass, The University of Chicago Press, 1987, p. 17.

界限。这一道界限的存在,使画作内部与外部的对立变得不再可能。①

　　将界限和去界限的思想应用在崇高上,崇高中的"巨大性"便并非无所限制或不具形式的存在,而是暗含着某种类似画框的存在,暗含着某种间隔化空间的存在。因为如果没有这条类似于画框的界线的存在,崇高的那个不可表现者将不可能被表现出来。② 没有这种间隔化空间的存在,审美主体不会对那个不可表现者有所感发。因此,德里达认为,在对崇高的感受中,想象力不是去联结或协调可表现者与不可表现者之间的矛盾或对立,而是暗示界限的存在,暗示超越界限的可能与必要。跨越界限意味着取消形而上学的同一化、中心化或总体化的要求,捍卫差异,承认差异的运动,承认差异化运动的踪迹,承认崇高与延异和播撒之间的关系。崇高成了差异化运动的产物。

　　正是在利奥塔和德里达重释崇高的基础上,南希延续和推进了利奥塔所规定的后现代主义的三大任务,在捍卫差异、见证不可表现之物、对抗总体性的道路上走得更远。在后现代状况中,南希将利奥塔后现代崇高中的碎片化时间维度,与德里达崇高中的间隔化空间维度结合起来,融入自己外展的思想,更为强调崇高感的生成性和不可完结性,类似于德勒兹思想中块茎的生命力的不断生成,在不断解辖域化的运动中,永远向一切方向敞开并外展出去。这一方面是对传统形而上学特别是黑格尔艺术终结观的解构,另一方面也是对德国观念论的反拨,是对康德崇高概念的重释。

　　也是在利奥塔将崇高理解为人的自由和超越性本质的体现的基础上,南希将崇高与充满张力的、无限的、如其本然的生存的本己性联系起来,崇高被发展成逾越美学框架而更具生存论意义的根本命题。也是在德里达关于延异和界限的思想基础上,南希将崇高理解为去界限化的运动,更为强调它的生成性和无限性,崇高成了对构成某种切分和去界限化的动态意义上的运动的关切,而不只是对不可表现之物的一般表现。南希还将崇高之思与对献祭

---

① Jacques Derrida, *The Truth in Painting*, trans. Geoff Bennington and Ian Mcleod, The University of Chicago Press, 1982, p. 134.

② David Carroll, *Paraesthetics*: *Foucault*, *Lyotard*, *Derrida*, Methuen, 1987, p. 142.

的思考联系起来,用供奉的概念描绘出崇高感的不可触知性和超越性,使崇高中的想象力获得了它异感发的维度。

　　总而言之,南希的崇高之思,实际上延续并深化了这三个后现代的任务,超越了崇高的传统理解并实现了对形而上学的突破,继承和发展了利奥塔和德里达对崇高的思考,重释了后现代意义上的崇高,使崇高得以逾越美学的框架,而抵达是其所是、如其本然的存在的本己状态。如果说,形而上学意义上的崇高意味着理性超越或否定感性,那么,以外展、界限、触感和供奉等特征所标记出的后现代崇高,则意味着在对感性的肯定中实现崇高本身的超越。

| 小　结 |

　　本部分通过南希对书写形式的思考,包括作为共同体的文学、作为意义之触感化显现的绘画,以及书写范畴对艺术基本问题的重构等,考察了当代西方书写思想对书写与艺术关系的理解。在南希的书写思想中,艺术占有极为重要的地位,这不仅是因为南希对艺术特别感兴趣,更重要的是,只有落实到书写的具体形式中,与具体的艺术形式联系起来,对书写的思考才是最具实践性的,才能与艺术实践结合起来。对书写的思考必须回应书写及其产物作为艺术形式的问题,脱离了具体艺术形式的书写,必然不会成为完整的书写,甚而会取消书写作为意义之共同显现的命题本身。书写之为书写,正是在其意义、存在、身体乃至技术等的共在中,尤其是在与艺术的共在中,才成为意义的共同显现。某种意义上,形式甚至直接构成了书写自身的本己性。除了常见的作为艺术样式的文学书写之外,南希将书写理解为一切生成意义或外展自身的行为,绘画也被南希理解为特殊形式的书写。

　　艺术的多样性,很长时间被看作艺术类别或等级的属性,或者是艺术表现形式的丰富性,并没有上升到本体论的高度进行讨论。南希发现,书写范畴可以实现对艺术的多样性、碎片化乃至崇高概念等基本命题的重构。在《为什么有多种艺术而非仅仅只有一种?》一文中,南希把“外展”和“部分外在于部分”展开为艺术的多样性的本质。南希反对把艺术想象为各种感觉,拒绝在艺术的多样性与感觉的异质性之间建立类同性逻辑。他在感觉的综合的基础上发展出“交错”的概念,发掘了作为各种感觉之交错的触觉之于艺术多样性本质的意义。对南希而言,只有当艺术触及自我、触及在世存在本身,它才能获得可触知的意义,这是艺术多样性的重要来源。因此,对作为艺术本质的多样性的思考,就是去敞开和外展出"在世存在"和多种艺术本身的意义。这些思想为我们重识艺术自主性和艺术终结论提供了新的启示。

作为德里达解构之思的重要继承者,南希将断片或碎片化理解为艺术乃至存在本身的重要开口和后现代状况下的意义世界的根本属性,把艺术的碎片化与生存的碎片化联系起来,发掘了碎片化的生存论意义。南希首先区分了艺术的两种碎片化:其一是枯竭与完成的碎片化;其二是事件与呈现的碎片化。后者与感性活动的碎片化本质、存在本身的未完成性和独一多样性等有内在关联。对碎片化艺术的理解,只有还原到感性愉悦的碎片化过程之中,才是可能的。在南希看来,艺术一方面以其破碎的形式最早揭示了一个形而上学的"意义—世界"的解体,使断片成为意义普遍失落之后的世界的根本特征,另一方面又率先试图在这个解体了的"意义—世界"中发现某种意义,从而赋予艺术以其可触知的物质形式,在人与世界之间建立起一种意义的关联。在这个意义上,南希的碎片化诗学,具有超越虚无主义和形而上学、重建意义世界的重要价值。

南希还将书写作为意义共同显现的思想,用在对基督教绘画的分析之中。在他的理解中,绘画作为留下痕迹的行为和表达意义的载体,是一种凝结着身体触感的外铭写。在这种触感化书写中,可见与不可见之间的辩证,从自身的内在性之中向着一个"在外的彼在"无限地外展,就是南希所理解的基督教绘画的真理。在对"这里是我的身体"和"不要触摸我"等基督教关于身体的理念的分析中,南希在文学书写和绘画书写之间建立比起对比关系,认为绘画书写的意义在于意义空间的自行敞开。在从无创造的基础上,南希深化了基督教的自我解构。南希特别考察了基督教绘画中的身体触感,并将这种考察与基督教的自身解构联系在一起。绘画,成了面向我们的世界敞开的通道,成了分享共通在场的一个入口,我们看到的不再是某种可记忆的、可见的再现,而是不可记忆之物、不可见之物。南希还将基督教还原为代表唯一神论的西方化整体图式,在唯一神论作为无神论的悖论和绝境中,来发现其自身解构的特征。

　　艺术的多样性、艺术的碎片化、基督教绘画对凝视的召唤与拒绝,都与作为审美范畴的崇高联系在一起,某种意义上甚至可以说是对崇高审美范畴的解构。对书写与艺术关系的思考,自然就必须联系崇高来进行。离开了崇高,书写走向碎片化,走向过度的多样化,很容易就流于皮相、表面或轻浮,不说对人的生存没有实际的影响,就是作为艺术本身也难有持存的价值。基于此,南希对"崇高"概念进行了生存论化的解读。由于能很好地实现对抗总体性、捍卫差异和见证不可表现之物的目标,崇高在南希那里得到了不同于利奥塔和德里达的重释。这不仅体现在对崇高中的"表现"和"界限"进行重新思考,还体现在艺术的终结、感性想象力与崇高的关系、崇高之为供奉等论题的思想中。南希把康德的审美图式区分为"美学扬弃哲学"和"哲学扬弃美学"两种范式,认为它们都没有准确表现出后现代状况中存在的根本状态。作为共在思想的持有者,南希对崇高的重读,并不仅仅在表现和界限的意义上具有价值,它还与艺术终结论、美(感性想象力)与崇高的关系、崇高之为供奉等论题联系在一起,与康德或德里达们相比,南希对崇高的重构显然更加复杂。南希将利奥塔崇高中的时间维度与德里达崇高中的空间维度结合起来,将"外展""去界限化"和"供奉"的思想融入对崇高的理解之中,更为突出崇高和崇高感本身的生成性、动态性、超越性和不可完结性,使得崇高最终逾越美学形态的框架,成为更具生存论意义的根本问题之一。南希对崇高概念的重释,既是对传统形而上学的解构,又是对德国观念论的再思,还是对后现代崇高的延续和发展,因而具有反思后现代状况中人的生存状态的重要意义。

　　对书写与艺术关系的思考,尤其是书写与崇高审美范畴关系的思考,实际上延续并深化了这三个后现代的任务,超越了崇高的传统理解并实现了对形而上学的突破,继承和发展了利奥塔和德里达对崇高的思考,重释了后现代意义上的崇高,使崇高逾越美学的框架,而抵达是其所是、如其本然的存在的本己状态。如果说,形而上学意义上的崇高意味着理性超越或否定感性,那么,以外展、界限、触感和供奉等特征所标记出的后现代崇高,则意味着在对感性的肯定中实现崇高本身的超越。

第四辑 │ 书写与文学

文学作为特殊的艺术形式之一，是最能体现书写的本质的。绘画中有笔触、触感、意义和身体的在场，但那种在场毕竟更多地依赖于艺术家的天才。对未经严格训练的普通人来说，从绘画中去理解书写，显然多有隔膜，他们更熟悉或者说更能理解的，是文学对对象的书写。在常用的语词中，书写更多时候与文学组合起来，成为一个几乎妇孺皆知的短语——文学书写。而且，从文学中去理解书写，也更符合普通人的认识方式。其一，不论使用何种语言，文学书写总是线性进行的，总是在文字的生产过程中被逐渐生成；其二，文学书写总是有一个产物，即文学作品，通过文学作品召唤结构的询唤，人们总能体会到文学书写本身的过程和魅力；其三，即便是普通人，只要是稍微接受过文字训练的人，都有书写尤其是文字书写的切身体验。在上述因素的综合作用下，从文学介入对书写的理解，也能更充分地说明书写的本质。南希的书写思想虽然是从意义理论切入的，将身体、共在、存在、艺术等概念融入书写概念之中，使书写概念脱离了普通人认识领域中的常识判断，使书写更具哲学内涵和理论特征。

| 第十章 |

从视像到书写:重读福楼拜的《圣安东的诱惑》

作为视像的诱惑的空无本质,福楼拜的小说《圣安东的诱惑》①(下文简称《诱惑》)对中世纪埃及基督教隐修故事的改写,是对诱惑本身展开的文学家式的哲学思考。小说对作为视像的诱惑的悖论及其空无本质的探索,以及非个性化的写作立场和文体自立的文本风格,体现出颇具前瞻意义的现代性特征。主人公圣安东在幻觉中所历经的形态多元的诱惑,是视像作为图景的多元显现,内含着神性与物性、恪守与动摇、他者与自我等多重悖论。诱惑不再被理解为通达宗教神圣性的必要介质,而是主体不断拒绝自我圣化而回归物质性和可感性的过程。非个性化的写作立场和文体自立的风格形式,既是对但丁式神圣书写模式的放弃,也是对浪漫主义诗性创造的拒绝,更是对绝对文学的超越性反思。用书写来定义生命,用生命来定义书写,这种"生命—书写"的书写方式,使福楼拜站在了现代性的门槛上。在这个意义上,所有现代作家都是福楼拜笔下的圣安东的后裔。

---

①　福楼拜的《圣安东的诱惑》(*La tentation de saint Antoine* , 1874,现在一般通译为《圣安东尼的诱惑》),由李健吾于 1937 年 1 月通过上海生活书店第一次介绍给中国读者。2017 年上海译文出版社出版了李译的新版。见福楼拜:《圣安东的诱惑》,李健吾译,上海译文出版社 2017 年版。本书所引小说原文,均采用这个版本,只标明页码,不一一附注。

学界对福楼拜的研究,往往颇重《包法利夫人》,而对《诱惑》关注明显不够。至今所见,仅有李健吾的《福楼拜评传》、王钦锋《福楼拜与现代思想》中有专节文字进行述论,但所述皆为小说历三十余年屡经修改的过程,所论也只是将《诱惑》作为评述福楼拜文学思想和创作特征的佐证材料。① 至于丁英娣专门论述《诱惑》的硕士论文,也只是从宗教神学角度对小说进行阐释性描述;②韩之江对小说象征手法及其背后的批判意义的解读,也仅仅是抓住了小说"疯癫"的形式特征;③巴文华虽然较早将小说与现代派艺术的渊源联系起来,对《诱惑》的现代性内涵的剖析却语焉不详,似是而非。④ 这种有意无意的忽视,突显出来的恰恰是学界对福楼拜作为现代性门槛之创作意义的漠视,是对福楼拜之于现代文学史意义的遮蔽。实际上,《诱惑》早在1857年就被诗人波德莱尔称许为"思想密室"与"诗人和哲学家最感兴趣的一本书"。⑤ 何以见得呢?作为现代性书写奠基人的波德莱尔,显然发现了小说中不同凡响的深刻意蕴。这个意蕴,在笔者看来,就是文本所蕴含的多重现代性。福楼拜的《诱惑》将对于现代意义上的主体之考验推到极致,从而叩问人与世界、人与神甚至神与神的关系,直逼存在的意义问题。在南希的论域中,我们也不妨将《诱惑》解读为意义现象学的文学呈现。由于叩问到生存的意义,《诱惑》构成"文学绝对"的一种诗学形式。

第一节　作为视像的诱惑的空无本质

视像(vision)是远景、幻想、幻影的视觉显现,是超过主体的可感知性,近

---

① 李健吾:《福楼拜评传》,广西师范大学出版社2007年版,第177—212页;王钦峰:《福楼拜与现代思想》,宁夏人民出版社2006年版,第31—34页。

② 丁英娣:《〈圣安东尼的诱惑〉的宗教神学解读》,兰州大学硕士学位论文,2007年。

③ 韩之江:《疯癫下的真相——〈圣安东尼的诱惑〉的象征解读》,《外语学界》2016年第0期。

④ 巴文华:《论〈圣安东尼的诱惑〉——兼及现代派艺术溯源》,《外国文学研究》1990年第2期。

⑤ 夏尔·波德莱尔:《论〈包法利夫人〉》,《浪漫派的艺术》,郭宏安译,译林出版社2012年版,第88页。

乎古希腊的迷狂、神秘主义的仪式、信仰的启示录、康德的崇高，是吸引主体，而主体又无法认识的对象，但此对象其实不可接近，又召唤我们投入，构成诱惑。因为是远景，是崇高，是神圣的，因此不可能被对象化，不可能被明确感知，但主体又试图接近，这个视像又充满了诱惑，召唤主体的认同，就导致了深渊，导致了虚假的投入，导致了个体的牺牲与献祭，或者个体的疯狂与死亡，恰似释家的梦幻泡影，缘生性空。所有这些视像，尤其是与神秘、神话结合，形成幻象，罗列这些，认同诱惑幻象的百科全书，乃是写作的展开过程。

对于《诱惑》主人公圣安东来说，他在一夜幻梦中建构出的视像图景，也为我们剖析福楼拜创作的现代性提供了便捷的最佳切口。我们知道，《诱惑》是以基督教隐修上圣安东的一夜幻梦为题材的，它让圣安东受到各种幻觉的、淫乱的、狂热的、魔鬼的诱惑，打开了一个囊括幻想、梦魇、妄念、狂暴、困苦、疯癫、悔罪的宝藏。对圣安东来说，诱惑是以幻象的方式存在的，它来自迷狂，是幻境和妄念的产物，是超越于他本身的各种视像。福楼拜将《诱惑》的宗旨"定位在幻觉"，其目的在于呈现诱惑本身的视觉性和虚假性，揭示缘生性空，如梦幻泡影的真谛，进而通达色空不二的智慧之境。

本来，圣安东希图在由妄念和幻境建构出来的视像图景中，捕获自己本质化的主体性力量，或者至少为清苦贫寒、孤独伶仃的隐修生活寻求情感宽慰或信念支持。但是，以视像方式建构的，以物性、性欲、知识、科学、理性、信仰、自由等为内容的诱惑图景，不是充满矛盾的欲求，就是频频堕入虚无，隐修之前所建构的意义世界轰然坍塌，情之所寄与思之所托安在？对圣安东来说，他不得不面临南希所说的"所有的意义都已被抛弃"①的那种困境。诱惑一次次出现，又一次次消失，一次次冲破幻念，一次次触及欲望对象本身，但最后仍然摆脱不了走向空无的危险。这种状态也就是南希反复描述的那种"世界已经不再有任何意义了"的状态："不再有一个平静的世界，一个宇宙，一个组成和完整的秩序……世界不再有任何精神，也不再有任何历史可以支

---

① Jean-Luc Nancy：*The Sense of World*，p. 2.

持人们进行价值判断。"①不过,这种状态的形成,在小说中有一个发展的运动过程,也就是作为视像的诱惑图景次第消逝的过程,其间彰显出明显的现代性特征。这也是站在现代性门槛上的福楼拜的超越性意义所在。

对隐修之前过往生活的回忆,实际上是圣安东对"前隐修"状态的否定,同时也是对不同生活阶段的不同意义的弃绝。离家时母亲和妹妹的痛苦传达出的那种人伦温情,并没有挽回即将遁入纯粹宗教生活的圣安东热切的心,即使独居墓穴与蝎子兀鹰为伍,受各方异教信仰和各派哲学主张的蛊惑迷醉,耳闻各路僧侣日啖美味甘酯的修行方式,都不能动摇圣安东隐修的意志和决心。过往生活作为第一重诱惑的视像,其世俗的意义也被沙漠中十字架的斜影所否弃。他开始在《圣经》这本宗教大书中寻求信念的支持。然而,这本大书"并未开启一个保护机制,全然是一种可疑的晦暗,夹杂着图像与知识的蜂拥"②,它所开启的意义空间,却充满过多自我抵牾而两自相悖。他将信仰的动摇归咎于魔鬼和"淫欲之神"的诱惑,满眼所见,是水塘、妓女、破庙、士兵、白银等如同影像快放一样飞来飞去。只有闭眼主动放弃这些视像图景,才能让那种"难以形容的恐惧""炽热的抽搐"以及"浩瀚的沉静"③从内在精神中排除出去。这第一重视像,世俗生活之物性与性欲的生活意义,也就是作为历史的过去,就已经被送入了空无之境。

幻觉的力量与食不果腹、衣不蔽体的现实处境之间强烈的反差,使圣安东产生了由食与色生成的第二重视像。恍惚中无尽的山珍海味和无量的金银珠宝,独受君士坦丁大帝宠幸的礼遇与尊荣,挥师屠灭异教信众的恢宏壮举,示巴女王的频示温情和厚礼蛊惑,最终都成为"空的"。这些"身外之物",是作为"物"的圣安东的现实所需。然而此时的圣安东对这种"物性"并没有认同,而是试图像约翰·班扬笔下的"基督徒"一样,将"物性"的诱惑理解为

①　Jean-Luc Nancy: *The Sense of World*, p. 4.

②　福楼拜:《〈圣安东尼的诱惑〉》,汪安民编:《声名狼藉者的生活:福柯文选Ⅰ》,北京大学出版社 2016 年版,第 87 页。

③　福楼拜:《圣安东的诱惑》,第 21—22 页。

支撑其虔诚信仰、证明宗教神性的必经历练,通过对"物性"的拒绝获得他作为主体的大写意义。对他来说,"物性"的空无本质,是构成他知识欲望和信仰动力的基本前提,他很快将诱惑的对象指向自己的内在精神。

伊拉芮影的谈教论理,对基督教圣典之矛盾性的无情揭示,各派教士纷繁喧嚣各不相让的无尽争辩,逐渐瓦解了圣安东信仰的坚定性,然而各教圣徒并未引走他。从这些众声喧哗中,圣安东开始思考"神祇的样式引起认识神祇的欲望"①"物质既有那么多的能力,一定含有一种精神"及"神祇的灵魂凭附在它的形象里"②等问题,基督教教义与其他异教理念的冲突,使他对精神信仰之意义的信念开始逐渐动摇。基督教信仰模式的全部意义,也就是人为自己制造一位上帝,一个绝对的偶像,他自己的创造性杰作就是他自己的形象,即让"人=上帝的形象=造物主"的等式成立。但佛教对"人—物—我"之关系的解释,准确击中了圣安东对信仰之虚无本质的要害。佛说:

> "一切感觉,一切喜悦,一切疲倦,俱乃绝灭。""尔时排除万虑,思路广阔;我即稔知万物成因,形色皆幻。""人、兽、众神、竹、海、群山、恒河沙粒,与夫无数星辰,均将死亡;宇宙覆灭,仅一火焰,舞于废墟之上,伫候新生莅!"③

明空则破色,破色则心空。佛教对诱惑之真义的熟谙,使其他众神祇全低下头,佛教因而获得了亿万人的信仰。这既是对基督教隐修信念之神圣性的去圣化,又是把基督掩映在这些异教形象之中的真实图像。④ 在这第三重

---

① 福楼拜:《圣安东的诱惑》,第 143 页。
② 福楼拜:《圣安东的诱惑》,第 144 页。
③ 福楼拜:《圣安东的诱惑》,第 151—153 页。
④ 福柯说:"圣安东尼的'诱惑'代表了由基督教所激发的双重幻想——过去的华丽盛景与未来的无限收获。……《诱惑》并不在闪烁的图像的掩饰下隐藏真实;它在真相中揭示图像的图像。"见米歇尔·福柯:《〈圣安东尼的诱惑〉》,汪安民编:《声名狼藉者的生活:福柯文选 I》,第 98 页。

视像中,基督隐修坚定信念的意义也沦入空无。

在逐渐高大、集结着科学与魔鬼双重特征的伊拉芮影的挟带之下,圣安东浏览宇宙万象,获得了一个关于科学的清晰视像。太阳从不沉落,天空只是星宿的组织,世界在幅员不动的空间中行动,上帝并不含有一切完备的条件,善恶只与人的自我息息相关而无关乎宗教……种种近代科学的惊人发现,使圣安东对上帝之纯粹性产生怀疑,上帝本身的"物性"使他感到"一阵可怕的寒冷一直冷到我灵魂的深处","我的良心在'虚无'的延扩之下粉碎"①,但他仍然凭着对上帝的"最后一线的希望"张开了眼睛②。眼睛的重张意味着新的视像的生成,新视像的生成又意味着对上帝之意义和科学之价值的否定。在这一重视像之中,具有魔鬼般魅惑力的科学的意义,也被圣安东送入了空无。

在接下来的视像中,圣安东看到了死亡与物欲所象征的瓦解与新生、破坏与重建、生育与毁灭、腐朽与繁殖等多重对立却又两相统一的图景。死亡即是空无,即是对一切存在之空无本性的终极显现,它乃是色空、性空、悟空,是一切万有、众缘和合而成的绝对。死亡并非真正的解脱和单纯的完结,死亡本身无法终结也无法被否定。正如布朗肖所说,死亡"是使我出离自身、完全失控的经验,这是一种分离,却同时是唯一可以打开我、把我引向共通体的一种分离"③。物欲即是新生,即是力量,是使万有之存在具有意义的物理基础,是使一切意义和价值得以显现的必备形式,是与祈求神灵获得的"向上愿望"相对立的"向下的喜悦"。④ 但是死亡和物欲的诱惑也并未让圣安东屈服,即使"仰身倒了下去"也在一阵摇撼中"半睁开眼睛"。眼睛之于圣安东的意义,不只是将外在现实成像于他的意识面板,更主要的是它可以让视像变得

---

① 福楼拜:《圣安东的诱惑》,第 211 页。

② 福楼拜:《圣安东的诱惑》,第 212 页。

③ Maurice Blanchot, *La communauté inavouable*, Éditions de Minuit, 1984, p. 21.

④ 福楼拜曾说:"任何人在任何时候都同时具有两种诉求:一种向往上帝,另一种向往撒旦。祈求上帝或神灵是向上的愿望;祈求撒旦或兽性是向下的喜悦。"见福楼拜:《福楼拜文学书简》,丁世中译,北京燕山出版社 2012 年版,第 4—5 页。

有意义,既可以否弃以前的多重视像,又可以产生新的视像。这一次的"半睁开眼睛",又一次将死亡与物欲之绝对性,送入了"虚无的深渊",这也就是福楼拜本人所欣赏的观念,就是"绝对的虚无"①。这种虚无,就是萨特曾经分析的福楼拜的生存论的无意义感。

　　在最后一重视像中,面对活跃的生命景象,圣安东表达出融入物质世界、与万物同一的强烈愿望:"钻入一粒一粒原子,一直坠到物质的尽头,——成为物质!"②这种"成为物质(matter)"的渴望,赋予了圣安东极其重要的存在论意义。因为他不是"想要去做"(want to do),而是"想要成为"(want to be)。这个"成为"(be)是对旧我存在的排除,是对旧我之主体性的放弃,也就是福柯所说的"成为他者,所有一切他者:全部的认同重新建立,并通过回返之闭合来实现时间的原则",也就是"最高的诱惑"。③ 具有反讽意义的是,存在的最高诱惑就是不存在,所有存在又都只能是一种"在世界中存在"(being in the world),一种"物质性"的存在。所以,圣安东这个"最高的诱惑"也宣示了他对内在精神生活的绝对放弃。一切有为法,如梦幻泡影,这也就是西方所谓光的颤动,一切皆为非真实的存在,就像它对文本的结尾和开始部分所做的那样,是最能描述"视像"中至关重要的东西——与事物的核心、起源和基本原则关联在一起的颤动的物质。于是,视像升华为眼中的狂喜,一种有远见的眼光,能够产生自己的光芒,以及富有想象的创造力……这正是视像、幻象的本质,也是诱惑的真相。在这个意义上,福楼拜对诱惑的理解,已经超越性地敞开了空无的本质。

　　然而,这个成为物质的最高诱惑只出现在圣安东的幻觉之中,当基督的面孔又熠耀着出现在太阳的圆盘时,他又开始了新一轮的祈祷,以"回返"的方式结束了他与"在世界中存在"的斗争。又是视像的作用使圣安东拒绝了"成为物质"的最高诱惑,他结束了自己的幻觉和妄念,似乎又回返到苦修的

---

① 福楼拜:《包法利夫人》,朱平华译,广州出版社 2007 年版,"前言"第 4 页。
② 福楼拜:《圣安东的诱惑》,第 238 页。
③ 汪安民编:《声名狼藉者的生活:福柯文选Ⅰ》,第 96 页。

宁静之中。这个结尾,就是南希所说的"完全矛盾的"结尾:"圣安东最终既没有从诱惑中将自身解除出来,也没有屈从于诱惑。"[1]虽然作者并未明示此时圣安东激烈的内心斗争与精神冲突,但聪敏的读者不难看出,此时的圣安东已经不是那个坐在小屋门槛前被回忆所纠缠的孤苦老人了,他表面的宁静下实际上深蕴着复杂的对于意义之空无的抵抗。一方面他用"成为物质"抵抗着基督隐修的空无意义,另一方面他又用新一轮的祈祷抵抗"成为物质"的空无本质。不断颤动的物质小颗粒,可以被不断细分,越来越小,直到"物质的尽头"即是绝对的空无,空无的绝对。佛家"色即是空,空即是色"之最高颖悟,是此时圣安东心境的最佳写照。但是,物质的空无,并不是没有,而是标示了一个位置,一个空位,它对圣安东形成了某种意义的召唤。这种召唤,连同圣安东的双重抵抗,构成了一种充满"梦样谵妄的能量"[2]的崭新的诱惑。对福楼拜来说,这种诱惑也就是现代性的诱惑,书写的诱惑。福楼拜以文学形式呈现了诱惑的悖论,在生存论上揭示了意义的难题,其隐微指向是,意义就是我们,而我们不幸归本虚无。

第二节　对诱惑书写及其神圣模式的拒绝

在东西方文化的神学语境中,诱惑往往被看作宣明宗教教义的媒介和桥梁,是确立人的主体位置和敞开其意义空间的必要介质和必经历练,信仰的虔诚和神性的体现都以诱惑为试验的工具,所以它也成为几乎所有宗教艺术反复书写的永恒主题。就像波德里亚总结的那样:"一个不可磨灭的命运压在诱惑之上。……诱惑曾经是魔鬼的策略,巫术或爱情的策略。诱惑永远都是邪恶的诱惑,抑或人世的诱惑。"[3]现代工业社会的发展,使诱惑也成为调节世界以保持象征性平衡的工具。波德里亚发现,现代世界"绝对不是由法则

---

[1]　Jean-Luc Nancy, *Multiple Arts：The Muses Ⅱ*, pp.71-72.

[2]　汪安民编:《声名狼藉者的生活:福柯文选Ⅰ》,第80页。

[3]　让·波德里亚:《论诱惑》,张新木译,南京大学出版社2011年版,第1页。

来调节,就像基督教世界那样,也不是由政治经济学来调节,而是由一种诱惑的各种事业来调节,这些事业在神灵和人类之间保证了一种象征性平衡"①。只是波德里亚把这种诱惑的事业作为身体和性解放的必要途径。所以,从宗教神学世界到"上帝死了"之后,诱惑都在人的主体性之建立和世界平衡之保持方面,发挥着至关重要的作用。那么,对于站在现代性门槛上的福楼拜来说,诱惑又有着怎样不同的意义?

对作为视像的诱惑之空无本质之运动过程的发现和书写,使福楼拜站在现代性的门槛上,获得了崇高的赞誉。福柯就曾极力赞许《诱惑》是"一座一丝不苟的博学纪念碑",是在与此前小说或绘画中的诱惑书写的联系中进行创作的,甚至产生了一种"图书馆现象"。② 波德莱尔也称许它为"思想密室"与"诗人和哲学家最感兴趣的一本书"。但是,这种崇高地位受到了另一位解读者——南希的挑战。在《关于书写:一无所示》中,南希明确指出,这是"文学灾难的例子":

> 福楼拜的《诱惑》是一个奇怪的文本,它的一切都取决于结尾,而文本的主体部分充斥着视像和信息、等级话语或神秘话语的陈词滥调,以及没有任何能实际影响其书写的东西。这是一个不要求任何进一步评论、阐释或"阅读"的文本,而且不激发任何基于这个文本或基于文本的字里行间得到任何灵感的书写。除了学术注释,或者是不相关的心理传记类注释,没有人会对它感兴趣。③

为什么评价如此悬殊甚至两相对立?其实,这种迥异的评价是从不同侧面对《诱惑》进行观照的结果。理解福楼拜,首先应将他视为一个真正的书写者,将其文本视为纯粹的文学体验。也就是说,福楼拜对意义之空无本质的

---

① 让·波德里亚:《论诱惑》,第 71 页。
② 汪安民编:《声名狼藉者的生活:福柯文选Ⅰ》,第 82 页。
③ Jean-Luc Nancy, *Multiple Arts*：*The Muses* Ⅱ, p.71.

反思,虽然颇具哲学和宗教意味,但也只能是文学家式的。他的立意显然是其文本的文学性本质,而不是宗教教义或道德伦理的宣示,也不是对某种哲理的发现和阐明。作为文学家的福楼拜及其既在场又缺席的状态,以及福楼拜生动激越的想象力,使《诱惑》拥有难以名状的力量,即使它借鉴了很多"前文本"的启示性场景。在这个意义上,福柯的下述论证就显得特别重要:想象并不是对真实进行否定或增补,而是在符号中生长,"诞生、成型于文本的'居间'(entre-deux)之中"①。这个"居间",既是圣安东在物性与神性、恪守与动摇、他者与自我、信仰与弃绝等悖论之中的生存空间,也是福楼拜敞开诱惑之空无本质的文学空间,是"前文本"与"现文本"、视像与书写、前现代性与现代性之间的深渊得以敞开的意义空间。

如前所述,从对诱惑之视像图景多元形态及其悖论的揭示来看,从对作为视像的诱惑之空无本质之运动过程的发现来看,都可以得出波德莱尔和福柯式的结论;但是,如果从文本作为通常意义上能给人带来启示或乐趣的文学作品来看,南希的结论也并非不可理解。实际上,南希真正抓住了《诱惑》在文学书写方面的特质——它既非真实,又非虚构;既非开启某种启示的神圣书写,又非描绘某种超越的诗性创造;既不能提供具有实际意义的信息,又不能激发任何继续写作的灵感。一句话,《诱惑》不是通常意义上的"文学书写",它对诱惑书写中常见的神圣模式和诗性创造的排除,使它在诱惑书写历史长河中显得颇为异类而且卓尔不群。

在《诱惑》与但丁的《神曲》之间,不难发现存在着极为明显的对应关系。但丁的灵魂在"人生的中途"所遭遇到的困境,以及他在维吉尔和比阿特丽丝的引导下游历地狱、炼狱、天堂的过程,与圣安东对隐修之现实处境的怀疑,以及他被物欲、信仰、科学、死亡等诱惑图景空无本质的次第发现,有着内在的相似性。两个文本的结尾也存在着精确的"范例—原型"的对照模式。《神曲·天堂》的结尾是:"我看到了这个复合体的普遍形式,因为在讲述它的时

---

① 汪安民编:《声名狼藉者的生活:福柯文选Ⅰ》,第82页。

候我感觉到我的欢乐洋溢开来","现在,去看那最像基督的面孔,因为只有它的光芒能够让你看到基督"。①《诱惑》的结尾是:"白昼终于出现,仿佛一座神龛的幔帐掀开,金色的云霞盘旋向上,露出天空。就在中央,正当太阳的圆盘,耶稣基督的面孔熠耀着。圣安东画了一个十字,开始祈祷。"②表面上看,《神曲》似乎构成了《诱惑》的"范例"和"原型"。实际上,《神曲》的要义在于以得见基督抵达超验世界为最终指归,它听命于神甚至追踪神迹,具有明显的启示性,仍然是"神圣书写"的运作模式。《诱惑》却排除了这种启示性的神圣运作模式,圣安东所追求的不是像但丁那样的"去看",而是"成为物质"的"去成为""去存在",不是去感知,而是去被感知,离弃自身的主体性而去还原自身绝对的感知性。所以眼睛所看到的视像,以及用光线结构表现的所有图景,都是将视像和世界还原为绝对可感的物质性,也就是从神性模式中大规模撤退。福楼拜将但丁的假设转化为诱惑,将比阿特丽斯转化为伊拉芮影——由前者的"圣洁性"转化为后者的"恶灵性",可以说这是一种"亵渎神圣"的书写形式。这种亵渎,使文学书写的现代性成为可能。

　　同样,在与约翰·班扬和约翰·弥尔顿的诱惑书写的对照中,福楼拜这种"亵渎神圣"的书写方式的现代性可以得到更为充分的凸显。表面上看,三位作者的主人公都是在维护基督教教义的纯洁性和严肃性,通过不断克制自己的欲望来战胜外在邪灵和内在心魔,来抵抗诱惑,诱惑都是他们成圣成仁的必经之途和必备工具。但在对诱惑这一主题的思考上,却有不容忽视的内在差异。在《天路历程》中,诱惑是以被完全否定的形式呈现的,作为"恶"和"罪"的典型象征,它处于"善"的对立位置,成了基督徒追求真理、获得拯救的阻碍和限制。约翰·班扬遵循了传统基督教对诱惑的两种处理方式:一是逃避或远离;二是克制自己内心的欲望。简言之,都是以禁欲和苦修的方式达到提防和抵制诱惑的效果。所以,小说中基督徒越是能压制自己内心的欲望、抵制住诱惑,他的精神力量就越强大,越能实现灵的升华,越能证明信仰

①　Dante, *Paradiso*, trans. John D. Sinclair, Oxford University Press, 1961, p. 93, 87.
②　福楼拜:《圣安东的诱惑》,第 238 页。

的神圣,也越有可能最终成为基督式的英雄。弥尔顿则以自由意志为先决条件,在精神的升华中以善制恶,既不是抗拒也不是逃避,而是直面诱惑以激发神性,诱惑实际上是人自由意志的自然产物。但正如研究者所指出的,在弥尔顿这里,"诱惑的过程实际上就是整个耶稣信仰发展的神学反思的结果"①,诱惑仍然仅是上帝试探人的介质,或是魔鬼报复上帝的手段,其自身的本体地位仍是被压制和忽视的。

福楼拜的诱惑观突破了善与恶的二元对立,并揭露了基督教教义中"原罪"和"赎罪"的无效性。对圣安东来说,诱惑不仅是单纯的宗教教义中罪的象征,而且是凌驾于唯一神论宗教之上的、具有形而上本体论意义的存在。这是排除所有外表以光耀上帝的真理,这是破坏圣像的诱饵,因为上帝的真理并不存在。正是这诱惑使得每种要素与每个角色,不仅在基督教教义的可见的神圣秩序中,而且在知识与科学的运动中,在延伸至宇宙最远边界处立刻重返生命最简单元素中,占据着重要的地位。诱惑是与存在自身同等的,它不断地打开自身又永远在回返自身,如同褶皱般层层折叠,展示着各种不同的可能性。某种意义上,诱惑话语对抗的不是他者,而是话语本身,是欲望主体与客体之间的深渊。

福楼拜在《诱惑》中对诱惑的思考,实际上延续到了《布瓦尔和白居谢》(1880)。两部作品有极多相通的元素:于隐修状态中所体验的诱惑,冗长的试探过程,梦幻与信念之间的纠缠,等等。与圣安东相比,布瓦尔和白居谢是积极的修行,他们的诱惑来自热忱,圣安东的诱惑则来自幻觉和内心。而且,"圣安东的圣性被他不信之物征服;而布瓦尔和白居谢则在他们的信念的溃败处获胜"②。"想要去做",是布瓦尔和白居谢将圣性与愚蠢联系起来的基本方式,圣安东则是以"想要成为"的方式与前者区分开来。正是以这种方式,诱惑得以一点点地将他攫取:他在佛陀的诱惑中认清了自身;在面对物质时,

---

① Stephen B. Dobranski, *Miltion and Heresy*, ed. Stephen B. Dobranski, Cambridge University Press, 1988, p. 64, 229.

② 汪安民编:《声名狼藉者的生活:福柯文选 I》,第 104 页。

他身上那种所见与所是相同一的欲望才最终获胜。他想要变成物质。圣安东战胜了永恒的"大书"——《圣经》，开启了令所有诱惑激昂迸发之书，变成了纯粹物质的无限运动。

南希所指出的《诱惑》不激发任何基于它的灵感书写的特点，与小说以幻觉作为结构全篇的写作手法似乎并不匹配。"造成幻觉"可以突破视觉本身的有限性，可以将视觉的真实性和身体的现实感转化为一种修辞性和虚拟性，但是幻觉仍然具有可感性和诗意性。正如福楼拜所说："在纯粹和简单的幻觉中，您可一眼看出虚假的形象；又用另一只眼看实在的东西。"①建立于现实基础上的幻觉，实际上是真实性与虚构性、现实感与想象性的复合体。表面上看，福楼拜让圣安东沉浸在自己由幻觉营造的视像也就是神话般的幻象之中，这是一种浪漫主义式的诗性想象，或者说是对诗性创作或文本世界中诗性的沉迷。但是显而易见，这种沉迷并不是福楼拜所追求的东西，相反，他追求的是"文学退出'创造'或者说'再创造'的神话化、诗意化"②。因为一切存在都只能是"在世界中存在"，圣安东的幻象所揭示的对启示的欲望，福楼拜那种既在场又缺席的状态，都是对浪漫主义式的"诗性创造"的抽离。我们在文本中见不到作家的上帝视角，也听不到他无处不在的声音，福楼拜既取消了圣安东之于神圣写作模式的主体性，也取消了自己的想象性创造的权利。这自然地与福楼拜的写作立场联系在一起。

第三节　非个性化的写作立场

南希曾不止一次地论证《诱惑》对绝对文学的思考。他说过，这个文本实际上可以被解读为"对绝对中的文学（literature in the absolute）的一种完全批判性的思考，这种文学旨在表现或再现总体性，并贯穿整个存在的核心和

---

① 福楼拜：《福楼拜文学书简》，第118页。
② Jean-Luc Nancy, *Multiple Arts*：*The Muses* Ⅱ, p. 74.

所有事物的起源"[1]，又说，"《诱惑》是一个梦游者投入神迹模式和作为启示的文学模式的同步产物，也是对那种绝对文学的坚决抗争，即那种仅仅揭示其自身影响的文学，那种当它不再能被其他事物神圣化时自我神圣化的文学"[2]。换句话说，所谓绝对文学，是指通过创造性想象的方式，使文学抵达它自身的"绝境"(aporia)和"界限"(limit)，从而使自己成为神秘不可知的那种文学。它包含三个层次：一是讲述一个纯粹虚构的故事；二是讲述文学本身的故事；三是讲述某种不可知的秘密的故事。第一个层次是显见的浪漫主义文学；第二个层次是文学的元叙事，即关于文学的文学；第三个层次是呈现某种总体性和神圣性的神圣文学。

对《诱惑》而言，它首先不是讲述一个纯粹虚构的故事。无论是在基督教史还是在艺术史上，圣安东的形象早已基本定型，过度虚构只会使这个形象严重变形，而且小说也没有一条完整的从开端到发展到高潮到结局的故事线索。它也不是关于文学本身的叙事，虽然有对书写的哲理思考，但并不构成现代意义上的元小说和元叙事。它更不是关乎总体性和神圣性的文学，这从前述它对神圣书写和诗性创造的排除中可以看出来。所以南希直截了当地说它是"文学灾难的范例"[3]。它不是绝对文学或文学的绝对，它有自己的书写方式和文体特征，事实上它是福楼拜实践"艺术至上"理念的产物。

所谓"艺术至上"，是以祛除作家意图为目的的"非个性化"(impersonality)或"无动于衷"(impassibility)的创作原则，即"艺术无关于艺术家"，这个理念对 T. S. 艾略特和 V. 伍尔夫等现代主义作家有深远的影响。福楼拜曾经认为："随着时日推移，艺术将会有科学性，而科学也将带有艺术色彩，两者的根底是分开的，而顶端会连接在一起。"[4]所以他极力借鉴科学手段，以促进艺术与科学的交融，不过交融仅是为了达到审美效果，而不是如同现实主义或自然主义

---

① Jean-Luc Nancy, *Multiple Arts*：*The Muses Ⅱ*，p. 70.
② Jean-Luc Nancy, *Multiple Arts*：*The Muses Ⅱ*，p. 75.
③ Jean-Luc Nancy, *Multiple Arts*：*The Muses Ⅱ*，p. 70.
④ 福楼拜：《福楼拜文学书简》，第 79 页。

所追求的历史真实性或宣传科学结论。同时在创作中,福楼拜反复调整叙述手段,创造性地使用了自由间接话语、具有限制性和灵活多变特点的叙述视角,以及音乐的对位法等进行叙事,这在《包法利夫人》《萨朗波》和《情感教育》等作品中都有体现,其目的也就是实现他认为的艺术的最高境界,亦即艺术不在于让人哭笑,让人动情或发怒,而是要得"自然之道,使人遐想","外部很沉静,实际深不可测"。① 一切杰作,莫不具有这种性质。正是基于对纯艺术的追求,福楼拜也成为形式主义批评方法的早期倡导者,以及后现代主义小说的先驱之一。这种"零度写作"的姿态为小说叙事艺术的发展做出了开拓性的贡献,普鲁斯特、卡夫卡、乔伊斯、罗伯-格里耶等现代主义和后现代主义作家几乎都把他奉为始祖与楷模。在《诱惑》中,这种追求是通过"述说虚无"与"文体自立"来实现的。

述说虚无,即是指文学主题的虚无化和非实体化,消除作品直接表征生活世界的"及物性",使主题以"不及物"的形态呈现,使它与时代、功利、个人情感和世俗道德拉开距离,使它远离社会生活实体的主流趋势,把作品的主题直接隐没在文笔内在的力量里。在《诱惑》中,真正的主题只有一个,它既不是圣安东也不是耶稣基督,而是"诱惑",是绝对的虚无,也是虚无的绝对。福楼拜曾以"地球全无支撑,却在空中运行"为喻,说明他所青睐的好书是"不受外在牵连,全仗文笔内在的力量""没有明显的主题"的作品②;他甚至认为,"最好的作品,素材也最少,而表达更贴近思想,文字更加贴切,甚至隐没在思想里,这才是真的美。文艺的前途实有赖于此"③。福楼拜极力提倡祛除作家意图以隐没思想为目的的"非个性化"创作原则,实践"艺术无关于艺术家"的艺术理念,并把它们扬升到事关文艺前途的高度进行精心实践,所以他的作品几乎都是"外部很沉静,实际深不可测"。《诱惑》虽然以幻觉方式来表现意义及其空无,但这种表现无关于浪漫主义幻象的灵感,它对诗性创作或文本

---

① 福楼拜:《福楼拜文学书简》,第 94 页。
② 福楼拜:《福楼拜文学书简》,第 75 页。
③ 福楼拜:《福楼拜文学书简》,第 76 页。

诗性的放弃已如前述。

在《诱惑》这部"运用现代小说的写法去写古代"[①]的小说中,除了最为人称道的极富原创性的组织谋篇手法之外,作家退出文本,让文本按照自己的节奏自动演进,呈现出客观真实的审美效果,也就是"文体自立"的美学目标。所谓"文体自立",指的是"风格"并不依靠作者鲜明的立场得以彰显,而是凭借其内在力量独自"站立",这种内在力量来自小说人物或思想的内在张力,就像陀思妥耶夫斯基的复调小说一样。这意味着"风格"或者"形式"成了福楼拜文学创作的鲜明特色,乔治·桑在评价《情感教育》的文章中指出:"作者巧于展示人物,通过一个个场景、一段段对话,揭示每个人真正的本性,而作者很知趣,从不出现在所写人物的背后。"[②]这句话用在《诱惑》上,其实也是极为准确的。《诱惑》对诱惑的哲思,并不是由作者出面直接宣示,也不是假借人物之口或人物心理活动来间接暗示,更不是利用诘屈古拗、晦涩神秘的意象来隐喻象征,而是让信仰、欲望、智慧、美德等幻化为以诱惑为基底的各种异形,以叙说为基本手段直陈各类主张,乃至产生众声杂糅的复调效果。在这里,作家对人物不偏不倚、不置臧否,人物思想主张也是自动发展难分主次,推动文本的力量来自文本自身的自动发展。这种"题旨隐蔽""文体自立"的处理方式,"诱惑"着读者在各种言论的张力中去沉思"诱惑难题",在幻觉的表象下去体悟被隐藏起来的真实。在这个意义上,幻觉是最切实的真实。这种"述说虚无"与"文体自立"的书写方式,既是现代性主题的内在要求,也是作家现代性写作方案的艺术追求,有着显而易见的双重现代性。

第四节　诱惑的悖论:现代性书写的开始

西方艺术史上,"诱惑书写"常是作家、艺术家关注的永恒主题。文学史上,约翰·班扬的《天路历程》、弥尔顿的诗歌三部曲、但丁的《神曲》、歌德的

---

① 福楼拜:《福楼拜文学书简》,第 206 页。

② 沈志明:《包法利夫人就是我(代译序)》,福楼拜:《福楼拜文学书简》,第 14 页。

诗剧《浮士德》、拜伦的诗剧《该隐》等,耳熟能详;绘画史上,博斯的《愚人船》与《人间乐园》,米开朗琪罗的《最后的审批》,勃鲁盖尔的《巴别塔》与《背负十字架的基督》,丢勒的《启示录》,戈雅的《女巫的聚会》《理性沉睡,心魔生焉》,等等,构成了福楼拜"诱惑书写"的前文本。福楼拜曾醉心于游览热那亚巴尔比画廊的藏品,那里收藏的勃鲁盖尔的画作《圣安东的诱惑》激发了他的创作灵感。在那幅画作中,位于画布右下角的圣安东跪在一部巨大的书前,头部低垂,目不转睛地专注于字里行间。环绕四周的则是赤身裸体的性感美女,饕餮之徒伸长着脖子,穷凶极恶的怪兽,游荡的主教、暴君,但圣安东似乎什么也没有看到,独自沉浸在虔诚的阅读之中。然而,从绘画到小说即从图像到书写,从宗教到文学即从神性到物性,这种艺术形态和表达方式转化并不容易。"反复推敲、抄写、修改、润饰,搅得头昏脑涨。……支持我的,是一股狠劲,有时为自己力不从心而暗泣,但还坚持着。狂热地喜爱我的劳作,像苦行僧让粗布衣擦痛肚皮。"[1]所以,小说历时二十五年,三易其稿,终得出版,极不容易。

　　这意味着书写对于福楼拜有特别的意义。福楼拜曾说:"我写《圣安东》,我就是圣安东,我把他忘了。"[2]也就是说,福楼拜在这本书里充分写出的是自己,是自己的忧郁、怀疑、好奇、忏悔、惶恐不安,以及在精神和感觉上衰弱的人类的一种表象。福楼拜挫败在他的诱惑里,为这些丰厚的教诲资料所慑服。他让圣安东"消极的失败在那些神学家、哲学家与魔鬼创造物的成功里,以一种在怀疑和喜悦交替中的怪诞生命向自己挑战","诱惑不正是他内在呼唤的一种答复吗"?[3] 对于福楼拜来说,书写之于他的意义,就如诱惑之于圣安东的意义一样,他不是"想要去做",而是"想要成为",是"去成为""去存在"。圣安东对"成为物质"的渴望,也就是福楼拜对"成为书写"的诉求,圣安东撤回自身的结局,也是福楼拜撤回书写的结果。所以,他对诱惑的文学书

----

①　福楼拜:《福楼拜文学书简》,第 79 页。

②　福楼拜:《福楼拜文学书简》,第 106 页。

③　吴玛丽:《福楼拜和〈圣安东尼的诱惑〉》,福楼拜:《圣安东尼的诱惑》,吴玛丽译,书华出版社 1993 年版,第 3 页。

写,并不是去书写"关于"诱惑的那些事物,而是去书写诱惑本身,书写自我本身,让书写与自己的生命和物质等同起来,就如南希所说,"书写,就是被书写的存在——生命和物质——本身,让事物等同于事物,在其铭写或外铭写中成为这个事物"①。因此,对福楼拜来说,书写就是生命本身,生命只能以书写的方式才能获得意义,生命只有成为"书写—生命"、书写只有成为"生命—书写"才能触及意义本身,才是有价值的。这意味着,任何在生命与书写之间嵌入"间隔"的做法,都是福楼拜所不能容忍的。

那么,我们可以认为,《诱惑》中圣安东对于作为视像的诱惑的空无本质的体验,事实上就是福楼拜对"生命—书写"/"书写—生命"的理解,在本质上也是空无的。我们很难找到某种或者多种特别的意义,能够填满或者增补这个空无之空位或空性,这里没有任何神圣模式可以敞开的启示空间,也没有任何诗性创造可以隐喻的想象,空无是小说的真相,也是福楼拜之自我的真相。在这个层面上,南希的结论显得特别深刻:"创造者在他的创造物之外把握自己,将其置于之前的空无之中,通过这种空无,创造者独自出现,同时将空无视为自我的真相。"②没有什么东西是优先的,也没有什么东西是被提前给予的,启示、隐喻、象征、暗示、意指背后的那个对象,永远并不存在,它们永远处于敞开自身同时又消解自身的界限之上,就像一幅素描中铅笔的划痕,打开的只是书写之线,并非一帧完整的图像或者运动着的视像。所以,《诱惑》的意义不在于它本身,而在于它的"延异"和"外展"。

在这个意义上,福楼拜站在了现代性的门槛上,一面是给予其自身以位置的神圣性或诗性,一面是使他无处可去的空无或空性。不只是他对作为视像的诱惑之空无本质的表现,即便是他"艺术与艺术家无关"的"非个人化"创作理念,"文体自立"的现代小说创作方法,也都有非常深刻的理论含义。福楼拜所站立的门槛,也是所有现代作家站立的门槛,又何尝不是仍然处于现代性进程中的我们所站立的门槛呢?

---

① Jean-Luc Nancy, *Multiple Arts*：*The Muses Ⅱ*，p. 75.
② Jean-Luc Nancy, *Multiple Arts*：*The Muses Ⅱ*，p. 75.

　　这也是从视像到书写的生命意义,正如南希的阐述,以肉身感受的边界触感,区分开两个方向:一个是走向视像的诱惑与投入,这是传统诱惑的教训,但进入现代性已经丧失价值;而另一个则是走向空无的触感,但不陷入虚无主义,就在于此触感乃是对空无的书写。此空无的书写打开了另一个不可能的文学经验与书写维度:这是以个体生命的物质性来承受空无的痕迹,是空无的敞开性来挤压物质后所留下的生命感受空间,是空无与肉身的挤压关系。因此不是那些迷惑的视像在诱惑,而是面对此诱惑,能够转向,看到空无,既要看到视像的虚无,也要看到荒漠中的空无敞开,并且保持敞开的敞开,这是南希"从无创造"的基督教解构,也是现代性诗学的敞开。进入此敞开,就是荷尔德林、里尔克与策兰等诗人的诗歌,也是卡夫卡与布朗肖的小说。贝克特的戏剧所敞开的空无,是无尽空无与肉身呼吸的唯一性触感关系。

　　综上所述,福楼拜对古老埃及隐修故事的改写,实际上是对诱惑本身展开的文学家式的哲学思考,是一次现代的诱惑幻想实验。三易其稿的创作历程,悖论多元的诱惑形态,意义空无的批判性反思,以及对待诱惑的基本态度,实际上传达出福楼拜极富现代性的关于诱惑的思考。一方面,小说是对基督教隐修士圣安东受诱惑之古老故事的文学改写,是福楼拜站在现代性的门槛上对诱惑本身展开的文学家式哲学思考的结晶,堪称诱惑图景的百科全书。诱惑不再被理解为通达宗教神圣性的必要介质,而是主体不断拒绝自我圣化而回归物质性和可感性的过程,内含着神性与物性、恪守与动摇、他者与自我等多重悖论,圣安东对诱惑之神圣性的拒绝,实际上是放弃主体性而渴望回归物质性。另一方面,小说非个性化的写作立场和文体自立的文本风格,对但丁神圣书写模式的排除,对浪漫主义诗性创造的拒绝,以及对绝对文学的反思,又使它超越了此前诱惑书写中的神圣化模式和诗性模式,体现出颇具前瞻意义的现代性特征。用书写来定义生命,用生命来定义书写,这种"生命—书写"/"书写—生命"的书写方式,使福楼拜在诱惑书写的历史长河中,站在了现代性的门槛上。在这个意义上,所有现代作家都是福楼拜笔下的圣安东的后裔。

| 第十一章 |

书写与媒介：乔伊斯《芬尼根的守灵夜》新探

　　媒介之于乔伊斯，不仅仅是乔伊斯用来扩大自己文学声誉、获取大众读者市场的重要工具，更是其结构小说情节、表达历史隐喻的重要中介。在媒介视域下，《芬尼根的守灵夜》[①]通过描述媒介技术对人感知方式的重塑，揭示了媒介变迁与人类历史循环进程的隐喻关系。小说既从陈词和原型相互转换的维度，探索了文学创新的美学规律，又从创造反环境的角度，揭示了文化传统与艺术家个人才能的关系，以文学的方式启发了我们对"文学终结论"的重新思考，具有十分重要的文论价值。

　　詹姆斯·乔伊斯对现代媒介的力量是有深刻认识的，而且运用起来相当熟稔，这从他曾成功地把并不知名的爱尔兰男高音约翰·沙利文推上多家报纸，使其成为媒体的关注热点就可以窥知一二，这也在被评论界称为"乔伊斯战争"的各种官司中得到彰显。乔伊斯往往在作品尚未完成时就把作品分章节提前发表在若干刊物上，或者邀请年轻作者发表作品的评论文章，充分利

---

① 本书所论《芬尼根的守灵夜》系指爱尔兰作家詹姆斯·乔伊斯（James Joyce）的小说 *Finnegans Wake*。该小说目前所见有多种中文译名，如"芬尼根的守灵""芬尼根的守灵夜""芬尼根守夜人""芬尼根们的苏醒""芬尼根的觉醒"等。为了叙述的统一，本书采用的是戴从容的译名《芬尼根的守灵夜》，以下简称《守灵夜》。中文译本见詹姆斯·乔伊斯：《芬尼根的守灵夜》，戴从容译，上海人民出版社 2012 年版。

用媒介的传播力量。最负盛名的《尤利西斯》主要人物布卢姆的日常身份就是媒体人,小说文本的组织方式也是以多层网络体系表达着媒介转型引发的矛盾情感,甚至小说文本可以被视作一张拥有巨大包容性的报纸,与现代传媒文化有一种隐喻关系。① 可以说,媒介是理解乔伊斯其人其作的关键词之一。被乔伊斯自称要让评论者忙上三百年的百科全书式的小说《守灵夜》,更是与媒介结下了不解之缘。乔伊斯不仅把他对历史循环论的理解置入文本对媒介变迁史的描述之中,而且把对媒介的运用上升到文学理论的高度,表达着文学审美自律和语言转换的创作秘密。在媒介的视域中,乔伊斯的《守灵夜》甚至可以跟后来的"文学终结论"建立理论联系,具有十分重要的文论价值。

第一节　从媒介隐喻看循环历史观

现代媒介是社会工业化的产物,它直接与技术联结在一起,而技术作为人的增补又是历史的产物,所以,考察媒介的变迁实际上也可以透过它去体味人类技术的发展和人类自身历史的演化。正是在这个意义上,马歇尔·麦克卢汉(Marshall McLuhan)在论证自己的媒介思想时,常常征用《守灵夜》作为重要的支撑论据。在《机器新娘——工业人的民俗》中,作为一种新型艺术形式之隐喻的《守灵夜》,被用来与后工业时代的新闻业对举。麦克卢汉在这本迷宫般的天书中,发现了"书本"开辟人感知新领域的重要作用。在他看来,《守灵夜》显示了"书本"是人类创造视觉文化环境和开辟连续空间的重要手段,将时间与空间的二维模式建构为视觉、听觉、触觉等多种感觉协同运作的多维模式,电讯时代的报纸成为手稿文化的残余,蕴含着听觉文化复兴的契机②。

这意味着,从媒介的视角,我们在《守灵夜》中看到的并没有太多当下回

---

① 胡继华:《媒介与解构双重视野下的〈尤利西斯〉》,《文艺研究》2011 年第 7 期。

② 马歇尔·麦克卢汉:《机器新娘》,何道宽译,中国人民大学出版社 2004 年版,第 4 页。

忆的事件,也并无太多通过图像或想象的事后追忆,而更多的是借助于技术工具的、取消在场中心主义的多维感知。感觉是在场的,知觉却可以不在场,可以在技术工具的形塑中被其他媒介所传递,因此知觉总是有历史意味的,总是与一定的媒介联结在一起的。《守灵夜》通过对知觉的表现,也形象地呈现了媒介技术变迁与人类感知发展之间的对应关系,形象地表达了乔伊斯的循环历史观。

　　《守灵夜》曾经提到一封由"邮差肖恩"递送的信,它是由一只母鸡刨出来的,肖恩并没有完成递送信件的任务。这个细节其实表明,作为媒介的信件暗示了人类历史由部落化、解部落化、再部落化及至回归的循环历史进程。在信件被刨出来之前,信件并未成为承载某种可能信息的中间媒介,它还被辖域化在它原来的场域之中,仍然是那个部落化共同体中不被认知的物件。换句话说,它并没有参与信息的流通,并没有显示出人类感知方式的变迁。但在它被母鸡刨出来之后,它便不再被辖域化在原来的场域之中保持沉默,而是有了被递送的可能。这种可能构成了对原部落化的某种取消或解散,某种解辖域化,原部落化中的人有了第一次延伸的可能,不只是从原部落中趋向域外开始生成另一种部落,而且原来的口传感知模式也变为文字书写感知模式,文字或书写,开始作为媒介技术延伸了人的感官功能,这种延伸构成了对部落化的解部落化。一旦这封信被成功传递到它的收信者处,媒介技术的功能就实现了,被解部落化的人就再一次被部落化或辖域化了,人的感官和感知模式被再次辖域化为文字书写。然而"邮差肖恩"并没有成功地完成这封信的递送,再部落化或再辖域化的可能被打断了,这就造成了人类"痛苦"的滋生。显然,这里人类的感觉、知觉、感知模式,被隐秘地与人类媒介技术的演变历史联结在一起,某种程度上构成了同构互联的内在关系。也是在这个意义上,麦克卢汉才把《守灵夜》称为最伟大的媒介指南和典范性文本。[①]

　　南希曾将技术称为一个"拜物之词"(fetish-word),认为它掩盖了我们对

---

①　马歇尔·麦克卢汉:《机器新娘——工业人的民俗》,第 5 页。

有限的无知,掩盖了我们对"统治"的妄为与轻率的恐惧,因为它使我们"再也不知目的与完结为何物了"①。用到媒介这里来,我们可以把媒介理解为一个不再指向目的与完结的存在,而是一种给出和分享。对这种分享,南希描述为"只是外展着,从身体到身体,从边缘到边缘,被触摸与被隔空,临近而不再有一个共通的假定,只有我们的各部分彼此独立的踪迹描摹的'我们之间'"②。也就是说,媒介或技术并不导向一个封闭的部落化的实体,而是导向一个不断向外敞开也就是解部落化的新的部落的生成。

在《守灵夜》中,"邮差肖恩"的兄弟山姆(Shem)就常常被呈现为一个解部落化或解辖域化的角色。虽然他也是壹尔微蚵的儿子,但他的名字常常被故意误写为 Sham,意为"赝品",他也常被人指责为下流放荡,代表着常人的性格和观念。作为常人,山姆可以算是部落化时代的代表,他代表了诸多普遍的大众的特征:卑微的、怯懦的、自吹自擂的、常常醉酒的等。他应对时代的感知方式也是视觉的、旁观的、非参与式的、间隔化的,这些都构成了部落化时代的感觉和知觉方式。但小说不只是把山姆当作常人,还当作"书写者山姆"(Shem the Penman)。书写,其实赋予了山姆解部落化的象征和隐喻。因为书写总是文字的书写,是媒介技术发展到文字阶段的历史呈现。山姆也不再是《尤利西斯》中那个历史青年老师斯蒂芬的模仿者,试图反抗文字的规约,而是以祛魅和解构的方式消解部落化,是解部落化的代表。

从媒介技术发展的历史来看,当媒介由简单的文字媒介发展到电报、报纸和电视等电信媒介时,人的视觉、听觉和触觉等感知方式也被延伸乃至全面变革,被解部落化之后的感官和感知方式必须得到新的重组。也就是说,必须从文字书本媒介方式,转向一种注重整体的、一致的、延续的感知方式,转向一种更为原始的、更具整体性的感觉样式,即触觉。这不是让其他感觉样式让位于触觉,形成触觉中心主义,而是不同感觉之间通道的敞开,这意味着一种新的再部落化时代的来临。"邮差肖恩"被作为壹耳微蚵的真正继承

---

①　Jean-Luc Nancy, *A Finite Thinking*, p. 25.

②　Jean-Luc Nancy, *Corpus*, p. 91.

者,开始以一个持久不变的、正义的、空间的新象征出场,回归到那种整体化的感知方式。这样一来,由口传时代的听觉模式,到"书写者山姆"式的视觉模式,再到"邮差肖恩"式的整体模式,经由人的"观念"和"感觉的深层"的媒介,《守灵夜》实际上呼应了人类"部落化—解部落化—再部落化"的历史进程,体现了乔伊斯对媒介变迁与人类历史之间同构隐喻关系的深刻体察和认知。

这个过程被乔伊斯理解为一个循环的历史过程,虽然有论者已经指出乔伊斯的循环历史观深受维柯的影响①,但这种循环并不是回复或还原到初始状态,而是有某种增殖在这个过程中发生了。如乔伊斯在《守灵夜》中直接宣称的:"假如无形者不可征服,则有比邻者的生机。(Yes, the viability of vicinals if invisible is invincible.)"②"生机",即是一种生成,一种进化,一种分享,一种外展。也就是说,乔伊斯的循环历史观并不是消极的、悲观的、无望的,相反,是积极的、乐观的、充满希望的。在部落化、解部落化和再部落化的过程中,媒介技术实际上是对人的某种增殖,循环中有某种东西始终在溢出,正如我们在反复阅读《守灵夜》过程中收获的总是不断增殖的阅读意义一样,人类媒介技术或者说历史进程,总是一个不断溢出边界的过程,总是解部落化的机会多于部落化的生成。

所以,在《守灵夜》中,乔伊斯以"父母之书""子辈之书""人民之书""复归"四个基本篇章对应维柯"神的时代""英雄的时代""人的时代""回归"的人类社会发展阶段,周而复始,永恒回归,正如《守灵夜》开篇的那句话:"河水奔流,流过亚当与夏娃之家,从起伏的海岸,到凹进的海湾,又沿着宽敞回环的

---

① 宋洋:《〈芬尼根的守灵〉与历史循环理论》,《渤海大学学报》(哲学社会科学版)2010 年第 5 期。

② James Joyce, *Finnegans Wake*, Penguin Classics, 2000, p. 81. 中文见詹姆斯·乔伊斯:《芬尼根的守灵夜》,第 298 页。

维柯路,将我们带回到霍斯堡和郊外。"①世界历史在乔伊斯的眼中不仅是利菲河奔流不息的河水,也是那宽敞回环的维柯路。而小说最后的一句"Given! A way a lone a last a loved a long the"也与开篇相呼应。因为该书的开篇是一句话的后半部分,所以它没有真正的开始;又由于小说的结尾是一句话的前半部分,所以它没有正式的结尾。由此,《守灵夜》看似无始无终,实际上在整体上形成了一个循环的结构。

循环不是封闭,不是完结,不是完成,也不是终结,而是某种增殖、溢出和敞开。乔伊斯想要告诉我们的是,媒介技术并不是取消人类的主体性或自主性,不是臣服或膜拜于技术或媒介的威权之下,而是应该把技术理解为某种使历史进程继续前行的"技术化",它通向的是生存的意义本身。正如南希所概括的,这是对技术的"栖居"和"接纳":"'栖居'技术或'接纳'技术,实在是无异于对意义之有限的栖居与接纳。"②在这个意义上,文学对媒介技术的揭示或象征、表现或隐喻,实际上都是指向某种生成的敞开,孕育着生成某种文学理论的新的可能。

第二节 从原型与陈词的转换看审美新质

有研究者指出,《守灵夜》碎片化的叙事美学风格来自对废墟意象的大量使用,在词语、句法和篇章几个文本的层面上都体现出破碎性和偶然性特征,这与本雅明的废墟美学有"不谋而合"的美学效用。③李维屏甚至在小说人物的复杂内涵的解剖中,发现了小说中人物有混沌环境中的内在逻辑、自我分

---

① 原文为:"Riverrun, past Eve and Adam's, from swerve of shore to bend of bay, brings us by a commodious vicus of recirculation back to Howth Castle and Environs." 参见 James Joyce, *Finnegans Wake*, p. 1. 中译文见詹姆斯·乔伊斯:《芬尼根的守灵夜》,第 2 页。

② Jean-Luc Nancy, *A Tinite Thinking*, p. 25.

③ 卞丽:《优游于记忆的废墟:论〈芬尼根守灵夜〉的叙事美学》,《外国文学研究》2013 年第 2 期。

裂以及作为代码的功能,表现出鲜明的后现代主义特征。① 冯建明还在小说的语词选用、引语转换、意象化合、情景交融、词语排列、书名拟定等文本层面发现了《守灵夜》的跨文体特性。它在小说、诗歌、散文几种文体之间的自由穿梭,是"借诗歌形式表达出散文言所未尽之处所进行的新尝试"②。这些研究,目的都在于指证作为文学文本的《守灵夜》在美学内涵上做出的新锐探索。

实际上,除了上述文本层面的尝试之外,《守灵夜》还发展出更具根本性意味的原型与陈词相互转换的文学创作规律,在文论的意义上进行了有意味的探索。我们知道,怀特海曾将"发现的技巧"称为 19 世纪的伟大发现。只是发现并非凭空创造的发明,它必须是对某种已有物事的"重新取用(retrieval)"③,是对某种存在的再现与揭示。麦克卢汉借用怀特海"重新取用"的概念,还生发出关于陈词(cliché)和原型(archétype)的双重取用的观点。在语言、媒介、技术层面上,所谓陈词可以理解为某种语言中已有的规则、语汇、机制,某种媒介中已有的形态、载体、功能,某种技术中已有的用法、效用、结构等。既然是陈词,它就孕育着被弃用、清除的可能,如果没有有意识地重新取用的话,它极可能被扫进历史的垃圾堆;但同时也因为是陈词,它也孕育着新生、复兴的可能,只要它被重新取用,它产生的美学后效就必然不同于原来的陈词。换句话说,陈词具有某种外展和解辖域化的可能。

原型,在荣格的心理学中,是心灵结构的一个重要构成要素,"代表或体现了朦胧、原始心灵中本能的数据:真实的、无影无形的意识之根","属于本能活动的范畴","被赋予了一些动态的属性"即"自主性"和"神秘性"。④ 它可以被理解为在长期的社会实践中,凝结在人的感知和意识结构中的某些共通的质素,在与环境的相互作用或与他者的交往中,人往往会表现出相似的心

① 李维屏:《后现代主义小说艺术的预演:论〈芬尼根的苏醒〉的人物塑造》,《外国文学研究》2007 年第 1 期。

② 冯建明:《〈为芬尼根守灵〉的诗歌特征》,《外国文学研究》2004 年第 3 期。

③ A. N. 怀特海:《科学与近代世界》,何钦译,商务印书馆 2011 年版,第 101 页。

④ 卡尔·荣格等:《人类及其象征》,张举文等译,辽宁教育出版社 1988 年版,第 49 页。

理结构或行为倾向,这就是原型作用的结果。作为心理学和精神分析学中的重要概念,原型也被广泛运用在人造物、文学、艺术等领域的研究之中,特别是人类学对神话的分析之中。换个角度,我们也可以把原型理解为"重新取用"的结果,我们的某种感知方式以无意识的方式隐匿在我们的意识结构之中,构成一种陈词式的潜在形态,当我们遭遇与此前相似的环境或交往情境时,作为陈词的原型就被重新唤醒,以一种延伸的方式出现在我们的意识结构之中。这实际上表明,陈词和原型在重新取用的意义上是同构的,它们可以相互转化,反复出现,而且是可以无限循环的。[①] 重新取用陈词的时候,原型的意义和功能也就包含在陈词里面,而当一种新的媒介或技术被凝结为陈词渗入新的原型的时候,陈词与原型的增补凝结功能也就获得了更新,原有过时的陈词就被送进了文化的"垃圾堆"。

《守灵夜》中,乔伊斯以字母表(allforabit)展示了一个原型与陈词相互转换的生动案例。字母最初的形态是象形的,它的意义在于从形态和线条的走向上模拟出事物本身的主要特征,它是用某个简单化的比较小的东西,通过联想、延伸等形式化功能使字母本身成为包含全像(holograms)的符号。这个符号就是字母本身的原型或陈词,但它被赋予了与全像的整全性和神圣性相关联的丰富的能指,那些线条或点,由此改变了它惯用的枯燥无味的日常形式,在被重新取用的过程中获得了新的意义。乔伊斯将字母的最初形态比喻为"长成武士的龙牙","龙牙"被赋予了某种军事生活的隐喻。在社会秩序、劳动分工和等级地位逐渐固化的过程中,"龙牙"开始形成对应的字母表。字母表因此被作为秩序等级的隐喻和象征,它的固化意味着口语文化形态的消失,古代口语被作为陈词扫进了历史文化的"垃圾堆"。

乔伊斯曾用整整一面的篇幅来追溯字母衍化这个"蜿蜒曲折的古老故事",追寻字母表技术迷宫一样的演变路径。字母表中的第一个字母 a,被隐秘地指向"苹果"(apple)的象征,当然也是亚当、夏娃和伊甸园中那个关于开

---

① Marshall Mcluhan, *From Cliché to Archétype*, Gingko Press, 2011, p. 23.

端的故事的隐喻;它还与啃食苹果时含混不清的发音密切联系,用来唤醒人们对"一团糟"(mess)的记忆;甚至,它也与凯尔特语的"我是"(mishe)有着类似的谐音关系,喻指爱尔兰人部落身份的失落。于是,字母表的秩序等级在这里被乔伊斯颠来倒去,作为生产者和消费者的人、作为人类行为的市场和交换、作为文化无意识之凝结的心理欲望、作为物理时空的声音本身,都被这个字母 a 所氤氲开来。这些被展布出来的新的意义,就是从作为陈词或原型的字母 a 中解辖域化出来的。可以说,意义来自对陈词或原型的重新取用,是陈词或原型本身的增殖或溢出自身的过程。

但是,当字母被组织到字母表中建立起程式化的等级关系时,作为全像所代指的神圣性和整全性便被逐渐抹除,这意味着失去古老时代的口语的魔力,"屈尊以征服","屈尊"(stoop)就是"迈步"(step),就是控制和权力手段的某种位移。字母表的形成,恰恰揭示了那些溢出自身的隐喻、象征或意义,被重新凝结为陈词或原型的过程。通过这种揭示,乔伊斯告诉我们,技术化、秩序化的过程,也是一个向陈词或原型逐步转化的过程,我们接受一种技术或秩序的同时,必然意味着我们要付出整全性和神圣性的代价。字母表所隐喻的这个过程的主要结果之一是,它生产一堆东西(hoard of objects)并不断将它们扔进垃圾堆。从媒介技术发展的角度而言,一种新兴媒介的出现除了改变我们感知世界的方式之外,还会产生大量的陈词和原型。文学所要做的,也是把一个个字母,结构为某种有意味或无意味的秩序化字母表,生产或者重新取用陈词或原型并实现两者的相互转换。

当然,这种相互转换也被乔伊斯用在小说人物的设置上,成为文学创新的艺术手段。《守灵夜》中,作为男性的壹耳微蚵和他的儿子们山姆和肖恩,以及帕特里克、凯文等,除了可以被归结为"他"(the he)以外,他们也被抹除了各自的专有特性,为最普通和日常的平凡小人物,成了常人,以至于他们的身份可以随时相互转换。女性人物安娜、伊茜以及那些不知名的妓女、舞女等,也可以穿行在夏娃、圣母、潘多拉,甚至一只母鸡、一个水坑之间,成为人物与人物、人物与非人物之间互相转化的重要表现。这其实也显示了乔伊斯对传统与艺术家个人才能之关系的思考。在艾略特那里,传统中凝结着艺术家的个人才能,艺术家的个人才能又受制于并丰富着作为陈词和原型的传统,某些被创造出来的新质或新变,就像字母会被固化在字母表中一样,也会被固化在传统之中,等待着另一次艺术家个人才能的重新取用。这其实已经是一个文学创造的具有文学理论性质的命题了。

可见,《守灵夜》对原型与陈词之转化规律的揭示,已经不再停留在小说文本层面,不只是停留在遣词造句、人物设置、情节安排、故事调度之类的技术层面,而且具有了某种文学创造、小说创新的理论意味;它所指向的阐释空间,也不再仅仅是浮泛于文本表层的美学风格、审美元素的解读,而且是美学规律的发现和文学理论的阐释。乔伊斯的揭示,可以被解读为对下述问题的思考:陈词或原型之于新的媒介环境或交往情境中的我们,为什么总是不可见的? 而在新的媒介语境中,我们的感知方式或文学表达方式又为什么总是受制于陈词或原型? 我们又如何摆脱陈词或原型的固化或秩序化进程,在传统的强大权力面前如何呈露艺术家的个人才能? 或者简单地说,文学创新如何可能? 显然,《守灵夜》带给我们的,不只是文学的愉悦。

第三节 从反环境看文学终结论

原型与陈词的转换,揭示了文学创新的基本原理,从媒介技术变迁的历程来看,它同时也展现了人与环境之关系模式的递嬗过程。毋庸讳言,任何新技术或新的媒介形态的产生,都将创造或生成一个不同于以往环境的新环境。这个新环境,在内容、性质、功能、效果等方面都极大地异质于旧技术或旧的媒介形态形成的旧环境,某种意义上构成了对旧环境的反动、抗争或消解。正如麦克卢汉所说:"新技术以反环境的需求深深地扎根,就像梦境和睡眠一样。"①这里的"反环境"(anti-environment),其实可以理解为新环境的最

---

① 马歇尔·麦克卢汉:《麦克卢汉书简》,梅蒂·莫利纳罗等编,何道宽译,中国人民大学出版社 2005 年版,第 362 页。

初形态。在它的最初阶段,新媒介形塑或召唤一种新的或专有或综合的感知方式,将之前的感官和感知方式作为陈词或原型,扫进历史传统的垃圾堆。这是所谓"变"。但是,当这种"反环境"被凝结为某种可称为集体无意识的东西之后,它又转换成了某种"不变",形成了对生成更新的感知方式的某种制约。这种"变"与"不变"的辩证运动,实际上也就是麦克卢汉所说的"人的延伸"。

就艺术或文学来讲,也有这样一种基本规律。所有艺术的产生首先是源于某种"不满",就像厨川白村《苦闷的象征》所揭示的那样,文学首先来自某种"苦闷",这其实也是对旧有文学程式的反动、抗争或消解,是在寻求一种"反环境"。艺术家常常非常自觉地用这种创造"反环境"的方式教人学会如何去感知新的环境,从艺术的角度展现"反环境"的感知功能,使我们感知和识别新兴媒介技术或技术变革的后果成为可能,使我们重新获得感知新环境的手段。[①] 比如,象征派对原有浪漫主义风景的分割,对都市环境的探索;又比如,表现主义对现实主义的增补,对浪漫主义的祛魅。《守灵夜》也显示出乔伊斯对创造"反环境"的深刻理解。小说整体上呈现的经受历险、体验受难、觉醒回归的情节模式中,寄寓着乔伊斯关于部落人与现代人辩证进化的基本思想。部落人做梦,现代人又回到芬尼根,回到部落里互相参与的人际关系,只是现代人不再是梦呓着的浑噩沉睡者,而是醒着的。现代人的清醒,便是对部落人环境的反动、抗争与消解,是对作为原型或陈词的部落化感知方式的弃绝,是对"反环境"的追求。这种追求也可以还原到乔伊斯的循环历史观中去理解。

《守灵夜》中,乔伊斯将社会变革的后果,用"环境嘶鸣"和"雷霆"[②]展现出来。嘶鸣,是"反环境"即将诞生的对"不变"的解辖域化时发出的声音;雷霆,是"反环境"的"变"带给人的被抛入新环境的震惊体验。这其实描述了人对"反环境"的感知过程。刚开始,媒介技术带来的变革速度十分缓慢,几乎令人难以察觉,就好像浴缸里的水温每小时升高半度,置身于浴缸中的我们就

---

① 马歇尔·麦克卢汉:《麦克卢汉精粹》,何道宽译,南京大学出版社 2000 年版,第 490 页。
② James Joyce, *Finnegans Wake*, p. 3. 中文见詹姆斯·乔伊斯:《芬尼根的守灵夜》,第 6 页。

如被煮在温水里的青蛙一样,根本不知道何时应该高声叫喊。当慢速变化被增速至最大强度时,媒介环境的变革不再是以潜移默化的方式作用于人的感知,而是给人以震惊、恐惧、惊诧的体验,当人感知到环境的"反动"时,就会出现对既有感知方式雷霆震烁般的挑战。在这个意义上,新媒介技术的发展提供的是人感知方式变化的加速动力。《守灵夜》提供的启示,除了作为小说文本极大地区别并异质于传统小说模式之外,就是这种"反环境"创造了,它也因此成为诠释"反环境"及其功能的绝佳脚本,得到麦克卢汉的极大重视。

应该说,陈词和原型的相互转换及其意义增殖的功能,"反环境"的创造及其变与不变的辩证运动,孕育着乔伊斯对"文学之终结"或目的的理解。本来,《守灵夜》在语言创新和技巧探索方面已经显示出文学创新的痕迹,正如麦克卢汉所激赏的,如果说《尤利西斯》是刺破欧洲脑袋上的脓疮的投枪",那么,《守灵夜》就是"用来涤荡这个脓疮的"①。它比《尤利西斯》来得更为彻底,但涤荡不是摧毁,不是抹除,而是将已经成为"脓疮"的陈词或原型彻底地扫进垃圾堆,为新的生成、生长、生机留下空间,它孕育的恰恰是文学的新生。在这个意义上,乔伊斯《守灵夜》的启示在于,文学并不会终结。在媒介视域下,《守灵夜》通过"言语—声像—视像"来表现"通宵的新闻纪录片",用"历险—受难—觉醒"的情节模式来隐喻感知模式的变迁,用"部落化—解部落化—再部落化"的循环历史观来喻指人类进程的永无止境,始终提示着文学创新的可能和必要。如果说《尤利西斯》可以被解读为一张报纸景观,因为它把主要人物的活动时间压缩在 1904 年 6 月 16 日这一天,那么,《守灵夜》则是一部百科全书式的终极样态。它把时间空间化并压缩成一个小块空间,即"豪斯城堡和环境",将媒介从手抄书、批量印刷、大众报纸过渡到电讯时代的媒介技术变迁的历程,转换为人感知方式和时空结构的调整过程,转换为文学创造对陈词或原型的重新取用、对"反环境"的创造与外展的过程。

在这个意义上,我们可以认为,乔伊斯实际上是以文学的方式回应了所

---

① 马歇尔·麦克卢汉:《麦克卢汉书简》,第 226 页。

谓"文学终结论"。希利斯·米勒曾不无悲观地描述过现代媒介技术的发展可能会使文学和神话被带向终结,渲染所谓"文学终结论"①。虽然米勒后来曾有所修正地认为其本意并不是说文学即将消亡,而是说作为某种目的、承载某种宏大叙述的文学将抵达自己的终点,但媒介技术的飞速发展及其对人的"延伸"或"增补",还是使"文学终结论"成为许多人文学者忧心忡忡的对象。南希曾分析过黑格尔的艺术终结论,得出一个结论:"艺术永远是不会言说的艺术。它沿着一切被外展之物的边缘,将不可言说的东西作为不可言说性本身,并进一步作为言说行为本身,作为言说之碎片化之中的一切言说行为,外展出来。艺术就是这样的艺术。"②因为艺术总在言说不可言说的东西,把碎片化世界中的一切言说行为外展出来。这意味着艺术不会终结,终结的只是那种作为理性之美的显现的艺术,作为感性的、与人的生存密切相关的艺术并没有终结,也不会终结。"存在于世界之中,沿着边缘的感性表面以及其双重生命的内在空间化,这种生存艺术是没有最后解决的对位的。"③换句话说,只要生存不灭,只要世界存在,艺术必将永存。

　　南希所谓艺术,其实也可以对应到文学中来。乔伊斯的答案与南希是一样的,虽然那时并没有提出所谓"文学终结论"的理论命题,但乔伊斯的思考无疑是超前的。在《守灵夜》中,他通过多重转换,向我们昭示出文学不会终结反而会不断创新的结论。这些转换有听觉向视觉、音乐向颜色、时间向空间、媒介向感知等的典型转换,而这些转换都与人的生存状态密切相关。乔伊斯使用了很多与视觉相关的词汇,如青光眼、视网膜、虹膜等,表达了他想认识和把握世界的渴望。在《守灵夜》的文学书写中,乔伊斯用两句神秘的诗句"幸福将使东方惊醒,可你也会把晓间当作早晨",来显示生存的生机也就孕育在每一刻的当下。生机,使文学不会终结,生存,使文学必然会走向创

---

① 希利斯·米勒、国荣:《全球化时代文学研究还会继续存在吗?》,《文学评论》2001 年第 1 期。
② Jean-Luc Nancy, *The Sense of World*, p. 131.
③ Jean-Luc Nancy, *The Sense of World*, p. 139.

新。因为一切生存首先都是感性的生存,文学是感性经验的凝结,它既强化、程式化人的感知方式,又呼唤、延伸着人的感知方式的更新和创造,它在形塑环境的同时,也在创造着"反环境"。这个过程是循环反复、永无止境的。在这个意义上,乔伊斯的《守灵夜》通过对媒介变迁过程与循环历史观之间、陈词或原型与审美规律之间、反环境与文学创造之间的关系的揭示,颇具前瞻性地回应了"文学终结论"并启迪我们关于文学当代命运的思考。

综上所述,在媒介视域中,《守灵夜》既可以被看作媒介技术及其形态变迁过程的隐喻,又可以被解读为人类历史循环进化过程的文学象征;既可以从文本层面解读出乔伊斯带来的文学新变,又可以从其媒介内涵查探其对审美规律的揭示;既可以从媒介、语言的陈词和原型相互转换中,揭示出文学创新的根本动力,又可以从创造"反环境"的角度,揭示出文化传统与艺术家个人才能之间的关系。可以说,它真正构成了乔伊斯意义上的"三百年不解之谜",是可以反复破解的"百科全书"和"万花筒",为我们重新思考"文学终结论"提供了一个典型文本,具有相当的文论价值。

| 小　结 |

　　《诱惑》中圣安东对于作为视像的诱惑的空无本质的体验,事实上就是福楼拜对"生命—书写""书写—生命"的理解,在本质上也是空无的。我们很难找到某种或者多种特别的意义,能够填满或者增补这个空无之空位或空性,这里既没有任何神圣模式可以敞开的启示空间,也没有任何诗性创造可以隐喻的想象,空无是小说的真相,也是福楼拜之自我的真相。没有什么东西是优先的,也没有什么东西是被提前给予的,启示、隐喻、象征、暗示、意指等背后的那个对象,并不存在,它们永远处于敞开自身同时又消解自身的界限之内,就像一幅素描中铅笔的划痕,打开的只是书写之线,并非完整的图像或者运动着的视像。所以,《诱惑》的意义不在于它本身,而在于它的延异和外展,在于它对意义空无空间的敞开,在于它所显现的空无的意义。

　　这也是从视像到书写的生命意义,正如南希的阐述,以肉身感受的边界触感,区分为两个方向:一个是走向视像的诱惑与投入,这是传统诱惑的教训,但进入现代性已经丧失价值;另一个则是走向空无的触感,但不陷入虚无主义,就在于此触感乃是对空无的书写。此空无的书写打开了另一个不可能的文学经验与书写维度:这是以个体生命的物质性来承受空无的痕迹,是空无的敞开性挤压物质后所留下的生命感受空间,是空无与肉身的挤压关系。因此不是那些迷惑的视像在诱惑,而是面对此诱惑,能够转向,看到空无。既要看到视像的虚无,也要看到荒漠中的空无敞开,并且保持敞开的敞开,这是南希"从无创造"思想的敞开,也是现代性诗学的敞开。进入此敞开,就是荷尔德林、里尔克与策兰等诗人的诗歌,也是卡夫卡与布朗肖的小说。贝克特的戏剧所敞开的空无,是无尽空无与肉身呼吸的唯一性触感关系。

通过《守灵夜》,乔伊斯表达了对现代媒介力量的深刻认识。媒介之于乔伊斯,却并不仅仅是乔伊斯用来扩大自己文学声誉、获取大众市场的重要工具,更是其结构小说情节、表达历史隐喻的重要中介,甚至可以说,媒介构成了小说家乔伊斯建构自己文学大厦的本体论基础。乔伊斯往往在作品尚未完成时就把作品分章节提前发表在若干刊物上,或者邀请年轻作者发表作品的评论文章,充分利用媒介的传播力量。最负盛名的《尤利西斯》主要人物布卢姆的日常身份就是媒体人,小说文本的组织方式也是以多层网络体系表达着媒介转型引发的矛盾情感,甚至小说文本可以被视作一张拥有巨大包容性的报纸,与现代传媒文化有一种隐喻关系。可以说,媒介是理解乔伊斯其人其作的关键词之一。乔伊斯不仅把他对历史循环论的理解置入文本对媒介变迁史的描述之中,而且把作家对媒介的运用上升到文学理论的高度,表达着文学审美自律和语言转换的创作秘密。在媒介的视域中,乔伊斯的《守灵夜》甚至可以跟后来的"文学终结论"建立理论联系,具有十分重要的文论价值。

因此,从书写与文学的关系着眼会发现,书写不只是表达或溢出意义,它也能创造意义,但这是一种独特的"从无创造"。南希用非实在性场域、无一物、无意义和创造来解释这个"无",它标识了"独一多样存在"本身的能动性和创造性,使意义永远面向未来敞开。面对神的缺席和打断,南希主张保持住这个缺席的空位,使它一直朝向一切可能性并保持为"敞开",使这敞开的场域成为共通存在的"通道",一直保持为"无",保持为无物填充的空无。所谓"无",是作为非实在性场域、极小的某物或"无一物"、无意义,或与创造相关的生长而被思考的。"从无创造",就是"无"敞开了自身,"无"设置自身作为所有在场的空间。创造在这里获得了根本性的生存论解释,"从无创造"因此取消了创造中的人类中心特权和优先性,人类并没有被置于创造的中心和不可或缺的关键位置,所创造之物也并非人类创造的某种对象化的作品、产品或对象,人类创造的过程只是展露或外展了如其本然的生存而已,它使存在来到外展的通道,打开了间隔的空间而已。因此,一切存在的创造、技艺、书写、视像等,都只是生存本身的如其本然的外展和展露,它们都不被预设为某个自身之外的他者或主体,也不被后置于某个特殊的或普遍的目的。它们只是外展着,"部分外在于部分",从边缘到边缘,从界限到界限,以一种"之间"和"共/与"的逻辑,不断描摹着"共通—中—存在"的运动踪迹。

　　换句话说,创造也应该被理解为生存本身如其本然的显现。书写作为创造意义的行为,也不是为了实现某种提前预设的目的或给定的原则,而是同那些与书写共在的所有"独一多样存在"一起,如其本然地共同显现自身。书写的显现因而仍然是未完成的,而且是不可完成、不可确证的。书写本质上一直是意义的共同显现,而且永远是意义的共同显现。可以说,南希在对"从无创造"的解释中,已经触及书写作为意义的自身溢出和意义之本原的可能性条件,以及"向着那里到来"的未完成性的本质了。这其实揭示了一个根本性命题:除了意义的空无敞开之外,书写其实一无所示。

余　论 | 贡献与局限

将书写与意义、书写与身体、书写与艺术、书写与文学等的关系全方位地环视出来,并对当代西方书写思想中"书写何由""何谓书写""谁在书写""何种书写"等问题进行阐释和回应,实际上是对书写问题的缘起、书写的本质、书写的特征、书写的形式等做出辩证分析和理论把握,这是既"出乎其外"而又"入乎其中"的做法,旨在弄清书写思想的来龙去脉和内部构成。如果说对书写的思想传统的梳理,以及对南希书写思想的逻辑起点和哲学基础的阐发,是旨在弄清其渊源有自的"出乎其外"的做法,那么,对当代西方书写思想所思考的书写的本质、书写的主体、书写的特征以及书写的形式的分析,则是旨在剖析其主要命题之理论内涵的"入乎其中"的做法。"出外"与"入中",表面上似乎已经做到了对研究对象的比较客观的认识和理解,但这还没回答一个对于中国语境来说似乎更为迫切的问题,那就是"书写何为"的问题。"书写何为"不是要回答书写的目的问题,因为南希将所有提前预设某种目的的行为都称为极权主义而严加批判。它要回答的问题是:南希书写思想之于今天的理论和实践有怎样的学术意义和理论局限?只有把这个问题解决了,对南希书写思想的研究才相对是比较完整的。这是又一次"出乎其外"的做法。但这时的"出乎其外"已经不是前面那个为"入乎其中"准备条件的"出乎其外"了,不是对前者的机械复制或简单重复,而是差异化的重复,所重复的乃是重复化的差异。这就需要从整体上把握并归纳书写思想的核心理念,充分发掘它在理念、话语和批评三个维度上的文论借鉴意义,分析出它对于中国书写话语体系建构的理论贡献和实践价值。

第十二章

当代西方书写思想的核心理念和文论价值

对当代西方书写思想中"书写何由""何谓书写""谁在书写""何种书写"等问题的阐释和回应，实际上是对书写问题的缘起、书写的本质、书写的特征、书写的形式等做出辩证分析和理论把握，这是既"出乎其外"而又"入乎其中"的做法，旨在弄清当代西方书写思想的来龙去脉和内部构成。如果说对书写的思想传统的梳理，以及对当代西方书写思想的逻辑起点和哲学基础的阐发，是旨在弄清其渊源有自的"出乎其外"的做法，那么，对当代西方书写思想所思考的书写的本质、书写的主体、书写的特征以及书写的形式的分析，则是旨在剖析其主要命题之理论内涵的"入乎其中"的做法。"出外"与"入中"，表面上似乎已经做到了对研究对象的比较客观的认识和理解。但这还没回答一个对于中国语境来说似乎更为迫切的问题，那就是"书写何为"的问题。

"书写何为"不是要回答书写的目的问题，因为南希等思想家将所有提前预设某种目的的行为都称为极权主义而严加批判。它要回答的问题是：当代西方书写思想之于今天的理论和实践有怎样的学术意义和理论局限？只有把这个问题解决了，对当代西方书写思想的研究才相对是比较完整的。这是又一次"出乎其外"的做法。但这时的"出乎其外"已经不是前面那个为"入乎其中"准备条件的"出乎其外"了，不是对前者的机械复制或简单重复，而是差异化的重复，所重复的乃是重复化的差异。这就需要从整体上把握并归纳当代西方书写思想的核心理念,充分发掘它在理念、话语和批评三个维度上的文论借鉴意义,分析出它对于中国书写话语体系建构的理论贡献和实践价值。还有,将书写上升为生存论的问题,这种理论的超越性是否有其限度呢?

第一节　外展:当代西方书写思想的核心理念

在西方的思想传统中,书写长期以来不过是被看作语言的替代性工具,直到 20 世纪 60 年代由德里达等人引领的"书写革命"之后,书写才真正开始被作为需要严肃思考的哲学主题。经过德里达等人的操作,书写作为一种有效的解构策略,动摇了西方思想传统中的形而上学根基。那种统治传统的语音中心主义和逻各斯中心主义也被彻底质疑了,文字、书写作为语音的替补地位、等级结构以及与语音的先后次序都被根本动摇了,传统形而上学所追求的深层结构已经不复存在。意义、本原、理念等作为本原的地位也不再是毋庸置疑的,一切意指的行为和活动都受到挑战,任何未加批判的提前预设和优先给予都受到质疑,意义似乎行将沦陷到虚无之中。这一局面,可以说很大程度上是拜书写所赐。

德里达将"差异"(différence)改写为"延异"(différance),用一个并不标记语音而突显书写力量的字母 a,将书写的机制引入对语音在场的扰乱之中。因为"差异"和"延异"两个词在法语中的发音是完全一样的,这个 a 只能在书写中才能被辨认出来。这个从语音到书写的转换,或者说书写对语音中心之权威的挑战,实际上指示着某种"外部"的思想开始进入"内部"的思想之中,意味着书写作为"外部"开始介入"内部"的自身运作之中。研究者在论述德里达的"延异"作为内部解构的机制时,曾写过下面这段话。因为它对我们理解南希的书写思想有至关重要的支撑作用,这里不避冗长地抄录于此:

> 书写的机制(包括了替换、增补、踪迹化、播散等)在内部中引入了外部。这个"内部"包括了起源、中心、在场等等,以及由此衍生出来的其他表述:自然、语音等等。"外部"则是作为未被规定的、次生

的、第二性的而被否定、同一化或者内化。书写机制并不满足于揭示这个被内部秩序所排除的、内化的外部,而是在内部和外部之间运作,穿行于内部和外部之间,将内部和外部彼此引入对方,结果是既非内部,也非外部。延异就是这样一种机制:它将内部的建立推延,将内部的封闭空间打破,也就是将内部解构。①

　　研究者要表达的基本观点是:通过德里达"延异"的操作,书写在"内部"与"外部"之间建立起一种运作机制,这种机制打破了逻各斯中心主义或语音中心主义的绝对化和同一化,而敞开了一个更具开放性、无限性和未来性的意义空间,书写因而是十分重要的解构"内部"的差异化力量。这准确地把握了书写在德里达那里的重要特征。事实上,德里达还将"间隔"作为与延异和撒播等相似的力量,强调其作为时间的空间化和空间的时间化所具有的解构能量和创生力量。本文在论述书写的非实在性特征时,曾经引用过德里达《多重立场》中的一段话:

　　　　间隔是一种具有生产的、积极的和创生的力量的意义概念。像播散和延异一样,它自身有着一种创生的主旨;它不仅仅是空隙,即在两个事物之间构成的空间(这也是通常意义上的间隔),而且是间隔、操作或隔离运动。这一运动与拖延——时间化、延异以及作用于它们之中的力量冲突是分不开的。它标志着与自身相隔离并打破与自身的所有认同的东西、自身上的点状集合体、与自身的同质体、自身的内在性。②

　　"间隔"也意味着对某种非自身性的"外部"力量的强调,意味着在时间化的拖延也是空间化的差异中,将自身呈现为某种非自身性的存在。因此,就

---

① 简燕宽:《外展的图像:论让-吕克·南希的图像思想》,第 13 页。
② 雅克·德里达:《多重立场》,佘碧平译,生活·读书·新知三联书店 2004 年版,第 106 页。

书写而言,准确地说,就书写与意义的关系而言,经过延异和间隔的运动,书写使得文本、文字、语言等的意义不再指向某种再现、表象或呈现,书写不再作为单一意指活动或表象某种确定性的工具,意义因而也不再是确定不疑的,而是永远向着多元化、多重性、无限性流动和敞开,不断地超出自身。

南希正是充分发展了德里达延异和间隔的思想,将德里达的 a 转写为带有标音符的 à。这个 à,标记的并非某个实体、位置、事物或任何宾格意义上的对象,它意味的是"到""向""在""处于""以"等表示"区间""关系""关联"的含义,标记的是某种间隔化或延异化的"之间"的观念。也正是从这个 à 出发,南希进而将德里达"延异"的思想转换为自己的"外展"思想。我们曾经指出,"外展"并非意味着在意义终结或悬置的位置上,重新发掘某种意指化的意义去占取这个缺席的空位,那其实是另一种形式的形而上学。"外展"意味着从某个固定位置出离自身,解开其内部某种固定的结点,从而使自身向着无限的外部不断溢出自身、自行展露。外展也不是为了实现某个预设目的或中心的"外展为……",而是面向一切方向流动或出生的"外展向……",是"出生到在场"。只是这里的在场并非某种实存的在场,而是作为事件的在场,即"来到在场"(coming-into-there)。"外展"解构了内部作为绝对性、同一性和唯一性的主题,而始终指向内部之外,指向一个不可命名的无限的他者;因此,它并不指向意义的终点,而指向意义本身的无限生成。

在这个意义上,南希的"外展"概念始终是一种面向未来无限敞开的观念,蕴含着思想的无尽可能。正如研究者所说:"对起源解构的'延异'本身总是一种对于'唯一'起源的溢出,或者说,超出,总是走向外部,在这个过程中,也总是伴随着区间、距离的发生,这就是南希所说的'外展',或者是'间隔'了。"①对这种"走向外部"、指向未来的观念的强调,成了南希哲学最核心的观念,甚至可以说南希的整个思想都是一种"外展"的思想。他在阐述书写思想时所使用的诸多词汇,其内里都是这种观念的具体体现,比如:分联(articula-

---

① 简燕宽:《外展的图像:论让-吕克·南希的图像思想》,第 21 页。

tion)、间隔(écart)、间距(intervalle)、空间化(espacement)、通道(passage)、分享(partage)、分离(séparation)、触感(toucher)、回响(résonance)、重复(répétition)、与(avec)、外铭写(excription)等。

　　这种思想的倾向,为当代思想家们提供了一种基本态度,那就是在上帝退场或缺席、哲学传统已经被消解、意义已经处于悬置的状态下,甚至在作者已死的处境下,如何面对哲学传统、意义世界以及上帝和作者的神话,如何阐释和书写意义。书写对本原中心地位的解构,以及二元对立或线性思维的打破,要求一种施莱格尔式的碎片化或本雅明意义上的星丛的方式,来对一切思想和观念进行重新称重和考量,从我们如其本然的存在、如其本然的自身、如其本然的世界出发,去探寻我们的意义、世界的意义,以及意义的呈现方式。研究者伊恩·詹姆斯(Ian James)和帕特里克·弗伦奇(Patrick French)合作编选的《外展:让-吕克·南希评论文选》①,是以"外展"为主题汇集的关于南希思想的评论文集,强调了外展之于南希全部思想的核心地位。认为南希的哲学著作,无论是早期对德国浪漫主义、康德、笛卡尔的评论,还是后期关于本体论、共同体和艺术的主要作品,都可以被理解为一种思想尝试,即将思想外展向思想本身的某种界限,去回应某种外在性或某个外部,这个外部表明了世界性的生存本身的多样性。作者认为,南希的思想正是在这些方面不同于包括布朗肖、巴塔耶、德里达等人在内的当代法国其他思想家的思考轨迹;南希书写思想的独特贡献在于,他把这种超越或外在性理解为意义,把意义理解为世界性的存在或生存的特有事物。在这本文集中,伊恩·詹姆斯、简·希德勒斯顿和伊恩·麦克拉克兰的三篇文章,以不同的方式关注南希的意义和"共在"本体论,以及它们与艺术、文学和书写的偶然性之间的关系。特别是麦克拉克兰的文章,将南希与德里达的思想和布朗肖的文学书写结合起来,思考了书写不可化约的偶然性问题。

　　南希对书写的思考是面向意义的失落或哲学的终结的,他赋予了书写以

① Ian James, Patrick French, *Exposures: Critical Essays on Jean-Luc Nancy*, Edinburgh University Press, 2005.

外展意义之赤裸状态的使命,呈现无意义、向着此在世界和在世存在无限敞开的使命,甚至是唯一使命。没有先在和预设的意义,也没有有目的的生存,没有固定的意义世界,只有生存、意义、世界、如其本然的自我显现、共同外展和无限敞开。意义不是为了实现某个目的,而是由我们自身不断向外展露出自身,外展即是我们如其本然的生存。所以,我们、生存、世界包括意义本身的意义,就在于我们、生存、世界和意义本身的如其本然的外展,意义始终在其自身之外,始终超出自身的界限而存在。所以,书写的意义也就只能在书写之外发生,书写不再是铭写,而仅仅是踪迹,是涂抹和播撒,是延异和外展。这种思维方式既是南希理解书写的基本前提,也是一切人文学科在解构之后重建意义的根本思维方式,它为解构和神话被打断之后的新的历史语境里,对各种现象进行各种学理性研究提供了思维基础。书写,就是实践这种思维基础的策略。

南希发展出一个新的概念——"外铭写",来阐发自己的书写思想。他在对巴塔耶的阅读中发现,书写与阅读的共通体有一种源于交流的不可能性的痛苦与愉悦,触及了一条意义的边界,所有意义都在这条边界上溢出了自身。这种制造了意义的意义之溢出,或者说这种从意义向它的书写之源的两可性的溢出,就是南希所谓外铭写。这个外铭写,明显地有南希继承德里达延异思想的影子。溢出是在时间中发生的,而且也是差异化的生成,是差异化的重复和重复化的差异。外铭写因而标记着书写及其意义都已进入一种延异的状态之中,意义也就不再作为本原、中心、原则或起源被给予我们,它仅仅是起源自身的可能性条件,这个意义之起源的可能性条件也可称作书写。书写因而不是意义的运载工具或传递媒介,不是通达起源的负重的逻辑或通道,不是文本终结意义上的可再次闭合或打开的书,而仅仅是差异,仅仅是让意义超出意指,或超出自身而回响。

走向外部。书写走向外部,意义走向意指的外部,上帝、主体、神话、作者都要走向外部,在他者的共在那里实现生存的意义,如果没有这个走向外部,或者没有走向外部所留下的踪迹,这个世界将变得陌生,也将变得毫无意义。

但是,走向外部也只能是走向一个碎片化的外部,不论是世界本身,还是政治、经济、社会、个人、思想、艺术、图像、技术、拟像等,一切在解构之后都只能存在于一个碎片化的时代里,在欢喜于不再受上帝、神话、主体和作者神话的规约的同时,我们似乎也有沦陷到虚无主义的危险。

就像德里达曾经说过的那样,"被过剩的文本压迫着的我们,悲叹的也许恰恰是大写之书的不在场"①,因为"大写之书的不在场"可能让我们仅仅满足于文本的狂欢或能指的游戏。南希的外铭写,并不导向虚无,并不仅仅满足于狂欢游戏,因为它要求我们去"从无创造",从"无一物"之"物"和"无一物"之"无"那里去创造。换句话说,意义不是固化地等待实现或表象的,而是需要创造的,创造才是有意义的。在这个意义上,南希的外铭写,其实标记了一种极为积极的处世态度。只有创造,只有在碎片化的世界去创造意义,才是有意义的。

第二节 批评:当代西方书写思想的文论价值

即使在狭义上,我们把南希书写思想中与存在论密切相关的书写范畴,理解为只与艺术相关的实践方式,或者某种艺术风格,理解为艺术地刻划痕迹的表意方式,甚至是本质化地理解为南希所反对和致力于解构的那种带有预设目的和提前给予性的艺术实践,南希的书写思想也仍然对我们中国语境中的艺术实践有着不可忽视的意义。

南希不仅把书写作为相关行为的术语,也将它作为著作编撰、涂鸦、刻画、标记实践等的指称。他说:

它不仅仅产生了一系列与这种行为相关的术语:要么是作为手

---

① 张宁将这句话译为:"被'已写得太多'压迫着的我们悲叹的正是大写的书的缺席。"参见德里达:《书写与差异》,第15页。此处根据英译,有所改动。英译见 Jacques Derrida, *Writing and Difference*, The University of Chicago Press, 1978, p. 10.

写行为（某个人的书写法、书法、金石学），要么是作为著作的编撰（一部专著、一个多题材作家）。而且扩展为好几个系列的衍生用法或者隐喻用法，正如这些词：电报、照片、印刷、电影摄影等等。它也将这些术语的名字赋予了诸如石墨的物质，或者是诸如嫁接一类的实践。涂鸦，自从庞培古城的发现以来就指称那些草草勾勒而成的绘画或者铭文，在我们今天，它的完成是带有标签的，作为被称为嘻哈文化的某种实践。①

书写指涉文字或文本之外的这种外向性，使诸如电报、照片、印刷、摄影、涂鸦、编撰等对象都可以进入书写研究的题域之内，从而超越了那种仅仅将书写理解为手写行为的传统理解，拓宽了书写议题观照对象的范围。即便是将书写做狭义层面的理解，对中国语境中的艺术实践尤其是中国汉字而言，南希的书写思想也可以启发我们展开不同于传统方式的思考。

我们知道，对中国汉字而言，关于汉字构造的所谓"六书"——指事、会意、假借、象形、形声、转注，其实已经总结出汉字与西方表音文字系统很不一样的系统理论。"六书"背后实际上蕴藏着非常深刻然而还未充分展开的哲理内涵。中国汉字并没有德里达所批判的那样以语音的在场为中心，没有像西方语音中心主义或逻各斯中心主义渗透进对文字书写的理解之中那样，中国汉字也并没有在基底上得到中国哲学的支撑。相反，中国汉字对构形的形式化追求，还发展出别具风味、意蕴深厚的书法艺术，将意义、视觉、情感、听觉等南希意义上的具有多重意涵的"意义"显示得淋漓尽致。但是，即便我们有发达的小学、训诂学、音韵学、文字学，汉字也很少被作为一个哲学命题来进行思考。漫长的中国文化传统也从来是将中国汉字作为表意工具来思考的。中国汉字作为表意表音文字的综合体，虽然并不能以西方的语音中心主义理论来套解，它不是可以替代语音的表意工具，也没有形成某种逻各斯

---

① 让-吕克·南希：《书写》，夏可君：《书写的逸乐》，昆仑出版社 2013 年版，第 2 页。

中心,但是它仍然只是一种被德里达和南希等称为"替补"或"增补"的工具,在中国哲学、美学中也很少作为核心命题被呈现。

以中西结合的方式,将西方书写理论与对中国汉字和书法艺术的思考结合起来,是较为重要的研究思路。一些论者以德里达的延异、文字学等理论来思考中国的汉字书写和中国绘画问题。林书杰《书写之道——关于汉字书写的若干问题》①从德里达的延异概念入手,接续德里达利用汉字书写先于并优于语音的特点而解构西方语音中心主义的意图,通过对书法个案的分析,发现了汉字的书写在时间上呈现一种延迟性的特点。白雪《中国绘画中的书写意识》②同样以德里达解构西方语音中心主义为理论起点,反观中国画中表现出的强烈的"书写意识",并体现了中国画独特的审美追求。也有一些论者关注到德里达哲学书写的独有特点,对哲学书写方式展开思考。

耿幼壮、姜宇辉、夏可君等人将书写的哲学之思,进一步与中国艺术特别是书法艺术和汉字书写问题联系起来思考,不仅深入思考了书写的相关哲学命题,还在中西哲学思想之间展开了深入的对话。耿幼壮《姿势与书写——当代西方艺术哲学思想中的中国"内容"》③,讨论了当代西方艺术哲学思想中的书写概念与中国艺术理论中的姿势概念之间的关联及意义,论述了书写与触觉的关系,直接提到了南希关于书写的理解,对南希的书写概念有极高的评价,认为南希准确把握了书写的精神实质,即"使意义在超出意指行为,或超出自身的情况下,使身体—灵魂产生回响"。姜宇辉的《替补与"间隔"——从德里达"文字学"视域看汉字的哲学内涵》④《从"替补之链"到"书写剧

---

① 林书杰:《书写之道——关于汉字书写的若干问题》,中国美术学院博士学位论文,2008 年。

② 白雪:《中国绘画中的书写意识》,《理论界》2011 年第 11 期。

③ 耿幼壮:《姿势与书写——当代西方艺术哲学思想中的中国"内容"》,《文艺研究》2013 年第 11 期。

④ 姜宇辉:《"替补"与"间隔"——从德里达"文字学"视域看汉字的哲学内涵》,《学术月刊》2006 年第 12 期。

场"——经由德里达重思汉字起源之谜》①从德里达文字学的视域探讨了汉字的起源和哲学内涵。夏可君的《书写的逸乐》②从德里达和南希关于书写的思想那里获得启发,他发现,从甲骨文、金文、篆隶,直到晋代、唐宋诸家的书法以及元代文人绘画艺术,中国文化内在命脉转换的关键就在于书写性,不过,经过书写的解构之思后,当代实验艺术应该重新构想新的书写性的可能。这其实是把书写上升到艺术哲学的高度,在中国汉字衍变和书法艺术发展的历程中,寻求中西书写思想结合的新的可能性。

南希将书写与生存论结合起来的致思理路,为中国书写理论打开了一个理解中国汉字书写、中国书法艺术,甚至绘画艺术的新的维度。南希的外铭写理论,通过对走向外部的强调,实际上可以启发我们对汉字多义性的哲学思考。某种意义上说,汉字的多义性恰恰就是汉字作为"独一多样存在"的一个标记,义项的多样与文字的独一无缝地融会在一起,它指向的并不是独一性的封闭,而是多样性的敞开。同时,对中国书法和绘画来说,它不仅仅是线条、墨迹、浓淡、飞白、色彩、留白等物质性的艺术,更是气韵、精神、灵性、气质、情势等精神性的艺术,它还是触感艺术,本质上书写和绘画的力度、触感会决定中国书法和绘画的艺术呈现,它仍然是书写者身体触感的根本体现,所以也是触感的外展。中国书法也在方寸之间,展露出磅礴大气或娟秀灵性,这是对自身的外展。

因此,南希书写思想为中国书法和绘画打开了一个从哲学角度而不仅仅是从美学或艺术学角度的致思维度。南希的文学共同体思想,共同体的非功效,以及在沟通与分联中实现文学的意义,对我们今天处理文学性的弥漫,以及所谓文学性泛化、大文学、文学边缘化等文学理论话语也有一定的启迪。对一切艺术形态,书法、绘画、文学、美术、雕塑、建筑等,特别是触屏艺术、触感艺术,南希书写思想给我们的启示是:我们仍然需要继续探寻不同文本、主

---

① 姜宇辉、黄家光:《从"替补之链"到"书写剧场"——经由德里达重思汉字起源之谜》,曾军:《中学西话:20世纪西方文论中的中国》,北京大学出版社2020年版。

② 夏可君:《书写的逸乐》,昆仑出版社2013年版。

体、文化间的关系，虽然这种关系不再是各具主体的"主体间性"，而是一种独一多样性之间的张力；我们仍然需要在其他当代人文学科中汲取营养，话语、叙述、他者、身体、触感、书写等的相互关联，也许才是我们一切人文学科甚至包括部分自然科学，在这个被解构之后的世界中寻求意义的"踪迹"。这是书写的意义，也是我们进入理论之后、后现代主义甚至后后现代主义反思时期的基本态度。对美学来说，书写不只是书写。

| 小　结 |

　　本部分主要分析了当代西方书写思想对于今天的理论和实践有怎样的学术意义和理论局限,从总体上概括了当代西方书写思想的基本特征和核心理念,从理念、话语和批评三个维度分析了当代西方书写思想的文论借鉴意义。作为代表性思想家的代表性观点,南希的书写思想首先是建立在他者和关系维度上的,与它相关的共在、身体、外铭写、触感或共同体等概念,都强调朝向外部的无限敞开,以外展、沟通和分享为基本特征。这决定了当代西方书写思想实质上是一种生存论思想。当代西方书写思想对人类中心主义、同一化、本质主义的批判,对共在、独一性、外展、分享等概念的强调,以及对他者维度的重视等,都蕴含着丰富的生态思想,可以推动生态美学、生态文论、生态批评的建设和发展。对书写的非实在性和触感化特征的揭示,敞开了书写作为意义的共同显现的无尽可能性,使我们可以从意义和身体的角度,重新理解并建构中国的书写话语体系。但是,将共在、分享、触感、身体乃至西方话语的普遍主义倾向等维度,融入书写范畴之中,在扩大书写话语的致思范围、将书写提升至生存论的高度的同时,也有可能将书写范畴泛化或乌托邦化,使书写范畴脱离日常经验。

　　指出当代西方书写思想中"共在"和"分享"观念的理想色彩,以及"触感"和"外展"思想的经验色彩,还有对整体话语的普遍主义倾向的揭示,并不是批评当代西方的书写之思失去了生存论的意义,也不是要求思想家必须对历史的、现实的和未来的一切生存及其可能性做出全能或全效的哲学解释,这也并不意味着书写可能最终会走向脱离实际的高蹈的理想主义,或者沦落为拒绝历史的虚无主义。恰恰相反,正是这种乌托邦式的理想色彩和经验色彩,这种整体话语的普遍主义倾向,彰显了当代西方书写之思的伦理力量。也许,从分析社会性存在的角度而言,当代西方书写思想中突显出来的基本观念,并不如海德格尔对此在和常人的思考、福柯对自我技术和全景敞视机制的思考、斯蒂格勒关于第三记忆和技术的思考来得切近现实,后者可能更为接近存在的历史语境和现实处境。但是,正是在对某种自我悖论的"解构"之中,正是这种将一切预设还原到某种天空地白的空无状态,才是彰显"一切皆有可能"之无限可能性的最佳途径。换句话说,在当代西方书写思想中,始终孕育着一种敞开未来思想的可能。在这个意义上,当代西方书写之思实际上是对意义失落或悬置之现实情境的回应。而回应,则意味着一种责任,一种承担,一种承诺,也是一种价值。这,恰恰是解构之为解构的意义所在。

结　语

　　在后理论语境中,只有将书写与意义的问题联系起来,才能重新敞开书写概念的理论内涵,才能将书写与意义、书写与身体、书写与艺术、书写与文学等的关系全方位地延展开去。南希的思想做了相当重要的示范。说到底,让-吕克·南希的书写思想是一种具有存在论色彩的意义理论。他把书写的本质理解为意义的共同显现,将"独一多样存在"、共在、"共/与"尺度作为分析书写命题的哲学基础,主要目的是回答书写之于人类存在的意义问题。由于意义、我们和世界之间的共生同构关系,书写只能以"外铭写"即意义的溢出的方式来表达意义;书写也不只是表达或溢出意义,它也能创造意义,但这是一种独特的"从无创造"。理解南希的书写思想,就必须理解南希关于意义的空无敞开的思想。

　　书写总是身体的书写。书写之为意义的共同显现,也可被解读为身体触感的外展,或者对身体非实在性场域的敞开,书写因而具有了从身体维度进行存在论阐释的可能,可以回答身体能否作为书写主体的程度和限度问题。自德里达和罗兰·巴特之后,作为书写主体的"作者"已经被置于"死亡"的地位,主体本身也走上了不可逆转的"死亡"之路,似乎只有从身体维度将书写还原为身体的触感化生存,才能回答"主体之死"和"作者之死"之后"谁在书写"的问题。南希放弃了"作者"这个范畴,在身体现象学的基础上,将身体作为书写思想的中心议题之一,这是对书写的非实在性和触感化特征的再发现。书写本质上成了对非实在性场域的打开,是对身体的触及,而且与阅读的触感化密切相关,因此获得了更为广阔的思想空间。

如果我们把书写理解为广义的刻写或留下踪迹的行为,或者这些行为产生的艺术痕迹,那么书写就不只是文字的书写,也不只是某种笔触的行为。作为意义的共同显现,书写根本上要揭示的是在不同刻画痕迹的形式中意义的显现方式。绘画作为可见性和触感化的书写形式,以意义在可见与不可见的辩证之中、在可触与不可触的两难之中显现出来,本质上也是书写意义空间的自我敞开。在这个意义上,作为书写最主要艺术形式的文学和绘画,便从根本上重构了艺术的多样性、碎片化乃至崇高范畴的基本命题。

南希的书写首先是建立在他者和关系维度上的,与它相关的共在、身体、外铭写、触感或共通体等概念,都强调朝向外部的无限敞开,以外展、沟通和分享为基本特征。这决定了南希的书写思想实质上是一种生存论思想。南希书写思想对人类中心主义、同一化、本质主义的批判,对共在、独一性、外展、分享等概念的强调,以及对他者维度的重视等,都蕴含着丰富的生态思想,可以推动生态美学、生态文论、生态批评的建设和发展。南希对书写的非实在性和触感化特征的揭示,敞开了书写作为意义的共同显现的无尽可能性,使我们可以从意义和身体的角度,重新理解并建构中国的书写话语体系。

在南希的书写思想中,在他对外展、绽出、外铭写、沟通、分享、分联等一系列概念的解释中,我们可以发现南希建构一种新的共在思想的努力,这是关于他者、关系和未来的思想,一种具有乌托邦理想色彩的伦理诉求。南希的书写思想因而具有极强的生存论色彩,是对海德格尔以后基础存在论发展方向的一种回应,即使以解构之名或以解构为始基,他的书写理论仍然是一种形而上学,至少具有某种形而上学性,为敞开未来思想提供了一种未来形而上学的可能性。南希的哲学书写,实际上是对书写本身及其意义的回应,这种回应意味着一种责任,一种承担,一种承诺,也是一种价值。除了具有美学和艺术的意义之外,他的书写理论还具有特别的伦理意义。也许,研究者

十多年前关于德里达思想的呼吁,在今天对于南希研究仍然不无意义:

> 　　德里达的思想超越了整个西方思想的边界,第一次使思想成为
> 这个大地的——世界性的思想,德里达的思想属于世界,德里达与
> 德勒兹和南希的思想一道,彻底改变了思想的整个蓝图——无论是
> 哲学还是神学,无论是艺术还是政治的边界,这里有着未来思想之
> 新的开始,我们只可能通过与他们的对话才能重新唤醒我们自身传
> 统的异质性力量,重新打开未来![①]

　　对于南希及其书写思想,重要的也许不是去反思和辩驳,而是在思想在
地化的过程中,重新唤醒思考自身传统的可能,重新敞开思想的未来。正如
《导读德里达〈论文字学〉》的作者亚瑟·布雷德利所言,《论文字学》的“最重
要意义恰恰在于它是不可穷尽的”,“总是存在着更多需要去讨论的东西,存
在着更多需要思考的东西,存在着更多需要去阅读的东西”;因此,对于德里
达来说,“阅读、阐释和洞察的过程是无限地朝着他者、差异、未来的可能性开
放的”。[②] 对南希的阅读、阐释和洞察,也是如此。它不提供一个一劳永逸或
持久有效的结论,而是召唤一种新的、更具挑战意味的讨论方式、思考方式和
阅读方式。在这个意义上,本书的结语又并非南希书写思想本身的结论,它
不是封闭的,而是无限敞开的。也许,思想所要求的首先并不是问题的解决,
而是问题的敞开;所要求的也不是断章取义,而是倾听:“有耳可听的就应当
听!”对于不愿倾听的,其实也不必计较,哲人早已说过:“他们还没有开始读
我的书!”但愿我们能够如思想家所希望的,能够静心地去开始读,去开始听!

---

① 　雅克·德里达:《解构与思想的未来》,第 8 页。
② 　亚瑟·布雷德利:《导读德里达〈论文字学〉》,孔锐才译,重庆大学出版社 2019 年版,第
　　163 页。

附录一

敞开一种新的相遇
——让-吕克•南希思想述要并纪念

　　按：著名当代法国哲学家、斯特拉斯堡大学哲学教授让-吕克•南希于当地时间 2021 年 8 月 23 日逝世，享年 81 岁。他是著名解构大师雅克•德里达的朋友和学生，与菲利普•拉库-拉巴特一起，扩展了解构哲学的思想领域。一年内，德里达的传人贝尔纳•斯蒂格勒、希利斯•米勒和南希三位解构哲学家相继去世，对欧陆哲学的发展将产生深远的影响。为表达对南希教授仙逝的纪念，特为此文。

　　"只有当一位伟大的思想者死了的时候，你才明白，有多少如此必要但只有极少数人有时间或精力从事的思的活动，被托付给了他。"这是南希于 2004 年 10 月 21 日（德里达逝世 13 天后）在巴黎国际哲学研究院举行的"向雅克•德里达致敬"活动上发表的讲话。近 17 年后，在 2021 年 8 月 24 日讲话者本人的心脏永远停止了跳动之后，我们仍然可以用这句话表达对南希的纪念。

一、"意义至关重要"

南希 1940 年 7 月 26 日出生于法国，1973 年拿到博士学位，师从著名现象学家保罗·利科(Paul Ricoeur)。1987 年获得国家博士学位,答辩主持人有雅克·德里达、让-弗朗索瓦·利奥塔(Jean-François Lyotard)等。1988 年开始任斯特拉斯堡大学哲学系教授。1991 年接受心脏移植手术。2002 年成为斯特拉斯堡大学荣休教授。2016 年入选美国教育网站 The Best Schools 评选的"在世最具影响力的 50 位哲学家"。

如南希所致敬的德里达一样,南希也是"一位伟大的思想者",也被托付了很多"如此必要但只有极少数人有时间或精力从事的思的活动"。从进入哲学殿堂展开哲学思考以来,他已出版著作两百余部,发表文章数百篇,是一位相当"多产"的思想者。南希的著述,很多都已被译为德文、英文、意大利文、中文等其他语种。总的来说,从意义理论、共同体思想、自由与经验、基督教神学,到形而上学与西方唯一神论的关系、身体与触感等方面,南希都极大地扩展了解构的领域,从而在意义的世界化、书写的触感化、存在论的重构等方面做出了独特的贡献。

对南希来说,"意义至关重要,因为哲学所涉及的不过就是意义"。因为尼采之后,所有的哲学思考都必须直接回应"上帝死了"和"重估一切价值"两个命题,都必须从意义的思考出发。如何面对意义的危机、超越意义的悬置状态,如何重新思考存在,使世界、意义、我们之间建立有价值的逻辑联系,使哲学重新与我们的生活、生存建立本质性的联系,是必须首先解决的问题。在《一种有限之思》《世界的意义》《缪斯》《独一多样存在》(Être singulier pluriel)《身体》等著作中,南希集中表达了他对意义问题的看法:意义除了"意思"之外,还有"感受"和"指向"等多重含义,因而并非某种固化的、稳定的、中心化的存在,而是一种非稳定的、敞开的、面向自身之外的存在;所谓意义的危机只是作为意指的"意思"的危机,意义的感受性和导向性决定了它并不是作为某种目的或作品而等待"我们""在世界中"去加以实现或完成的,意义本身就是与"世界"和"我们"共生同构的,三者之间是互文见义、互为前提的。

这种对意义的理解,在很大程度上延续了尼采、海德格尔、列维纳斯、布朗肖、德里达等人对西方传统形而上学的批判,有力地克服了身心二元分立的传统形而上学观念,提升了感受、身体在"我们"与"世界"之关系中的地位。具体地说,南希突出了触感的优先性。在《自由的经验》(*L'expérience de la liberté*)、《肖像画的凝视》、《解封:解构基督教》(*La Déclosion:Déconstruction du christianisme*)、《素描的愉悦》、《身体 2:关于性》等著述中,南希坚持认为,触感先于视觉构建了人的重要感官,这种具有绝对优先性的感觉组织起一种对所有哲学,自称非直观的哲学和圣经话语共同的直观主义。这其实是对德里达称为"逻各斯中心主义""视觉中心主义"的传统形而上学的进一步批判,是对传统形而上学所建构的身心秩序、感觉等级的解构,是对哲学回归人之当下生存状态的重要呼吁。这激发德里达专门写了一本厚书《论触感:让-吕克·南希》来回应南希的思想。

二、南希的共同体思想

突出意义的非作品性、生成性、未完成性,强调触感之于视觉的优先性、"我们""世界""意义"的共生同构性,其实是基于南希对"存在"的理解的。自胡塞尔现象学尤其是海德格尔"基础存在论"产生以来,存在问题被当作哲学的根本性问题,对一切事物和现象的解释都似乎建立在这个根本性问题的理解上。南希也不例外。只是,他对"存在"的理解已经由海德格尔对"此在"的强调走向了对"独一多样存在"和"共/与"的思考。在南希那里,"独一多样存在"这个概念解构了传统哲学在"存在""独一性""多样性"三者之间建立的等级关系,将三者并置起来,使三者中的任何一个都没有逻辑上或实际上的优先性,相互之间也不构成修辞关系,它表明的是这样一种存在论思想:"存在"本身是独一的多样或多样的独一,"存在"既是单数的同时又是复数的,与他者共在是"存在"不可逃脱的"被抛"的命运。

也就是说,只有在"共在"的意义上,才能准确理解"存在"的意义。只是,这里的"共在"已经超越了海德格尔"共同此在"意义上的"共在",它不是存在者意义上的"共在",而是存在者存在的某种方式。为了明确地表达区分,也为了突出"共"的存在论优先性,南希常常使用"共/在"的表达式,甚至进一步还原为一种"共/与",并将后者作为一切存在者得以存在的基本方式,展开了一种"共在本体论"的构想。

　　为了论证"共/与"的存在论性质,南希特别思考了"共同体"概念。在他看来,海德格尔对此在之操劳、操持活动的分析,无法回答此在如何才能让其他此在成为它自己的本真存在、濒死状态中的此在如何才能保持"与他人共在"的存在本性等问题。也就是说,海德格尔对此在和共同此在的分析无法通达一个具有内在有效性的"共同体"。南希认为,每一个个体都既是独特的、独一的,又是多样的、向着他者外展。然而,在传统的共同体那里,个体往往保持为他者、相异者、陌生者,总是向着其他独一体封闭自身。个体之间能够彼此分享的,仅仅是无一例外都会死亡。这意味着任何时空中的任何共同体,都只能是"非功效"(désœuvrée)的。所谓"非功效",词义上包括不运转的、无功效的、取消了作品效果的、不操作的、不起作用的等义项,用来修饰"共同体",是为了突出共同体的未完成性、去作品化、去组织化运作等特征。这一系列的思想,相继出现在南希的"共同体三部曲"《非功效的共通体》、《面对面的共通体》(La Communauté affrontée)、《异议的共同体》(La Communauté désavouée)中。南希的共同体思想,也是他影响最为广泛和深远的思想,相继引发了布朗肖、阿甘本等哲学家的思想争鸣。布朗肖写出了《不可言明的共通体》(La Communanté inavouable),阿甘本则写下了《来临中的共同体》(La comunità che viene)。他们的"共同体之争"被传为当代哲学思想史中的一段佳话。

三、爱和真理如同玫瑰

　　南希的思想触角,还延伸到正义、民主、自由、爱、友谊、艺术等其他问题域,其核心要义在于将"共/与""非功效""意义的非给予性"等存在论思想,延伸到那些问题域之中。比如,关于爱,南希认为,维持作为共同信仰、共同分享和共同把握的"爱",既蕴含着"共/与"的真理,又超出了"共/与"的一般领域,是实现此在之本己存在和与他人谐和共处的实现方式之一;爱就是"我愿你成为你之所是",从而把"爱"形容为我们和世界的真正场所,体现出此在对他人的真正操持。这样,南希赋予"爱"以共通—外展、共同显现、共同生存、共同存在等深刻含义。

很明显,南希的思想源流可以向上追溯到海德格尔,但其继承(或发展)最多的,却是德里达的解构思想。2019 年,笔者在对南希教授进行采访时,曾请南希概括自己的思想倾向,他只是微笑着转述了德里达描述其思想的一个关键词:后—解构主义(post-déconstruction)。联系"解构"一词在德里达那里的含义——解构不是否定,它首先是对原初的"是"的再确认,是一种原初的肯定、投入和承诺。我们大概可以肯定,南希的"后—解构主义"首先是对德里达"解构"的"肯定、投入和承诺",进而是对德里达"解构"的扬弃和超越(这也是 post-的含义)。它意味着一种敞开,一种对多样性、差异性、生成性的追求,引申开去,也是一种对多元文化价值伦理的坚守。

2021 年仍然是新型冠状病毒肆虐全球的一年。在全人类对抗新型冠状病毒的战争中,南希也曾留下许多关于疫情的文字。没想到,这些文字竟然成为我们所能听到的先生的最后绝响。今天,重新回顾南希的思想历程,提笔写下上述文字的时候,已经是南希离开我们的第五天了。两年前那次面对面的采访和交谈,种种细节历历在目。先生优雅从容的谈吐,热情幽默的言语,老当益壮的豪情,片言只语里的深邃智慧,对人生、友谊、思想、学术的深刻理解,对后学无所保留的提点……至今仍然记忆犹新!多想,再听听先生语调从容而又充满激情与睿智的声音,再看看先生满面慈祥而充满无限关爱的笑容,再请教先生各种必须思考而自己又无力思考的疑难。而今,天人两隔的距离竟使这一切成为永久的遗憾……这是再次相遇的时刻,也是道说再见的时刻,只是这一刻的相遇与再见,只能成为永诀和永别,只能成为哀悼和纪念。

真正伟大的思想能持续存在,能超越自身的时空向未来言说,其秘密就在于它们将自己托付于未来,或者它们蕴含着一种仍然希望在未来被聆听的真理。这样的思想和大屠杀纪念碑有同样的不朽性:不是因为它们的规模大,而是因为它们解释了某个特定真理的深邃,而爱和真理如同玫瑰,无论换成什么名字,一样散发着芬芳,并将永久流传。只有"像他们那样思考",思考那个超越思想、不可思考却又必须被思考之物,并由此能够把"我"和"我们"敞开到有限之思的无限之中去,才是最好的哀悼和纪念。来吧！让我们敞开新的相遇,敞开新的世界的可能性！

(本文原载于《财经》"文化逝者"专栏,2021 年第 19 期)

附录二
国外马克思主义审美之维的内在悖论

　　反思启蒙一直是现代哲学的核心任务,而审美之维则是其中一条重要的理论路径。启蒙运动的直接后果是树立起理性认识的绝对权威。因而,诊断和治疗现代性的一个突出特点就是反理性主义。而审美之维正是用非理性的审美原则重筑人类思维方式和实践方式的理论体系,其理论源自康德,在席勒这里成为显学,进入 20 世纪 30 年代越发在现代西方哲学中备受瞩目,在诸多理论学派中皆有反响,如存在主义、解构主义、生命哲学等。尤其是在西方马克思主义理论发展衍生中,审美构成了一个重要的理论资源。卢卡奇找寻审美实践的特殊意义,葛兰西批判文化霸权,法兰克福学派批判文化工业、探索审美政治,而在本雅明的艺术生产理论、伊格尔顿的审美意识形态理论、普列汉诺夫审美唯物史观批判、詹姆逊的审美乌托邦理论等代表性理论中均可以找到审美之维的理论酵素。

　　深入思考审美之维在现代性批判和反思中被寄予厚望的诸多理论现象,其出现的根本原因在于,审美在理论与现实两个维度上表现出反思、批判和超越现代性的理论变革或实践解放的特点。一方面,在形而上学层面,审美之维是消解理性最高真理及其至上话语权威,进而以非理性为根基重构被理性捆绑的人类精神世界,重建人类存在方式合理性论证的重要理路;另一方面,在现实层面,审美之维是批判异化社会和异化的人,以审美原则重塑真善美的研判标准和全面的人性追求,重建人类主体性生存方式的重要探索。审美之维不仅在理论层面提供着反思现代性的非理性理论武器,而且在现实层面提供着探索重建人类精神世界的实践之途。总结西方马克思主义反思现代性的审美之维,一般呈现出从现实批判出发,回到理论中建构审美之维,再返回现实找到审美实践的可能路径,形成了现实—理论—实践的理论逻辑。然而这一理论逻辑的三个环节中事实上隐匿着审美之维无法解决的现实的、理论的和实践的三重悖论,也决定着审美之维无法实现其承诺的改造世界的革命意义。

一、审美之维批判起点的现实悖论

西方马克思主义承续了马克思主义从现实出发的理论起点,直面马克思之后的西方社会出现的新变化,试图通过批判现实找到资本逻辑统治秩序的新表现。西方马克思主义的理论起点正是社会批判理论,在否定辩证法的方法论奠基下,从文化、技术、权力等不同路径批判工业社会的人的异化生存方式,试图将马克思主义经典的政治经济学批判发展为整体性社会批判,尤其突出意识形态、文化工业、大众文化的批判,进而强调思想意识领域的主体性规训是现代西方工业社会的重要统治工具。正如马尔库塞所判断的,工业社会是技术理性意识形态生成的"单向度社会",工业社会中现实的人丧失否定、批判和改造世界的意识,生产着具有肯定性意识的"单向度的人"。

西方马克思主义从社会批判理论出发,得出工业社会统治方式从经济的、法的、政治的强制手段,向意识形态、大众文化提供虚假满足、塑造"单向度的人"的生产手段转变,查找到工业社会统治秩序隐匿的工具理性症结及其对人的主体性的生产奥秘。这意味着变革工业社会的实践领域随之发生变化,应该从夺取和重建权力机关,转向争夺现实的人主体意识的思想阵地。因而,审美之维从非理性维度对全面的人的追求、对和谐社会意识系统的重建,必然成为重建主体意识的重要寄托。可见,国外马克思主义以意识形态及其文化工业表现作为社会批判理论的起点,隐含着走向求助于审美力量实现意识形态反抗和大众文化重建的必然逻辑。然而批判现实的社会批判理论的文化转向,就其批判领域而言,从意识形态批判、文化工业批判到文化生产批判,越来越将批判理论聚焦在思想意识领域,而脱离了劳动创造人的劳动批判领域;就其批判内容而言,执着于文化生产人的理论批判领域,使社会批判理论看似批判现实,实则是对统治现实的人的思维、观念和意识的理论批判,更脱离了马克思主义改造世界的实践旨趣,最终必然走向改造思维、观念、意识的乌托邦。

二、审美之维形式铸成的理论悖论

西方马克思主义接受了马克思主义感性学的哲学革命,审美作为非理性研究自然挑战着理性主义的话语秩序。然而西方马克思主义审美之维的理论建构并没有确立在人的感性生命活动基础之上,而是受到康德先验形式的影响,从席勒到法兰克福学派,审美形式都是审美之维理论铸型的关键概念。审美形式是人类认识、把握和呈现主体与客体关系的先在综合的主观思维方式。

因而,审美形式的特征决定了其认识真理的一般特征:理想性、和谐性和自律性。理想性,是指审美艺术憧憬未来、超越现实所构筑的美好世界。理想性决定了审美之维塑造的理想世界带有乌托邦的属性,然而詹姆逊却仍将乌托邦视为启发革命的审美气质。和谐性,是指调和感性形式和理性形式,达到认识能力全面、认识结构和谐的认识方式。和谐性意味着审美艺术作品应该呈现出一定的规律性,阿多诺将其视为重建认识秩序的审美特质。自律性,是指审美艺术的领域拒斥现实领域,具有超越现实的真实的、自由的、客观的反应,表现出批判、反思和超越现实的启迪,马尔库塞将其视为在大众文化中保持其革命性火种的关键特征。然而,西方马克思主义从审美形式这一抽象概念出发铸型非理性的审美之维理论体系,在非理性理论研究中却保存着西方美学研究的理性主义传统,试图用带有主观意识的审美形式的理想性、和谐性和自律性维持认识世界的客观真理性,最终背离了马克思主义以

"感性的人"作为出发点和立足点构筑感性学理论体系的初衷,必然走向思辨推演的观念艺术游戏。

三、审美之维理论旨趣的实践悖论

西方马克思主义继承了马克思主义实践哲学的理论旨趣,然而其审美之维的实践可能性却一直备受争议。面对工业社会在文化领域通过文化工业塑造起大众审美需求的虚假满足以及审美标准商业趣味的审美实践,审美之维试图提供给对应工业社会统治秩序生成性特征的一种新的实践探索,一种区别于破坏旧世界、着眼于人性的全面恢复,着力于生产审美主体、提供审美地创造理想世界的审美实践思路。

西方马克思主义审美之维的实践思路主要呈现为审美政治实践、审美生产实践和审美生存实践三重路径。审美政治实践,如马尔库塞、伊格尔顿等学者认为作为意识形态活动的审美实践具有政治属性,通过重新恢复被文化工业遮蔽的审美权利,重新建立解读理想世界的审美意识,审美实践可以承担反抗资本逻辑的话语变革;审美生产实践,如本雅明、里夫希茨等学者明确指出艺术生产是特殊的物质生产,新的艺术生产可以消解文化工业的工具目的,创造新的文化思维;审美生存实践,如阿多诺、福柯等学者试图通过审美重塑人的批判、反思和超越现实的能力,唤醒现实的人形而上的自我境界追求,达到主体的审美再造。然而,审美实践在改造世界上的革命性意义被削弱了,从政治的、经济的宏大革命转向了个体微观性、生成性和生活化的主体生成技术,依赖于审美主体生成的实践路径却因为无法突破意识形态、大众文化控制,或回归书斋、停留理论宣泄,或陷入自我技术。可见,所谓审美实践旨在实践,却没有落实到改造客观世界的实践活动上,而是将改造主观世界的思维活动,寄托于审美实践超越现实的乌托邦,通过个体力量实现。西方马克思主义一旦进入现实的、实践的领域,就必然打上存在主义的烙印,成为生存论意义上的自我救赎之旅。

必须注意到在现实—理论—实践三者看似环环相扣的理论逻辑中也同样存在着悖论。现实与实践之间存在悖论,现实批判中无法突破的大众文化捆绑,根本无法在不改造工业体系、不消除制度安排的强制基础上。怎样消解理性主体的培育力量呢? 理论与实践之间也存在悖论,自律保障的审美形式,怎么能突破自律而达到大众审美实践呢? 而源于现实批判和理论分析的审美之维遭遇的内在悖论,必然使审美原则塑造审美社会意识和审美主体的实践努力成为空中楼阁。而这一结果又在反面证实着马克思主义回答思维与存在关系的第一哲学问题上的科学性,这就要求当代中国马克思主义美学思想研究必须回到原点。由于马克思、恩格斯的经典论著中,美学研究绝不像历史观、实践观、辩证法等论域那样具有系统性,国外马克思主义美学一直以来是我国马克思主义美学研究的重要视野。然而,当代中国马克思主义美学思想的理论建构,不应从国外马克思主义美学的视角来观察马克思、恩格斯的经典美学思想,应回到马克思、恩格斯在感性的完整性、人的全面性、理想社会的和谐性等美学研究的重要问题域,从马克思主义的立场、观点和方法批判西方马克思主义审美之维的研究意义和借鉴价值。

值得注意的是,伴随改革开放,我国思想文化领域同样出现了资本浸润商业文化、多元社会思潮、道德信仰缺失、拜金主义、躺平心理等现象,不能照搬照抄批判西方马克思主义审美之维的理论看待我国文化现状背后的人民内部矛盾以及加强美育、文化建设的中国方案。在工业社会,审美实践无法实现审美主体培育的根本困境在于无法突破现实的意识形态话语和文化工业困境。而社会主义现代化的中国道路是物质文明和精神文明相协调的现代化道路,从意识形态建设、文化制度建设、文化产业事业建设等方面形成全社会合力,塑造文化教育的社会涵养环境,加强以文化人、以美育人的教育理念,通过引导审美趣味、提升审美能力、增强审美意识,塑造创造理想世界的审美追求,培养德智体美劳全面发展的时代新人。

(本文原载于《中国社会科学报》"马克思主义月刊",2022 年 5 月)

参考文献

一、外文著作

(一)书籍

[1] CONLEY V A, GOH I. Nancy Now [M]. Malden, MA: Polity Press, 2014.

[2] ARMSTRONG P. Reticulations: Jean-Luc Nancy and the Networks of the Political [M]. London: University of Minnesota Press, 2009.

[3] LACOUE-LABARTHE P, NANCY J L. The Literary Absolute: The Theory of Literature in German Romanticism [M]. BARNARD P, LESTER C, trans. Albany: State University of New York Press, 1988.

[4] BAROSS Z. Encounters: Gérard Titus-Carmel, Jean-Luc Nancy, Claire Denis[M]. Chicago: Sussex Academic Press, 2015.

[5] BIRD G. Containing Community: From Political Economy to Ontology in Agamben, Esposito, and Nancy[M]. Albany: State University of New York Press, 2016.

[6] BLANCHOT M. Celui gui ne m'accompagnait pas [M]. Paris: Gallimard,

1999.

[7] COLLECTIVE M T. Community at Loose Ends [M]. Minneapolis:University of Minnesota Press, 1991.

[8] GRATTON P, MORIN M E. The Nancy Dictionary [M]. Edinburgh: Edinburgh University Press, 2015.

[9] DEBRAY R. Vie et Mort de L'imag: Une Histoire du Regard en Occident [M]. Paris: Gallimard, 1992.

[10] DERRIDA J. Marges: De La Philosophie [M]. Paris: Les Éditions De Minuit, 1972.

[11] DERRIDA J. Le toucher: Jean-Luc Nancy [M]. Paris: Galilée, 2000.

[12] DERRIDA J. For Strasbourg: Conversations of Friendship and Philosophy [M]. BRAULT P A, NAAS M, trans. Fordham: Fordham University Press, 2014.

[13] DEVISCH I. Jean-Luc Nancy and the Question of Community [M]. London: Bloomsbury Academic, 2013.

[14] FAGAN M. Ethics and Politics after Post-structuralism: Levinas, Derrida and Nancy [M]. Edinburgh: Edinburgh University Press, 2013.

[15] CONNOR P. The Inoperative Community[M]. CONNOR P, GARBUS L, HOLLAND M, et al. , trans. Minneapolis: University of Minnesota Press, 1991.

[16] GRATTON P, MORIN M E. Jean-Luc Nancy and Plural Thinking: Expositions of World, Ontology, Politics, and Sense [M]. Switzerland: State University of New York Press, 2012.

[17] GUIBAL F. Sens en toes sens: Autour des travaux de Jean-Luc Nancy [M]. collectif sous la direction de Francis Guibal et Jean-Clet Martin, Paris: Galilée, 2004.

[18] HEIKKILA M. At the Limits of Presentation: Coming-into-Presence and its

Aesthetic Relevance in Jean-Luc Nancy's Philosophy[M]. Helsinki：Helsinki University Printing House, 2007.

[19] HUTCHENS B C. Jean-Luc Nancy and the Future of Philosophy [M]. Montreal & Kingston Ithaca：McGill-Queen's University Press, 2005.

[20] JAMES I, FRENCH P. Exposures：Critical Essays on Jean-Luc Nancy [M]. Edinburgh：Edinburgh University Press, 2005.

[21] JAMES J. The Fragmentary Demand：An Introduction to the Philosophy of Jean-Luc Nancy [M]. Stanford, California：Stanford University Press, 2006.

[22] LACOUE-LABARTHE P. Le Chant des Muses：Petite Conférence sur la Musique [M]. Paris：Bayard, 2005.

[23] NANCY J L. The Sense of the World [M]. Jeffrey S. Libren, trans. Minneapolis：University of Minnesota Press, 1997.

[24] LUSZCZYNSKA A M. The Ethics of Community：Nancy, Derrida, Morrison, and Menendez [M]. New York：Continuum, 2012.

[25] MARTINON J P. On Futurity：Malabou, Jean-Luc Nancy and Derrida [M]. New York：Macmillan Distribution Ltd, 2007.

[26] MAY T. Reconsidering Difference：Nancy, Derrida, Levinas, Deleuze [M]. Univerysity, Pa. ：Pennsylvania State University Press, 1997.

[27] MICHAUD G. Ek-phraseis de Nancy [M]. Paris：Europe Revue, 2009.

[28] MICHAUD G, VOLANTE C. Le Désir des arts dans la pensée de Jean-Luc Nancy[M]. Paris：Hermann, 2013.

[29] MILLER J H. The Conflagration of Community：Fiction before and after Auschwitz [M]. Chicago：University of Chicago Press, 2011.

[30] MILLER J H. Communities in Fictions [M]. New York：Fordham University Press, 2015.

[31] MONDZAIN M J. Image, Icône, Econonaie：Les Sources Byzantines de

L'imaginaire Contemporain [M]. Paris: Seuil, 1996.

[32] MONDZAIN M J. L'image peut-elle tuer? [M]. Paris: Bayard, 2002.

[33] MORIN M E. Jean-Luc Nancy [M]. Cambridge: Polity, 2012.

[34] NANCY J L. Le Discours de la syncope [M]. Paris: Aubier-Flammarion, 1976.

[35] NANCY J L. Logodaedalus: Le Discours de la syncope [M]. Paris: Aubier-Flammarion, 1976.

[36] LACOUE-LABARTHE P, NANCY J L. L'Absolu littéraire: Théorie de la littérature du romantisme allemand [M]. Paris: Seuil, 1978.

[37] LACOUE-LABARTHE P, NANCY J L. Rejouer le politique [M]. Paris: Gallimard, 1981.

[38] NANCY J L. Le partage des voix [M]. Paris: Galilée, 1982.

[39] ROGOZINSKI J, SUPERIEURE E N. Le Retrait du politique [M]. Paris: Galilée, 1983.

[40] NANCY J L. L'Impératif catégorique [M]. Paris: Flammarion, 1983.

[41] BORCH-JACOBSEN M, MICHAUD E, NANCY J L. Hypnoses [M]. Paris: Galilée, 1984.

[42] SOEFFNER H G. Der unterbrochene Mythos [M]. Stuttgart: Patricia Schwartz, 1985.

[43] NANCY J L. La communauté désœuvrée [M]. Paris: Bourgois, 1986.

[44] NANCY J L. Des lieux divins [M]. Mauvezin: Trans-Europ-Repress, 1987.

[45] NANCY J L. L'Expérience de la liberté [M]. Paris: Galilée, 1988.

[46] NANCY J L. Une pensée finie [M]. Paris: Galilée, 1990.

[47] BAILLY J G, NANCY J L. La comparution [M]. Paris: Bourgois, 1991.

[48] NANCY J L. Le Poids d'ume pensée [M]. Montréal-Grenoble: Le Griffon d'Argile/Presses Universitaires de Grenoble, 1991.

[49] LACOUE-LABARTHE P, NANCY J L. Le Mythe nazi [M]. La tour d'Aigue: De l'Aibe, 1991.

[50] NANCY J L. Corpus [M]. Paris: Éditions Métailié, 2006.

[51] NANCY J L. Le Sens du monde [M]. Paris: Galilée, 1993.

[52] MARTIN F, NANCY J L. Nium [M]. Valence: Erba, 1994.

[53] NANCY J L. Les Muses [M]. Paris: Galilée, 1994.

[54] NANCY J L. Être singulier pluriel [M]. Paris: Galilée, 1996.

[55] SHEPPARD D, SPARKS S, THOMAS C. on Jean-Luc Nancy: The Sense of Philosophy [M]. London & New York: Routledge, 1996.

[56] NANCY J L. Hegel: L'Inquiétude du négatif [M]. Paris: Hachette, 1997.

[57] NANCY J L. La Naissance des Seins [M]. Valence: Erba, 1997.

[58] NANCY J L. Résistance de la poésie [M]. Bordeaux: William Blake, 1997.

[59] NANCY J L. Technique du présent: Essai sur On Kawara. Les Cahiers-Philosophie de l'art [M]. No. 6. Villeurbanne: Nouveau Musée, 1997.

[60] NANCY J L. La Ville au loin [M]. Paris: Mille et une nuits, 1999.

[61] NANCY J L. Le Regard du portrait [M]. Paris: Galilée, 2000.

[62] NANCY J L. L'Intrus [M]. Paris: Galilée, 2000.

[63] NANCY J L. La Communauté affrontée [M]. Paris: Galilée, 2001.

[64] NANCY J L. La Pensée Dérobéé [M]. Paris: Galilée, 2001.

[65] NANCY J L, MONNIER M. Dehors la danse [M]. Lyon: Droz, 2001.

[66] NANCY J L. Un Jour, les dieux se retirent [M]. Bordeaux: William Blake & Co, 2001.

[67] NANCY J L. L'Évidence du film: Abbas Kiarostami [M]. Brussels: Yves Gevaert, 2001.

[68] NANCY J L. L' «Il y a » du rapport sexuel [M]. Paris: Galilée, 2001.

[69] NANCY J L. Visitation (de la peinture chrétienne) [M]. Paris: Galilée, 2001.

[70] NANCY J L. La Création du Monde ou La Mondialisation [M]. Paris: Galilée,2002.

[71] FERRARI F, NANCY J L. Nus sommes: La peau ales images [M]. Brussels: Yves Gevaert, 2002.

[72] NANCY J L. Transcription [M]. Ivry-sur-Seine: Crédac, 2002.

[73] NANCY J L. À l'écoute [M]. Paris: Galilée, 2002.

[74] NANCY J L. Au Fond des Images [M]. Paris: Galilée, 2003.

[75] NANCY J L. Noli me tangere [M]. Paris: Bayard, 2003.

[76] MICHAUD G, NANCY J L. 58 Indices sur le corps et Extension de l'âme [M]. Montréal: Nota Bene, 2004.

[77] FERRARI F, NANCY J L. Iconographie de l'auteur [M]. Paris: Galilée, 2005.

[78] NANCY J L. La Déclosion(Déconstruction du Chritianismes, 1) [M]. Paris: Galilée, 2005.

[79] MATHILDE M, NANCY J L. Allitérations-Coversation sur la Danse [M]. avec Mathilde Monnier, Paris: Galilée, 2005.

[80] NANCY J L. Sur le commerce des pensées [M]. Paris: Galilée, 2005.

[81] NANCY J L. La naissance des seins: suivi de Péan pour Aphrodite [M]. Paris: Galilée, 2006.

[82] MARTIN F, NANCY J L. Natures Mortes [M]. Lyon: URDLA, 2006.

[83] NANCY J L. Juste Impossible: Petite Conférence sur le Juste et L'injuste [M]. Paris: Bayard, 2007.

[84] DAMEZ J, NANCY J L. Tombée de nues [M]. Paris: Marval, 2007.

[85] NANCY J L. Tombe de sommeil [M]. Paris: Galilée, 2007.

[86] NANCY J L. A Plus d'un Titre-Jacques Derrida: Sur un portrait de Valerio Adami. [M]. Paris: Galilée, 2007.

[87] NANCY J L. Narrazioni del fervore - Il desiderio, il sapere, il fuoco

[M]. Bergamo：Moretti &. Vitali, 2007.

[88] NANCY J L. À la Nue Accablante [M]. Paris：Marval, 2007.

[89] NANCY J L. Le Poids dune Pensée, L'approche [M]. Strasbourg：La Phocide, 2008.

[90] NANCY J L. Vérité de la démocratie [M]. Paris：Galilée, 2009.

[91] NANCY J L. Je t'aime, un peu, beaucozcp, passionnément：Petite Conférence sur L'amour [M]. Paris：Bayard, 2008.

[92] MAGALI L M, NANCY J L. L'hermaphrodite de Nadar [M]. Nantes：Le Govic, 2009.

[93] NANCY J L. La beauté：petite conférence [M]. Paris：Bayard, 2009.

[94] NANCY J L. Le plaisir au dessin [M]. Paris：Galilée, 2009.

[95] NANCY J L. Dieu, l'amour, la justice, la beauté：Quatre petites conférences [M]. Paris：Bayard, 2009.

[96] NANCY J L. Identité [M]. Paris：Galilée, 2010.

[97] NANCY J L. L'Adoration：Déconstruction du christianisme, II [M]. Paris：Galilée, 2010.

[98] NANCY J L. Maurice Blanchot：Passion politique [M]. Paris：Galilée, 2011.

[99] NANCY J L. Politique et au-delà：Entretiens avec Philip Armstrong et Jason E. Smith [M]. Paris：Galilée, 2011.

[100] NANCY J L. Partir-Le départ [M]. Paris：Bayard, 2011.

[101] BARRAU A, NANCY J L. Dans quels mondes vivons-nous? [M]. Paris：Galilée, 2011.

[102] NANCY J L. L'équivalence des catastrophes[M]. Paris：Galilée, 2012.

[103] HANTAI S, NANCY J L. Jamais le mot créateur [M]. Paris：Galilée, 2013.

[104] NANCY J L. La Possibilité d'un monde-Entretien avec Pierre-Phil-

ippe Jandin [M]. Paris: Les petits Platons, 2014.

[105] NANCY J L. L'Autre portrait [M]. Galilée, 2014.

[106] REEIH A V, NANCY J L. La Jouissance [M]. Paris: Plon, 2014.

[107] NANCY J L. La Communauté désavouée [M]. Paris: Galilée, 2014.

[108] MARTIN F, NANCY J L. Natures mortes [M]. Strasbourg: Presses Universitaires de Strasbourg , 2014.

[109] NANCY J L. Tapiès-l'Ame au corps [M]. Mauvezin: TER, 2015.

[110] COHEN-LAVINAS D, NANCY J L. Inventions à deux voix [M]. Paris: Le Felin, 2015.

[111] NANCY J L. Quand tout arrive de nulle part: sur l'œuvre d'Albert Palma [M]. Paris: Editions Manucius, 2015.

[112] ENGELMANN P, NANCY J L. Demokratie und Gemeinschaft [M]. Wien: Passagen Verlag, 2015.

[113] NANCY J L. Banalité de Heidegger [M]. Paris: Galilée, 2015.

[114] NANCY J L. Demande: philosophie, littérature [M]. Paris: Galilée, 2015.

[115] NANCY J L. Journal des Phéniciennes [M]. Paris: Bourgois, 2015.

[116] NANCY J L. Que faire? [M]. Paris: Galilée, 2016 .

[117] NANCY J L. Stabat Mater, Diesirae, Deux contrepoints [M]. Tallone Éditeur: Alpignano, 2016.

[118] GIUNTA C, JANUS A, NANCY J L. Nancy and Visual Culture [M]. Edinburgh: Edinburgh University Press, 2016.

[119] LEBRE J, NANCY J L. Signaux sensibles [M]. Paris: Bayard, 2017.

[120] NANCY J L. Sexistence [M]. Paris: Galilée, 2017.

[121] BADIOU A, NANCY J L. Deutsche Philosophie [M]. Berlin: Matthes &- Seitz Berlin, 2017.

[122] NANCY J L. La Tradition allemande dans la philosophie [M]. Paris:

Lignes, 2017.

[123] NANCY J L. Exclu le juif en nous [M]. Paris: Galilée, 2018.

[124] NANCY J L, DE BARREIROS TAVARES L. Sulcos: Arte, Poesia, Técnica, Política, Filosofia [M]. Terra Ocre/Palimage: Lisbonne, 2018.

[125] NANCY J L, LACOUE-LABARTHE P. The Literary Absolute: The Theory of Literature in German Romanticism [M]. BARNARD P, LESER C, trans. New York: State University of New York Press, 1988.

[126] CADAVA E, CONNOR P, NANCY J L. Who Comes after the Subject? [M]. New York: Routledge, 1991.

[127] NANCY J L, LACOUE-LABARTHE P. The Title of the Letter: A Reading of Lacan [M]. RAFFOUL F, PETTIGREW D, trans. Albany: State University of New York Press, 1992.

[128] NANCY J L. The Experience of Freedom [M]. MCDONALD B, trans. Stanford, California: Stanford University Press, 1993.

[129] NANCY J L, LACOUE-LABARTHE P. Retreating the Political [M]. SPARKS S, trans. New York: Routledge, 1997.

[130] NANCY J L. The Gravity of Thought [M]. RAFFOUL F, RECCO G, trans. New York: Humanities Press, 1997.

[131] NANCY J L. The Speculative Remark(One of Hegel's Bons Mots) [M]. SURPRENANT C, trans. Stanford, California: Stanford University Press, 2001.

[132] NANCY J L. Hegel: The Restlessness of the Negative [M]. SMITHJ E, MILLER S, trans. Minneapolis: Minnesota University Press, 2002.

[133] NANCY J L. The Creation of the World or Globalization [M]. RAF-FOUL F, PET-TIGREW D, trans. Albany: State University of New York Press, 2007.

[134] NANCY J L. Dis-Enclosure: The Deconstruction of Christianity [M].

BERGO B, MALEN-FANT G, SMITH M B, trans. New York: Fordham University Press, 2008.

[135] NANCY J L. Philosophical Chronicles [M]. MANJALI F, trans. New York: Fordham University Press, 2008.

[136] NANCY J L. The Discourse of the Syncope: Logodaedalus [M]. ANTON S, trans. Stanford, California: Stanford University Press, 2008.

[137] NANCY J L. The Fall of Sleep [M]. MANDELL C, trans. New York: Fordham University Press, 2009.

[138] NANCY J L. On the Commerce of Thinking: Of Books and Bookstores [M]. WILLS D, trans. New York: Fordham University Press, 2009.

[139] NANCY J L. The Truth of Democracy [M]. BRAULT P A, NAAS M, trans. New York: Fordham University Press, 2010.

[140] NANCY J L. God, Justice, Love, Beauty: Four Little Dialogues [M]. CLIFT S, trans. New York: Fordham University Press, 2011.

[141] COLLIER P, RUSH E. Making Sense: For an Effective Aesthetics [M]. Switzerland: International Academic Publishers, 2011.

[142] NANCY J L, FERRAI F. Being Nude: The Skin of Images [M]. O'BYRNE A, trans. New York: Fordham University Press, 2014.

[143] NANCY J L, BARRAU A. What's These Worlds Coming To? [M]. MECHAIN F, HOLLOWAY T, trans. New York: Fordham University Press, 2014.

[144] NANCY J L. Identity: Fragments, Frankness [M]. RAFFOUL F, trans. New York: Fordham University Press, 2014.

[145] DEJANOVIC S. Nancy and the political [M]. Edinburgh: Edinburgh University Press, 2015.

[146] NANCY J L. The Disavowed Community [M]. ARMSTRONG P, trans. New York: Fordham University Press, 2016.

[147] NANCY J L, Adèle van Reeth, Coming [M]. MANDELL C, trans. New York: Fordham University Press, 2017.

[148] NANCY J L. The Banality of Heidegger [M]. FORT J, trans. New York: Fordham University Press, 2017.

[149] NANCY J L. Expectation: Philosophy, Literature [M]. BONONNO R, trans. New York: Fordham University Press, 2018.

[150] PATERSON M. The Senses of Touch: Haptics, Affects and Technologies [M]. Oxford: Berg, 2007.

[151] ROSS A. The Aesthetic Paths of Philosophy: Presentation in Kant, Heidegger, Lacoue-Labarthe and Nancy [M]. Stanford, California: Stanford University Press, 2007.

[152] ORMISTON G L, SCHRIFTA D. Transforming the Hermeneutic Context: From Nietzsche to Nancy [M]. Albany: State University of New York Press, 1989.

[153] SHEPPARD D, SPARKS S, THOMAS C. On Jean-Luc Nancy: The Sense of Philosophy [M]. London and New York: Routledge, 2005.

[154] TRIFONOVA T. The Image in French Philosophy[M]. Amsterdam-New York: Rodopi B. V. , 2007.

[155] WATKIN C. Difficult Atheism: Post-Theological Thinking in Alain Badiou, Jean-Luc Nancy and guentin Meillassoux[M]. Edinburgh: Edinburgh University Press, 2001.

[156] WATKIN C. Phenomenology or Deconstruction? The Question of Ontology in Maurice Merleau-Ponty, Paul Ricoeur and Jean-Luc Nancy [M]. Edinburgh: Edinburgh University Press, 2009.

[157] CRITCHLEY S. Ethics, Politics, Subjectivity: Essays on Derrida, Levinas and Contemporary French Thought [M]. London: Verso, 1999.

[158] NANCY J L. The Experience of Freedom [M]. MACDONALD B, trans.

Stanford, California: Stanford University Press, 1993.

[159] CONLEY V A. Rethinking Technologies [M]. Minneapolis: University of Minnesota Press, 1993.

[160] ARTEAGA A. Another Tongue: Nation and Ethnicity in the Linguistic Border-lands [M]. Durham: Duke University, 1994.

[161] GOLDING S. The Eight Technologies of Otherness [M]. London & New York: Routledge, 1997.

[162] FIORETOS A. The Solid Letter: Readings of Friedrich Hölderlin [M]. California, Stanford: Stanford University Press, 2000.

[163] MOTHA S. Democracy's Empire: Sovereignty, Law, and Violence [M]. Oxford: Blackwell Pub lishing, 2007.

[164] ZABALA S. Weakening Philosophy: Essays in Honour of Gianni Vattimo [M]. Montreal: Mc Gill-Queen's University Press, 2007.

[165] MITCHELL W J T, DAVIDSON A I. The Late Derrida [M]. Chicago: University of Chicago Press, 2007.

[166] MCCONNEL J F, ZAKARIN L. Thinking Bodies [M]. Stanford, California: Stanford University Press, 1994.

(二)学位论文、期刊论文及访谈

[1] ANDERSON M. Martin Heidegger and Jean-Luc Nancy on Community [D]. Ottawa University, 2010.

[2] HOOLSEMA D J. The Romantic Reconception of Freedom: Cavell, Frank, Nancy, Blanchot [D]. The University of Notre Dame, 1999.

[3] CHEN C Y. Impossible Difference: "Writing" and the Question of Community in Modern and Postcolonial Literature [D]. National Taiwan University, 2005.

[4] NAKHUTSRISHVILI L. L'écriture du corps entre philosophie et littérature:

une lecture de Corpus de Jean-Luc Nancy [D]. University of Tübingen, 2013.

[5] BERNASCONI R. On Deconstructing Nostalgia for Community Within the West: The Debate Between Nancy and Blanchot[J]. Research in Phenomenology, 1993,23(1): 3-21.

[6] CASTANO H G. Corpus and Evidence: On Jean-Luc Nancy's Style[J]. The New Centennial Review, 2016,16(3):83-100.

[7] DERRIDA J. Interview with Jean-Luc Nancy[J]. CONNOR P, trans. Topoi, 1988(7):113-121.

[8] DEVISH I. La Néagtivité sans emploi[J]. Symposium ,2000,4(2):167-187.

[9] DORFMAN E. Overwriting the body: Saint-Exupery, Merleau-Ponty, Nancy[J]. Cont Philos Rev, 2016(49):293-308.

[10] FRASER N. The French Derrideans: Politicizing Deconstruction or Deconstructing the Political? [J]. New German Critique 1984(33): 127-154.

[11] GUIBAL F. Venue, passage, partage: La Voix singuliére de Jean-Luc Nancy[J]. Étudus, 2000, 10(2):347-371.

[12] LAUS T. La Fin du Christianisme: Désenehantement, deeonstruetion, et démocratie[J]. Revue de Théologie et de Philosophie, 2001, 133 (4): 2005.

[13] NAAS M. In and Out of Touch: Derrida's Le Toucher , Jean-Luc Nancy [J]. Research in Phenomenology, 2001(31):258-265.

[14] NANCY J L, STRONG T B. La Comparution/the Compearance: From the Existence of "Communism" to the Community of "Existence"[J]. Political Theory , 1992, 20(3):371-398.

[15] NANCY J L. Between story and truth[J]. trans. Franson Manjali, The Little Magazine 2, 2001(4):6-8.

[16] NANCY J L. The Two Secrets of the Fetish[J]. PLATT T C, trans. Diacritics,2001,31(2):3-8.

[17] NANCY J L. Literally[J]. Angelaki, 2002, 7(2): 91-92.

[18] NANCY J L. The New Centennial Review[J]. At the Heart: of Jean-Luc Nancy, 2002,2(3):1-14.

[19] NANCY J L. The Confronted Community[J]. MCDONALD A, trans. Post-Colonial Studies , 2003, 6(1): 23-36.

[20] NANCY J L. Consecration and Massacre[J]. MCDONALD A, trans. Post-Colonial Studies, 2003, 6(1): 47-50.

[21] NANCY J L. Chromatic Atheology[J]. Journal of Visual Culture, 2005, 4(1):116-128.

[22] NANCY J L. The Insufficiency of "Values" and the Necessary of "sense"[J]. Journal of Cultural Research, 2005, 9(4):437-441.

[23] NANCY J L. Nothing but the World: An Interview with Vacarme[J]. Rethinking Marxism, 2007, 19(4): 521-535+558.

[24] NANCY J L. Freud-so to Speak[J]. Lacanian Ink, 2007(31):142-149.

[25] NANCY J L. Strange Foreign Bodies[J]. Lacanian Ink, 2007(32): 122-133.

[26] NANCY J L. Icon of Fury: Claire Denis's Trouble Every Day[J]. Film-Philosophy, 2008, 12(1): 1-9.

[27] NANCY J L. The Being with of Being There[J]. Continental Philosophy Review, 2008, 41(1):1-15.

[28] NANCY J L. The Different Life[J]. CR: The New Centennial Review, 2011, 10(3) :55-64.

[29] NORRISA. Jean-Luc Nancy and the Myth of the Common[J]. Constellations, 2000,7(2): 272-295.

[30] RAFFOUL F. The Logic of the with: On Nancy's Être Singulier Pluriel

[J]. Studies in Practical Philosophy，1999，1(1)：36-52.

[31] SARUKKAI S. Phenomenology of Untouchability[J]. Economic and Political Weekly，2009，44(37)：39-48.

[32] AGACINSKI S. L'eclipse du sujet en peinture[J]. *Critique*，2006 (643)：1070-1084.

二、译著

(一)书籍

[1] 莫特玛·阿德勒. 西方思想宝库[M]. 北京:中国广播电视出版社,1991.

[2] 西奥多·阿多诺. 美学理论[M]. 王柯平,译. 成都:四川人民出版社,1998.

[3] 乔治·巴塔耶. 色情史[M]. 刘晖,译. 北京:商务印书馆,2003.

[4] 乔治·巴塔耶. 内在经验[M]. 程小牧,译.北京:生活·读书·新知三联书店,2017.

[5] 罗兰·巴特. 符号帝国[M]. 孙乃修,译.北京:商务印书馆,1994.

[6] 罗兰·巴特. 写作的零度[M]. 李幼蒸,译. 北京:中国人民大学出版社,2008.

[7] 柏拉图. 柏拉图全集[M]. 王晓朝,译.北京:人民出版社,2003.

[8] 莫里斯·布朗肖. 文学空间[M]. 顾家琛,译.北京:商务印书馆,2003.

[9] 莫里斯·布朗肖. 不可言明的共通体[M]. 夏可君,尉光吉,译. 重庆:重庆大学出版社,2016.

[10] 雅克·德里达. 声音与现象:胡塞尔现象学中的符号问题导论[M]. 杜小真,译. 北京:商务印书馆,1999.

[11] 雅克·德里达. 马克思的幽灵:债务国家、哀悼活动和新国际[M]. 何一,译. 北京:中国人民大学出版社,1999.

[12] 雅克·德里达. 书写与差异[M]. 张宁,译. 北京:生活·读书·新知三联书店,2001.

[13] 雅克·德里达. 德里达中国讲演录[M]. 杜小真,张宁,编译. 北京:中央编译出版社,2003.

[14] 雅克·德里达. 多重立场[M]. 佘碧平,译. 北京:生活·读书·新知三联书店,2004.

[15] 雅克·德里达. 胡塞尔《几何学的起源》引论[M]. 方向红,译. 南京:南京大学出版社,2004.

[16] 雅克·德里达. 论文字学[M]. 汪家堂,译. 上海:上海译文出版社,2005.

[17] 雅克·德里达. 解构与思想的未来[M]. 夏可君,译. 长春:吉林人民出版,2006.

[18] 笛卡尔. 第一哲学沉思集[M]. 庞景仁,译. 北京:商务印书馆,1986.

[19] 斯蒂文·费希尔. 书写的历史[M]. 李华田,等译. 北京:中央编译出版社,2012.

[20] 西格蒙德·弗洛伊德. 摩西与一神教[M]. 李展开,译. 北京:生活·读书·新知三联书店,1989.

[21] 西格蒙德·弗洛伊德. 论文学与艺术[M]. 常宏,等译. 北京:国际文化出版公司,2001.

[22] 尤尔根·哈贝马斯. 交往与社会进化[M]. 张博树,译. 重庆:重庆出版社,1989.

[23] 乌尔里希·哈泽,威廉·拉奇. 导读布朗肖[M]. 潘梦阳,译. 重庆:重庆大学出版社,2014.

[24] 马丁·海德格尔. 存在与时间[M]. 陈嘉映,王庆节,译. 北京:生活·读书·新知三联书店,1987.

[25] 马丁·海德格尔. 尼采[M]. 孙周兴,译. 北京:商务印书馆,2002.

[26] 马丁·海德格尔. 林中路[M]. 孙周兴,译. 上海:上海译文出版社,2004.

[27] 马丁·海德格尔. 时间概念史导论[M]. 欧东明,译. 北京:商务印书

馆,2010.

[28] 马丁·海德格尔. 演讲与论文集[M]. 孙周兴,译.北京:生活·读书·新知三联书店,2005.

[29] 黑格尔. 美学[M]. 朱光潜,译.北京:商务印书馆,1997.

[30] 埃德蒙德·胡塞尔. 纯粹现象学通论[M]. 李幼蒸,译.北京:商务印书馆,1995.

[31] 埃德蒙德·胡塞尔. 欧洲科学的危机与超越论的现象学[M]. 王炳文,译.北京:商务印书馆,2001.

[32] 伊曼努尔·康德. 判断力批判[M]. 邓晓芒,译.北京:人民出版社,2002.

[33] 让-雅克·卢梭. 忏悔录[M]. 黎星,范希衡,译.北京:商务印书馆,1982.

[34] J. 希利斯·米勒. 共同体的焚毁:奥斯维辛前后的小说[M]. 陈旭,译.南京:南京大学出版社,2019.

[35] 尚-吕克·侬曦. 解构共同体[M]. 苏哲安,译.台北:桂冠图书股份有限公司,2003.

[36] 让-吕克·南希. 解构的共通体[M]. 夏可君,编译.上海:上海人民出版社,2007.

[37] 让-吕克·南希,等. 变异的思想[M]. 夏可君,编译.长春:吉林人民出版社,2011.

[38] 菲利普·拉库-拉巴尔特,让-吕克·南希. 文学的绝对:德国浪漫派文学理论[M]. 张小鲁,李伯杰,李双志,译.南京:译林出版社,2012.

[39] 菲利普·拉库-拉巴特,让-吕克·南希. 文字的凭据:对拉康的一个解读[M]. 张洋,译.桂林:漓江出版社,2016.

[40] 让-吕克·南希. 肖像画的凝视[M]. 简燕宽,译.桂林:漓江出版社,2015.

[41] 尚-路克·南希,玛蒂德·莫尼叶. 叠韵:让边界消失,一场哲学家与舞蹈

家的思辨之旅[M]. 郭亮廷,译.台北:漫游者出版社,2014.

[42] 让-吕克·南希. 无用的共通体[M]. 郭建玲,张建华,夏可君,译.开封:
河南大学出版社,2016.

[43] 让-吕克·南希. 素描的愉悦[M]. 尉光吉,译.开封:河南大学出版
社,2016.

[44] 让-保罗·萨特. 存在与虚无[M]. 陈宣良,等译.北京:生活·读书·新
知三联书店,1987.

[45] 让-保罗·萨特. 自我的超越性:一种现象学描述初探[M]. 杜小真,译.
北京:商务印书馆,2001.

[46] 迈克尔·J.桑德尔. 自由主义与正义的局限[M]. 万俊人,等译.南京:
译林出版社,2001.

[47] 列维-斯特劳斯. 野性的思维[M]. 李幼蒸,译.北京:商务印书馆,1987.

[48] 费尔迪南·德·索绪尔. 普通语言学教程[M]. 高名凯,译.北京:商务
印书馆,1980.

[49] 约翰·维克雷. 神话与文学[M]. 潘国庆,等译.上海:上海文艺出版
社,1995.

[50] 亚里士多德. 灵魂论及其他[M]. 吴寿彭,译.北京:商务印书馆,1999.

[51] 福楼拜. 圣安东的诱惑[M]. 李健吾,译.上海:上海译文出版社,2017.

(二)期刊及论文集

[1] 让-吕克·南希. 被遗弃的存在[J]. 胡继华,译.美术馆,2008(1):
167-177.

[2] 让-吕克·南希. 圣母往见[J]. 简燕宽,译.基督教文化学刊,2009(21):
178-197.

[3] 让-吕克·南希. 不要触摸我[J]. 简燕宽,译.基督教文化学刊,2010(1):
205-220.

[4] 让-吕克·南希. 共产主义,语词:伦敦会议笔记[J]. 张志芳,译.当代国

外马克思主义评论,2010(00):87-96+410-411.

[5] 让-吕克·南希. 延异的生命[J]. 白轻,译.新世纪评论,2011(3):55-64.

[6] 让-吕克·南希. 艺术中面对面的身体[J]. 简燕宽,译.东吴学术,2012
(4):139-142.

[7] 让-吕克·南希. 今日艺术[C]. 张驭茜,译 // 周宪. 艺术理论基本文
献·西方当代卷. 北京:生活·读书·新知三联书店,2014.

[8] 让-吕克·南希. 书写[C]. 简燕宽,张洋,译 // 夏可君. 书写的逸乐. 北
京:昆仑出版社,2013.

[9] 让-吕克·南希. 论文学共产主义[C]. 张驭茜,译 // 米歇尔·福柯,等.
文字即垃圾:危机之后的文学. 重庆:重庆大学出版社,2016.

三、中文著作

(一)书籍

[1] 胡继华. 后现代语境中伦理文化转向:论列维纳斯、德里达和南希[M].
北京:京华出版社,2005.

[2] 王涛. 书写:碎片化语境下他者的痕迹[M]. 北京:北京大学出版
社,2013.

[3] 夏可君. 身体:从感发性、生命技术到元素性[M]. 北京:北京大学出版
社,2013.

[4] 夏可君. 书写的逸乐[M]. 北京:昆仑出版社,2013.

[5] 杨大春. 语言·身体·他者:当代法国哲学的三大主题[M]. 北京:生
活·读书·新知三联书店,2007.

[6] 杨凯麟. 书写与影像:法国思想,在地实践[M]. 台北:联经出版公
司,2015.

[7] 叶舒宪. 神话:原型批评[M]. 西安:陕西师范大学出版社,1987.

[8] 曾庆豹. 解构与汉语神学[M]. 新北:台湾基督教文艺出版社,2007.

[9] 朱刚. 本原与延异:德里达对本原形而上学的解构[M]. 上海:上海人民

出版社,2006.

(二)期刊及论文集

[1] 白雪. 中国绘画中的书写意识[J]. 理论界,2011(11):90-92.

[2] 陈本益. 释德里达的"原初书写"概念[J]. 外国文学,2006(5):68-72.

[3] 陈春燕. 非关认同:从侬曦、舞鹤谈"共时性"的伦理[J]. 中外文学,2006,35(5):123-162.

[4] 陈榕. 西方文论关键词:崇高[J]. 外国文学,2016(6):93-111.

[5] 耿幼壮. 姿势与书写:当代西方艺术哲学思想中的中国"内容"[J]. 文艺研究,2013(11):5-15.

[6] 耿幼壮. 图像、肖像,以及意义呈现:让-吕克·南希的意义世界[J],文艺研究,2007(12):115-126.

[7] 韩振江. 康德美学的当代回响:齐泽克论崇高美[J]. 上海大学学报(社会科学版),2015,32(2):103-111.

[8] 胡继华. 现象学的神学之维:德里达、南希和马里翁合论[J]. 中国现象学与哲学评论,2013(0):222-240.

[9] 胡继华. 形象的再度奠基:让-吕克·南希的后解构艺术哲学思绪之一[J]. 新视觉,2017(2):34-35.

[10] 胡明娥. 论康德美学中的图式[J]. 学术研究,2009(2):136-140.

[11] 黄冠闵. 神圣与触摸:对"勿触我"的现象学反思[J]. 中央大学人文学报,2009(38):37-68.

[12] 简燕宽. 复活与图像:读让-吕克·南希的《不要触摸我》[J]. 基督教文化学刊,2009(20):289-300.

[13] 江怡. 康德的"图式"概念及其在当代英美哲学中的演变[J]. 哲学研究,2004(6):35-41.

[14] 姜宇辉. "替补"与"间隔":从德里达"文字学"视域看汉字的哲学内涵[J]. 学术月刊,2006(12):53-58。

[15] 孔锐才. 触感与书写:与德里达一起解构身体[J]. 字花,2009(21): 19-125.

[16] 李金辉. "身体"体现:一种触觉现象学的反思[J]. 江海学刊,2012(1): 63-67.

[17] 刘连杰. 触觉文化还是听觉文化:也谈视觉文化之后[J]. 文艺理论研究,2017, 37(3):172-181.

[18] 彭彤,张莹. 当代艺术的身体知觉视角[J]. 文艺研究,2018(2):14-24.

[19] 申一青. 海德格尔的"共在"思想[J]. 长江师范学院学报,2018, 34(4): 83-88+143.

[20] 苏宏斌. 主体性·主体间性·后主体性:当代中国美学的三元结构[J]. 湖北大学学报(哲学社会科学版),2009, 36(2):1-6.

[21] 苏宏斌. 审美图式论:试论康德图式概念的美学意义[J]. 文艺理论研究,2016, 36(1):177-182+200.

[22] 苏哲安,陈克伦. 在"世界书局"遇上"共存大师":评侬曦《论思想的交易:书本与书店》[J]. 文化研究,2012(15):498-515.

[23] 王嘉军. 叔本华的崇高理论:近代崇高与后现代崇高的过渡:以其"回忆"概念为例[J]. 文艺理论研究,2009(4):103-110.

[24] 王涛. "弑摩西者":异端重释的传承:论苏珊·汉德尔曼的犹太教书写观[J]. 外国文学研究,2010, 32(5):138-144.

[25] 王晓华. 西方美学身体转向的现象学路径[J]. 湖北社会科学,2015(5): 108-115.

[26] 王晓华. 从感性学到身体学:美学研究必须完成的进展[J]. 河北师范大学学报(哲学社会科学版),2018, 41(1):86-92.

[27] 吴天天. 康德崇高美学的后现代状态:利奥塔、德里达和南希等对康德崇高美学的重构[J]. 湖北大学学报(哲学社会科学版),2017, 44(1): 60-66.

[28] 夏可君. 触感神学:南希的基督教解构[J]. 基督教文化评论,2007(27):

203-225.

[29] 夏可君. 身体:思想的触感[J]. 基督教文化学刊,2009(21):3-27.

[30] 夏可君. 出生到在场:让-吕克·南希论身体的"非实在性场域"[J]. 东吴学术,2012(4):143-149.

[31] 杨富波. 论德里达的首次书写之思[J]. 河南师范大学学报(哲学社会科学版),2013,40(1):106-109.

[32] 殷企平. 西方文论关键词:共同体[J]. 外国文学,2016(2):70-79.

[33] 张立波. 书写作为一项哲学议题:以巴特和德里达为例[J]. 中共南京市委党校南京市行政学院学报,2006(3):6-10.

[34] 张驭茜. 从身体到艺术:让-吕克·南希哲学思想中的美学呈现[J]. 文艺争鸣,2014(4):29-34.

[35] 朱元鸿. 碧落黄泉共同体,未应铸成残人间[J]. 新闻学研究,2004(78):187-198.

[36] 耿幼壮. 何为世界,何为意义:让-吕克·南希的意义—世界[C] // 敞开的视界:跨学科与跨文化视野下的文学研究. 北京:北京大学出版社,2016.

后　记

　　"屏息凝听时代的脉动,真正的作家有本领把现实溶解为话语和熠熠生辉的形象,传达出一个民族最有活力的呼吸,表现出一个时代最本质的情绪。"①正如丛书主编吴子林先生所言,"居于领军地位的文艺学,具备'预言'的功能与使命,直面现实并指向未来,深刻影响并引领着中国文学研究不断突破既有的格局"。"中国当代文艺学话语建构丛书"秉承着"追问乃思之虔诚"的思辨态度,对学术史、时代、自我进行思考,并且始终坚守着独立批评的立场,开辟真理探寻的独特路径。入选丛书的学者皆是学界前辈和青年翘楚,我自知学力有限,唯有积之点滴、持之以恒,方可他朝汇卿之浩海。

　　如开篇所述,本书稿是基于对存在的意义问题的追问。具体说来,我想追问的是,主体、生命、死亡在后现代语境中的可能性问题。从 20 世纪 80 年代中后期开始,西方尤其是法国的思想家们开始反思"黄金一代"思想家的理论局限,挖掘他们的思想力量,力图扭转并克服意义普遍丧失的后现代语境中的虚无主义倾向。他们在利用解构策略的同时,实际上是对"逻各斯中心

---

① 吴子林:《"毕达哥拉斯文体"——述学文体的革新与创造》,浙江工商大学出版社 2022 年版,第 2 页。

主义""柏拉图主义""康德主义"等其他"极权"思维形式的解构(deconstruction),力求将解构论引向积极的意义建构之途。参与这一反思和建构的思想家们都具有强烈的人文主义关怀,并致力于在形而上的层面把握终极价值的现代性裂变。他们一方面寻找和拯救意义、存在、书写、神圣、自由、共同体等传统命题,另一方面积极重构不断遭遇挑战的存在论话语体系。

在现代欧陆哲学开启的伦理转向中,以南希为代表的当代思想家,郁积着浓厚的忧患意识,以古典哲学为依托,致力于将文化伦理转向提升到价值形而上学的高度,将尼采、海德格尔、巴塔耶、萨特、布朗肖、列维纳斯、福柯、德里达、德勒兹的思想对接起来,在他们之后,重新向着人的存在的意义发问。特别是在当今世风轮转、学风迁移日益突显的时代背景下,先哲们对"价值形而上学"的执着探索,对"共同生存论"的持续追问,深深启迪了我追求学术志业、寻求思想启迪的私心。

"只有当一位伟大的思想者死了的时候,你才明白,有多少如此必要但只有极少数人有时间或精力从事的思的活动,被托付给了他。"南希于法国当地时间2021年8月23日逝世,享年81岁。我从未敢妄称自己是南希研究者,只望能展现先生之思的风采,领受先生之思的深邃与广博。先生仙逝,追念甚深,"死后的世界"会不会是更大的空间、更具通感的所在?"死"像子宫一样包裹着、孕育着"生",世间生死的张力,在肉体陨灭中,将矛盾化为桥梁,痛感就这样以最明确的方式,让我们存在于这个世界之中。唯有超越自身的时空向未来言说,"像他们那样思考",将先生的"思"播撒出去,敞开新的意义的可能性,让更多的人通往彻念的摆渡,抵达无蔽的领会……

同一年失去两位精神导师,有些消息需要时间扎到心脏痛到恍惚才能被接受,胡继华老师于2021年12月21日仙逝。胡继华老师和夏可君老师对南希哲学的熟稔,为我解决了很多概念理解上的困难。胡老师的治学总有一种"思到里面去"的执着精神和寻求独创的勇气。他对当今社会变迁和时代更替有着清醒洞悉,但始终如一地坚守本心,不愿也不曾向流俗退让一步。死亡好似一个开放的间隔,在这个间隔的空洞中,理论力量却始终是完整的。

胡老师以永远的高洁温润之光照耀着我,如同用一棵树去摇动另一棵树,用一朵云去推动另一朵云,用一个灵魂去唤醒另一个灵魂,就像爱和真理如同玫瑰,无论换成什么名字,一样散发着芬芳……

本书是我在博士和博士后阶段受多位恩师润泽和感染的成果。本着学术的严谨和对晚生的厚爱,他们都竭尽所能地帮助我、指引我、建议我、提醒我,使我少走了许多弯路,更让我感受到他们胸襟的无涯。感谢寇鹏程老师、朱立元老师、张宝贵老师、耿幼壮老师、胡继华老师、夏可君老师、王宁老师、肖伟胜老师、王才勇老师、张晶老师、刘成纪老师、程相占老师、张永青老师、朱良志老师、朱国华老师、张冰老师、黎萌老师、黎杨全老师、李应志老师、张兴成老师、代讯老师、王本朝老师、戴从容老师、韩振江老师、姜宇辉老师、蓝江老师、张颖老师、王嘉军老师等。书稿写作过程中我得到了师友们的悉心指导。书中的部分内容已在学术期刊或媒体上发表,衷心感谢这些期刊和媒体编辑的辛勤劳动和认可青睐。

落其实者思其树,饮其流者怀其源。感谢工作单位一流大学建设"加速跑"的新征程,促我奋进,感谢领导的栽培和同事的帮助。还有很多老师从不同角度帮助我建立起多维视野,我在此无法一一胪列,将来以实际的学术成就回报他们,他们崇高的人文情怀和高远的学术抱负,使我深信德行与幸福都包含在至善之中,暗暗渴望成为如恩师们般至善至美的化身。

纵然站在如此众多的巨人之肩上,最终成形的书稿,虽对当代西方书写思想进行了多维讨论和环视,但未能充分实现为建构中国书写美学话语提供启发的指归,很多议题还需继续思考深化。正如我所理解的哲理或文论,不是可以一劳永逸地解决现实问题,而恰是邀请了一个伙伴来对话和面对自己,以保持一种可持续思考的可能性,思考那个超越思想、不可思考却又必须被思考之物,并由此能够把"我"和"我们"敞开到有限之思的无限之中去。幸借诸位先生的巨人之肩以立高远之见,让我有能力对思之未来说"是",能把与"书写、思、存在"的结缘当作自己的幸运而满怀感激。南希说,书写可以将自身呈现为无限和延异,为了有限性的铭写和外展,我们在"纯粹之切口的无"中显现。感激师长家人,你们教会我,灵魂中最高尚的,乃是从灵魂中涌出的热情。感激你们教会我,德不近佛者,才不近仙者,断不可为师也。家人们的理解、包容和支持,是我匍匐前行的不竭动力。感激你们教会我,人生最光辉的时刻,是在悲叹与绝望中勇敢发起对生命的挑战,追求爱和真理。这份爱和真理,指示生命中的无可替代者,指示不可通达、不可模仿、不可居有的原初本性当中的本己者。生命就这样如其本然地言说自身,思考自身,忍受自身,它就这样存留……

在完成书稿之前,我尝不无自信地说——"我应该";之后,却总是发觉——"我尚未"。这不是壮志未酬的人生遗憾,也不是愿景未达的无奈表白。只有在"无知"和"尚未"的界限不断缩小的前提下,无限的存在和永恒的意义才可能在某种程度上被把握,作为意义、感受和指向的南希意义上的"意义"才可能实现。所以,这是开在春天里的一朵花,一朵书写展开的花,一朵身体文学化的花,一朵阅读中再造的花……

有诸位先生的学术精神和人生观念为指引,有深邃思想和至宝材料作为支撑,敢不继续前行以谋学术志业乎!敢窃喜自满于过往之研究乎!且行,且努力!学术无境,苟难自安!